U0117743

Martin
Zimmermann

【德】
马丁·齐默尔曼
——著
聂华——译

40个奇异之地中的
世界古代史

城市、空中花园、世界尽头

Die
seltsamsten
Orte
der Antike

Gespensterhäuser,
Hängende Gärten und die
Enden der Welt

北京联合出版公司
Beijing United Publishing Co.,Ltd.

为马克斯、扬尼斯、雅各布、海伦娜、安东尼娅、

弗兰西斯卡、卡特里娜和维奥拉而作

目录

序言

在古代，人类定居点非常多，数不胜数。几年前，纽约大学及北卡罗来纳大学教堂山分校的学者们合作，开始在数字地图上标记它们，他们将这个项目命名为"昴星团"。当我们扫视这张地图时，会发现这个名字十分恰当：这张地图宛若一片由无数个光点组成的星空——彼时已标注将近 3.6 万个地点，而这个数字每天还在增加。

近距离观察这张数字地图，就像通过望远镜看夜空，可以看到越来越多的光点。假如对希腊或意大利的每一片地区都如此标记，鉴于它们的城市、城镇和村庄的密度非常大，场景将更为壮观。这张数字地图仅标注了较大的定居点，而省略了所有的小村落和农庄。在绘制地图时，这些光点看上去不只是像一个个星座，因为数量繁多，而似乎更像银河系中遥远的星云。

假如我们的目光能够从古代移至今日，这一星空的景象将更为壮观。这些定居点的奠基、产生、毁灭与遗弃，在古代一直发生。若我们的目光真能穿越，我们看到的将不再是具有固定星座的夜空，而是一个个在不断出现又消失的光点。因为有考古证据和书面记录可以证明这些定居点产生与消失的时间，我们其实可以相当精确地标记这些光点的闪烁。

我们还可以将这无数的定居点想象成五彩斑斓的图像，它们绚丽得如同我们通过哈勃望远镜看到的那片被无限放大的真实夜空。近距离观看，它们色彩缤纷，没有雷同，各自都有独一无二的颜色，这是由自然环境、居住者及其历史所塑造的。它们当然也有相似之处，这也是人类能够理解其他城市和聚居地，并能在异乡找到方向的原因。例如，公元 1 世纪时，一名叙利亚水手即使是在高卢南部的马萨利亚［Massilia，后来更名为马赛（Marseille）］，也不会迷路。他当然也会留意到那儿的城镇景观、建筑以及居民服饰等方面与自己家乡的差异。每个定居点都是那么不同，因为这些城市与聚居地所在的古代世界是一个具有巨大差异的、多样化的、变化的世界。

这种多样化的生活世界、经验世界及其当代认知是本书的主题。本书的内容涉及整个古代世界。我们将前往兴都库什山脉、印度、美索不达米亚平原、土耳其、北非，穿越整个欧洲大陆，深入设得兰群岛以外的北方，甚至进入冥界。在这个广阔的古代世界，人们一再为未知的、出乎意料的场所而惊讶。除了那些经常出现在如今的书籍中，且代表着相当同质化的古代城市文化、已经广为人知的城市与聚居地，还有无数在我们眼中非常奇特的地方。它们表现出令人惊讶的独特性，这些特性令它们区别于经常出现的事物，并赋予它们独具个性的标签，让它们别具一格，当然，这种独特性有时也会令人恼火。通过本书，我们可以超越普通的想象去研究一个古老的文化，在一个有时甚至连专家都不知其存在的古代世界里旅行。它们仿佛一面反射镜，以一种非比寻常的方式向我们展示了古代的另一面。若我们从根源去了解这些地方，我们会深入古代生命的宇宙，并开启在其他地方无法获得的通向遥远的生活世界的通道。

这些古代遗留下来的最为奇异的地方散发着魅力，这魅力与我们如今对各城市、各地区的奇异之地的兴趣相互呼应。当商业性的旅游指南与城市里的指示牌将我的同代人引向热门场所时，如果他们也愿意看到更多、理解更多，我会向他们分享自己对特别之物的好奇心。我感兴趣的是超越日常、与众不同的东西，吸引我的是边缘区域、未知世界与创意空间。尽管它们是我们文化不可分割的一部分，但如今却在单调的市中心步行街上难觅踪迹，那里总是聚集着相似的旗舰店。

我们可以尝试训练自己发掘与众不同事物的眼力——这不仅仅是为了获得美妙的体验，也是为了更好地了解我们的世界，正如罗杰·威廉姆森（Roger Willemsen）在《世界的尽头》（Die Enden der Welt）或克里斯托夫·兰斯迈尔（Christoph Ransmayr）在《一个胆怯者的舆图》（Atlas eines ängstlichen Mannes）中所描述的那样。我们可以从自己周围的小环境开始，或将目光转回历史。比如，东欧历史学家卡尔·施洛格尔（Karl Schlögel），他那本《我们在空间中阅读时间》（Im Raume lesen wir die Zeit），标题就展示了极好的看待世界的角度，当然，他不止一次做到了这一点。

奇异之地与城市中的纪念碑具有某些共同的特性，正如奥地利作家罗伯特·穆齐尔（Robert Musil）在 1935 年出版的《在世遗作》（Nachlaß zu Lebzeiten）中描述的那样："这世上没有任何东西像纪念碑那样可以令人熟视无睹。"注意力"像水滴淌到油纸上，听话地从它们表面滑落"。虽然我们能立刻发现所有遗失在街道上的硬币，却只在"有一天，斜眼偷窥二楼的一个漂亮女佣"时，才会留意到一块为了纪念某位重要人物而铸造的青铜纪念牌。尺寸超过真人大小的立式人像可以起到空间定位的作用，但我们却无法说出他们究竟是谁。"纪念碑吓跑了它们理应吸引的人。"这位作家尖锐地指出。

即使是专家，也难以培养感知古代日常世界中奇异之地的特殊能力。我们也已经习惯了那些内容重复的古遗址画册或古代城市汇编。这些书籍、图片和明信片的主题引导并支配着我们所有人的目光与感知，在罗马、雅典或庞贝古城的废墟上可以看到它们的影响程度，那些聚集着大量手举自拍杆的游客的地方，就是书籍等媒介所宣传的热门场所。游客们拍摄的这种"我与著名景点"的合影，既是越来越受追捧的城市旅游度假风尚的视觉战利品，也是社交网络上的热帖。

与热门景点相比，我对"刻写的残片"以及"有缺陷的细节"更感兴趣，我在此借用了作家兼电影制片人亚历山大·克鲁格（Alexander Kluge）的表述方式。它们是本书的核心：可能是一座城市里的小型场所，也可能是一座城市独特发展的历史阶段，它们将拓宽我们对古代文化史的一般特征的认识。又或，它们可能是连古代人都感到讶异的地方，或者是一些从未存在的场所，但却被人们认为是真实的存在。

寻找特殊和奇异的事物绝不是现代人才具有的文化喜好。古代人亦会在日常生活中探寻"特别的"地方，大家互相介绍，兴致盎然地前去参观，或者，如果他们认为在某个地方可以接近强大的神明，绝望的求助者和病人会去探访它。为了揭示这个世界以及众神天堂的多样性，人们在日常生活的整齐划一中追寻着特殊的、不寻常的神秘之物。虽然涉及著名地点以及特殊场所的古代文献只保留下来少数碎片，但内容已经相当丰富了。

可以毫不夸张地说，古代人迷恋奇异之地以及未知世界。在各城市与各地区的墓地里、岩石上、洞穴里和森林中，随处可见众神、幽灵和魔鬼产生的影响。所谓神异学者撰写的关于独特的动物世界、水域和异国他乡的著作，都是备受追捧的读物。同样的情况也适用于地理读物，人们阅读令人不安的故事，这些故事发生在已知世界的边缘地区，据说那些未知世界里生活着神话中的生物和怪物，读者一边感到恐惧，一边感慨自己舒适的家乡生活。古代人在他们熟悉的地方、在泉水边和森林中想象着各种神话，上古时期的英雄事迹自然也在他们的城市里上演——即使到了今日，我们也能看到他们在那些地方为英雄们建造的神庙。或者，他们讲述着遥远的异乡的故事，在市场上从外国商人手中购买精美的商品，在节日时使用，在他们的想象中，这些商品来自世界的尽头。

古代人饶有趣味地阅读来自诸如小亚细亚的库米城（Kyme）或阿布德拉城（Abdera）的故事。传说，那儿居住的人有些类似希尔达的市民或东弗里斯兰人，有文化教养的希腊人和罗马人觉得他们特别愚蠢。大约公元 1 世纪中叶，像盖乌斯·利西尼乌斯·穆西亚努斯（Gaius Licinius Mucianus）这样的总督会利用驻扎在罗马帝国各地的机会，在日常的行政生活中寻找奇异之地，最好是一些尚未在地理读物中出现过的地方，并用文字描述下来。在像他这样的作者的助力下，每个城市中奇异的广场、建筑和场所被推到大众面前，最初只有当地人才了解它们的意义，它们也仅是当地人聊天的话题，但到了后来，导游就会自豪地带领游览者和旅行者参观它们了。这些在文学创作上雄心勃勃的总督们是这些导游的优质客户。博学的老普林尼（Plinius der Ältere）为了撰写《自然史》（*Naturgeschichte*），曾收集整个古代世界的动植物现象，他对此类书籍进行过摘录，其中的一部分因此而流传至今。

我已经在上文指出过本书资料来源的多样性和多彩性，我想说：这些资料对本书帮助甚多，同时也令我的日常学术生活变得有趣。毕竟，古代地理学的学科基础是对世界进行系统性的收集、分类与排序。这类地理概览性质的读物，其作者博学异常，他们把自己看作文学家，想用作品来激励读者。譬如斯特拉波（Strabon）或老普林尼的不朽作品，它们就像其他许多重要作家的著作一样——文采斐然、富有修辞技巧、乐于讲述故事，可称为最佳的文学文本。正因如此，时至今日，我们在阅读它们时仍然充满乐趣，著名的同行罗纳德·西姆爵士（Sir Ronald Syme）在评价一篇古代文本时曾说过一句话，我想在此借用一下：（我们）"沉浸在一个由文学形象构成的名副其实的奇异世界中，就像在专家的指导下进入了快乐花园"。

这些关于往日奇迹及那些叙写不寻常之地的文本，有时也会出现在本书中。然而，本书将不会誊抄或续写讲述奇异之地的《奇迹》（mirabilia）一书。我将本书视作周游整个古代世界的邀请函，在这趟旅行中，今天的读者可以看到一个崭新且迷人的古代社会。

第1章

世界的起点与中心

万物皆有起点。我们的生命，乃至世界历史，都发轫于某处。所有奇异之地的起点因此与古代文化发源地相互重合。这些地方是人类的发源地，人类在此构建了文明的中心，此后发生的一切均与之息息相关。

因此，所有的宗教都讲述了世界的创立以及世界上第一批居住者的故事。我们耳熟能详的有《圣经》中的创世故事：亚当和夏娃被逐出天堂，人类起源于浑沌，直至大洪水几乎毁灭全人类……但这只是无数故事中的一个，甚至还不是原创的故事。天堂既是其自身历史的原型，也是其他文化的理想形象。当然，这样的故事中还包括众神的惩罚：众神因为人类的罪恶行径而要淹没大地。

此外，世界各地还传颂着上古英雄及神祇斩妖除魔，最终令人类世界得以创立的故事。其中的代表有北欧巨人伊米尔，日本的创世神伊邪那岐和伊邪那美；世界各地创造了无数神话生物和神祇，以此来虚构世界的诞生并约束人类社会的秩序。在这些神话中，受人类崇拜的善良之神不得不四处对抗妖魔鬼怪，以使人类相信他们的存在。譬如，宙斯对抗巨人，或东方神马尔杜克（Marduk）击败怪物提亚马特，他们都是通过惊心动魄的浴血奋战才在万神殿中赢得了神位。

然而，古代人并非仅以这些战斗场面来体现世界或宇宙的起点。全世界的所有文化都建构了自己的故事，这些故事历经数百年，乃至数千年，它们的起源均可追溯至传说与神话。它们就像一串珍珠，当事件一个接一个地串连在一起时，即可回溯至创世之时，或至少回到某个聚落、某座城市的创始时刻。这个世界的史前史过于漫长，且几乎是未知的，这些故事能帮助人类在这个难窥全貌的世界上找到自己的位置，并加深对世界的理解。

然而，有趣的是，人们并没有把这些故事仅保留在伟大的诗歌以及生动的叙事作品中。他们想目睹这些关于世界起点和聚落建立的神话景象。从古代，人们就在为创世传说寻找现实中的地点。这些传说在这个世界得以物质化、具象化。以这种方式面世的场所，在一定程度上证实了创世神话及聚落建立的传说。那个时代的人耗费了巨大的精力去设计与装饰这些场所，它们不仅具有历史价值，而且极富艺术性。当地建造的神庙也展示了众神与半神参与创世与聚落建立的具体证据，例如工具、战甲与服饰。它们让人联想到教堂里陈列的遗物，我们将在这本书中介绍更多的此类物品。

时至今日，我们依然会对古代人确立的一些发源地感到惊讶。首先要介绍的这座城市，现在只有少数专家才知晓，其遗址远在所有旅游路线之外，这是伊拉克南部的一个定居点遗址，在许多方面，它都称得上是真正的奇异之地。

埃利都——人类原始之城

北纬 30° 49' 33.77"；东经 45° 59' 41.11"

2008 年 4 月 14 日，星期一，伦敦大英博物馆负责中东文物的约翰·柯蒂斯（John Curtis）在士兵和军官的陪同下，乘坐一架"梅林"直升机从巴士拉（Basra）的英国空军基地向北飞去。英国在 2003 年伊拉克战争期间控制的省份位于伊拉克南部。出于这种政治责任，以及可追溯至 19 世纪的考古研究传统，大英博物馆于 2007 年发起了一项旨在保护该地区古代遗迹的倡议。其中尤为重要的是，需要确定哪些古遗址因伊拉克战争以及随之而来的掠夺而遭受了重大损失。2008 年，在伦敦召开的一次会议上，专家第一次针对该项目做了报告，并且展示了照片，并建议在军事保护下进行科学考察。于是，同年 6 月，一个由 25 人组成的国际小组，包括德国考古研究院的成员，与伊拉克科学家和博物馆负责人一起从巴士拉出发。2008 年 6 月 5 日，该小组抵达目的地——乌尔（Ur）和埃利都（Eridu）古城，二者相距 24 公里。科学家们欣慰地发现，这些古遗址并没有新近被破坏或掠夺的痕迹。

大英博物馆在其网站上公开了此次考察埃利都的照片，它们显示：在广袤无垠、寸草不生的沙漠中，坐落着一个已被侵蚀的土丘——一个如今已荒无人烟的所在。仅有几条道路能证明人类曾不时途经这片荒芜之地。面对这样的景象，我们需要发挥想象力，去幻想这座古代城市及其周边地区曾经的风貌。但我们不必追溯到过于久远的年代，因为埃利都就位于伊拉克南部的大沼泽地和哈马尔湖的西北方向之间，离幼发拉底河和底格里斯河在波斯湾附近的汇合处不远。在 1991 年之前，这个地区一直水源丰富，土壤肥沃，而且在古代就已如此：几千年来，它是生殖力的象征，是《圣经》中描绘的伊甸园的原型。这个植被茂密、动物种类丰富的世界曾经被视为天堂。

只是在最近几十年间，由于土耳其、叙利亚和伊拉克的新水坝要给巨大的灌溉区供水，导致幼发拉底河的水位持续下降，给该地区造成了难以预料的生态后果。此外，这种情况因第一次伊拉克战争而急剧恶化。当时，沼泽地水域无数岛屿上的居民起义反抗政府，然而西方侵略者置身事外，导致当地政府以极其残忍的方式血腥镇压了起义。为了赶走什叶派信徒，政府对民众进行了骇人听闻的屠杀，并蓄意排空沼泽地水源。2014 年 11 月 26 日，《法兰克福汇报》发表了头条新闻《天堂不复存在》。自 2003 年始，只有一小部分原住民返回了家园，动植物都未能恢复往日的生物多样性。

曾经的水文优势以及设计巧妙的灌溉渠，使幼发拉底河与底格里斯河之间的两河流域出现了自公元前 4 千纪以来世界上第一种具有重要意义的城市文化，其中一些城市尤为耀眼，譬如乌鲁克（Uruk）。

然而，在这些数目众多、地处富饶的苏美尔城市中，埃利都作为一个聚居地，始终是一个特殊的存在——一个奇异的、对那时的人而言真正非同寻常的地方。首先因为埃利都非常古老，甚至连当时的人也如此认为。在 19 世纪和 20 世纪的各种发掘中，确定了最早的定居点出现在公元前 5400 年左右。但令这个地方与众不同的不仅仅是它悠久的历史，对于古代人和今天的考古学家而言，建在埃利都的恩基神庙更是一大魅力所在：18 个形态各异的建筑楼层以及不同的建筑时期重重叠加，其结构益发精致复杂。如若重建，一定会令几千年后的今人叹为观止。

我们可以追溯这座神庙的发展——它从公元前 6 千纪的一座小型祭祀场所发展成所谓乌尔第三王朝时期（公元前 2000 年左右）闻名遐迩的大神庙。由于这座用于祭祀的建筑不断增加新的楼层，人们从极远处就能看到沼泽地中矗立着一座令人叹为观止的金字形神塔（阶梯形塔楼）。因此不难理解，为什么埃利都早在远古文献中就已是一个卓越的存在。

神庙供奉的主人是智慧之神恩基（Enki）。他曾经打败了淡水之神阿普斯，从而获得了操控水的权力，而水在当时被想象成一个巨大的地下湖泊。在恩基神的画像中，幼发拉底河和底格里斯河从他的肩头喷涌而出。在其他版本的神话中，传说恩基神通过自慰，用他的精液创造了底格里斯河，这是两河流域拥有强大生育力的一个明显象征。人们在神庙区域还发现了无数鱼骨，显然，那个时代的人将周围水域的鱼献祭给了神明。由于水具有极其重要的意义，更因为恩基神拥有无限智慧，所以他 [与天神安努（Anu）以及恩利尔（Enlil）一起] 有时甚至被认为是创世者以及人类的创造者。

正因为恩基神在苏美尔众神中具有如此重要的地位，埃利都才曾经享有辉煌的声誉：根据文献记载，它被认为是人类最古老的城市，城里屹立着为纪念恩基神获胜而修建的阿普苏神庙。苏美尔人认为，所有城市的文明都起源于此。由于这个地方是人类的第一座城市，统治那里的国王也位列苏美尔王表之首。刻写于公元前 3 千纪后期的王表以此句开头："王权自天而降，首先落在埃利都。"第一任国王阿卢利姆（Alulim）统治了埃利都 2.88 万年，他的继任者阿拉勒伽尔（Alalngar）统治了 3.6 万年，而接下来的三位继任者的统治时间加在一起长达惊人的 10.8 万年——远古人试图利用这些时间从漫长而神圣的远古时代过渡到自己所处的时代。根据传说，第一任国王统治时，有一位名为阿达帕（Adapa）的半人半神，他是恩基神的儿子，是他把文明带到了埃利都。关于阿达帕的冒险故事广为流传，所述内容反映出该地区丰沛的水资源，并指出这是一座位于波斯湾的港口城市。有趣的是，阿达帕的故事也反映了人类对永生的追求。这一古代东方文学的伟大主题在著名的《吉尔伽美什史诗》（Gilgamesch-Epos）中表现得尤为深刻。

讲述埃利都神话历史的文本令人印象深刻。它们的创作者一直试图在作品中将世界起源的线索与那些城市的远古时代联系在一起。根据苏美尔王表以及这些叙事作品，埃利都在大洪水前就已然存在了，在《旧约》提到它之前，早在古代近东的宗教中就有关于它的记载：

在恩利尔神的倡议下，众神决定让吵吵闹闹、扰乱神界的人类在地球上灭绝，因此发动了一场洪水。

可以确定，《埃利都创世记》（Eridu Genesis）的创作时间为公元前2千纪后期，它记载了苏美尔人的大洪水，并且被认为是记载这个故事的最古老文本。只有少数被遴选之人在大洪水中幸存下来，其中住在埃利都的一人名叫齐乌苏德拉（Ziusudra, 阿卡德语: Upnapishtim）。人类的朋友恩基神吩咐他在洪水来临之前建造一艘船，这样他就可以和家人以及遴选出来的动物一起在这场洪水劫难中幸存下来。

另一个由楔形文字刻写的文本在埃利都重现了伊甸园的故事：一个名叫塔格图格的织工或园丁因偷吃禁忌之树上的果实而受到恩基神的惩罚，恩基神曾明令禁止此事。

后来被写入《旧约》的许多史前时期的神话，也因此与埃利都这座起点之城产生了关联。一些现代学者甚至提出，巴别塔也可能在这座城市里，但这个看法没有得到专业人士的认同。正如神话所预示的那样，那个时代的人清醒地看到，两河流域的政治重心正在进一步向北转移。有鉴于此，这样的故事并不会令人感到奇怪：神话中其他城市的守护神，比如乌鲁克的主神伊南娜（Inanna），为了获悉文明的知识而来到埃利都。为了使那个时期的人理解与相信其他地区的城市崛起的过程，人们创作了一些通俗易懂的故事。其中一个故事讲述了伊南娜神在拜访埃利都的恩基神时，把他灌得酩酊大醉，从而轻而易举地从他那里偷走了记录着文明的秘密的陶土泥板。这个故事正是对现实的反映，因为在这千年间，在埃利都以北的地方诞生了新的城市文化中心，首先是大都市乌鲁克。

根据古代人的设想而建立起来的古代东方文明的起点之地，如今却位于一个已被遗弃的荒凉山丘上，地处饱受当今这个时代折磨、尘土飞扬的荒芜区域。游客可以看到的建筑交织着故事赋予的诗意想象，埃利都变成了古代东方文明的中心与发源地。

但埃利都以及围绕着这座古城的神话是什么时候消失的？是什么把它几乎从我们的记忆中完全抹去了？公元前 2000 年至公元前 1800 年左右，当乌尔第三王朝的国王们在自己的城市里大兴土木，被来自伊辛（Isin）与拉尔萨（Larsa）的国王先后夺取了政权之时，埃利都几乎未曾得到建设。在历史政治与记忆政治行动的推动下，祭祀功能与神话意义进一步向北迁移，在那里建立了新的中心。埃利都在公元前 1 千纪被逐渐遗忘，只偶尔被人提及。一块来自公元前 600 年左右、巴比伦国王尼布甲尼撒二世（Nebukadnezar Ⅱ）统治时期的砖头上刻着"埃利都"这个名字，它似乎是见证这座古城存在的最后的文字。在波斯人以及随后的希腊、罗马帝国统治时期，这个地方终于从人们的记忆中完全消失了。古希腊和古罗马的作者知道幼发拉底河口有一个定居点，有人称之为泰雷登（Teredon），有人称之为伊里多提斯（Iridotis）或狄里多提斯（Diridotis）。它是运载印度与东方商品的船只途经波斯湾时的一个小型贸易中心。众所周知，商人从这个小型中转站将香料、织物和调味品运往更北的地方，直至西边的地中海。彼时，研究古代地理学的专家曾多次试图在这一小块区域中找到远古的——如果我们同意他们的推断——以及后来修复过的埃利都古城遗址。然而，这似乎更值得怀疑，因为即使在 20 世纪，考古发掘人员也没有在此处发现任何近古出土物。公元前 600 年左右，人类古老的原始城市的痕迹就这样在沙漠中消失无踪了。新的中心已经出现，据推测，该地区的淤积加快了它最后的衰落，并令其被世人遗忘。

希萨尔利克——当废墟变成特洛伊

北纬 39° 57' 26.56"；东经 26° 14' 19.73"

公元前 8 世纪末，埃利都已步入暮年。在这座古城消亡前不久，小亚细亚西部，距离现在土耳其伊兹密尔（Izmir）不远的地方，一位名叫荷马的诗人正在将各种由流浪歌手口口相传的古代神话素材锻造成一部伟大的史诗。史诗的中心故事发生在公元前 2 千纪末。它讲述年轻的帕里斯诱拐了希腊的斯巴达国王墨涅拉奥斯的妻子海伦，并把她带回小亚细亚，送到自己的父亲普里阿摩斯国王的城堡中。为了争夺被拐走的海伦，阿该亚人（Achäer，荷马对进攻方希腊联盟的称谓）

与普里阿摩斯的臣民和战友之间爆发了持续十年的战争。最终，名为伊利奥斯（Ilios）的城堡被摧毁，战争随之结束。城内的幸存者逃走了，获胜的英雄返回家园。他们中的一些人，譬如英雄奥德修斯，在返程途中不得不一次次接受迷航的挑战与冒险的考验。

然而，这位后来被希腊人称为荷马的诗人并没有简单地讲述这个以较晚期的文本为基础重构的故事以及与之相关的神话。他集中讲述了战争中的 51 天。在这些日子里，阿该亚人的领袖阿伽门农与参与战役的一位英雄阿喀琉斯之间爆发了严重冲突。荷马围绕着这一冲突，使出浑身解数来展开他的诗篇，不仅通过描写无休止的战争，体现了战士的勇敢无畏，另外还涉及人类生活、社会关系、远古时期的贵族伦理、神明角色、男女两性关系以及其他众多方面。

然而，本节将把投向奇异之地的目光转向其他方面：荷马在创作史诗时，可能在土耳其西部的很多地方看到了古代遗迹，这些遗迹似乎非常符合他的诗歌所需。几千年前，在这个地区的不同地方曾产生过非常坚固的定居点，诗人的同时代人已经不了解它们的历史了。这些古老的定居点在公元前 1200 年左右就已经被摧毁，并且大部分已被人遗忘在记忆的长河中。然而，这些废墟无疑在几个世纪后刺激了人们的想象力。面对这些半坍塌的古老城墙，人们只需一点想象力，就能联想到英雄们曾经在此发生过多么激烈的战斗与冲突。时至今日，这些建筑仍能令人联想到中世纪的城堡，我们透过汽车或火车车窗能不时见到它们，或者在欧洲许多地区徒步旅行时也会偶尔经过它们的身畔，却不知晓它们到底拥有一段怎样的历史。无论如何，青铜时代的古城堡已经被荷马之前的诗人描绘成冒险事件的发生地，往往每逢节日庆典，他们就在听众面前绘声绘色地讲述这些故事，令人身临其境。

荷马大概没有梦想过自己的诗歌会给西方历史和文学带来何种后果。两千五百多年来，《荷马史诗》的影响相当大。犹如一声惊雷，欧洲文学史猝不及防地以一部超过 1.5 万诗节的《伊利亚特》（Ilias）作为开端，紧随其后的是超过 1.2 万诗节的《奥德赛》（Odyssee）。这两部史诗勾勒出一个宏大的神祇世界，但主要表现的还是英雄。这些恢宏巨作将公元前 700 年及之后的希腊人一下子送回到公元前 2 千纪。在所谓远古时期的伊利奥斯城堡周围发生的战争呈现在这些观众眼前，仿佛希腊自己的史前史。此外，荷马在《伊利亚特》的船舶目录中提及近 200 个参战的希腊城邦，因此，几乎整个希腊的居民都可以在史诗中找到或"辨认"出他们的祖先。于是，《荷马史诗》成为当时所有文学作品的参考，以及人们每一次审视现实生活及"历史"时的参照物。人们将《荷马史诗》中的伊利奥斯称为"特洛伊"（Troia）。然而，荷马使用该词（这个单词的另一书写形式为"Troie"）并不单指城堡，而是指代他的故事发生的地区，这是一个绝对重要的细节。

从那时起，所有希腊人都想被纳入这个新的特洛伊神话中，并在其中找到自己的起源。荷马提及的希腊城市——它们的名字出现在船舶目录中——由于远古时代的神话构建而地位牢固。荷马没有提到的其他城市则声称，自己是在战争结束后由史诗中的英雄们创建的。它们也因此成功地将自己纳入了《荷马史诗》的后续传统中。

由于人们通常不可能重构一个共同的史前史，这两部史诗在创始传说的市场上极为抢手。以罗马为例，我们可以看到，其他文化以及新的力量也被编织进这个从被摧毁的祖国逃离的特洛伊人所建造的网络中，该网络包括世界上所有的人类居住区域。罗马人欣然接受了这个最初由希腊历史学家推出的提议，并将其提升为一种强大的国家意识形态。这个城市的创始人罗慕路斯（Romulus）被认为是自伊利奥斯逃出的英雄埃涅阿斯（Aeneas）的后裔。罗马诗人维吉尔（Vergil）根据这个神话创作了民族史诗《埃涅阿斯纪》(*Aeneis*)，在诗人去世后的公元前19年，这部史诗得以出版。即使到了中世纪，各贵族家族在阅读了这部拉丁语史诗以及许多新的文学作品后，也将他们的祖先追溯为《荷马史诗》中的某位英雄。因此，高贵的特洛伊起源成为欧洲思想史的一种常态，最后也成为真正跨大洲的思想史常态：所有的欧洲王室，所有的国家，甚至新发现的美洲都可以追溯到这些英雄。就连牛津大学的顶级知识分子也是如此，他们将13世纪时该校的创立与曾经和特洛伊难民一起来到岛上的哲学家们联系到了一起……

　　特洛伊神话的巨大影响一直延续到了现代，然而，首先必须阐明的是，希腊人认为《荷马史诗》的故事是历史事实，也认为这位所有欧洲诗人的祖先所描述的地方是真实存在的，在某种程度上，仿佛已在历史地图上标注出了它们的位置。就连公元1世纪早期的地理学家斯特拉波也理所当然地认为荷马是这门科学最古老的前辈，并认真研究和讨论过荷马对这些地点及其位置的陈述。早在公元前7世纪，人们就开始寻找荷马提到的地方。当然，伊利奥斯城堡的位置尤为重要，据说普里阿摩斯统治着那里，而希腊人围攻它长达十年之久，直到奥德修斯用木马计将其攻克。

　　请注意：这个地方只是诗意的虚构，存在的可能性极低，就像莱茵河畔尼伯龙根的宝藏沉没之处，以及传说中罗蕾莱用金色发梳梳理长发的地方——罗蕾莱的歌声如此动听，以至于莱茵河上的船夫一个接一个地撞向了湍流中的礁石。然而，对于公元前7世纪的人而言，首要目标是证实一处废墟可能是《荷马史诗》中的历史发生地。正如我们在埃利都的例子中看到的那样，创世神话需要一个具体的地方，人们可以观看、参观，还可以实际触摸。远古人借助恩基神庙，在埃利都寻觅到了可以塑造神话诗篇并展开叙事的起点之地。然而，在希腊世界，人们却需要首先为诗歌找到这样一个地方作为落脚点。这无疑是一个奇特的情形！

讲述特洛伊故事的诗人从古代遗迹中获得了灵感。希腊人在《荷马史诗》的帮助下证实了伊利奥斯。英雄和诗人显然"实际"见过城堡所在的地区，因此其地形特征可以用诗句来描述。因此，在今天的土耳其希萨尔利克山（Hisarlik）附近，一个可追溯至公元前 3000 年左右的古老遗迹成为最受追捧的战斗发生地，阿喀琉斯与赫克托尔、墨涅拉奥斯与普里阿摩斯以及其他所有英雄之间的战斗均在此进行。看上去似乎已经找到《荷马史诗》中的普里阿摩斯城堡。实际上，希腊人从公元前 1000 年左右才开始在那儿定居。在与诗人的互动中，或在《伊利亚特》诞生之后（它无法改变），此地居民按照当地对那座神话中的古老城堡的称呼，将这个地方公开命名为"伊利昂"（Ilion）。他们随后声称自己的城市就是《荷马史诗》中的事件发生地，鉴于史诗的文学成就，他们自然干劲十足，最后取得了成功。

所有的城市都目标明确，力图表现出自己对神话传统的传承，有的城市声称由特洛伊勇士创建，有的城市则在史诗中被提及。这些城市全都为虚构的英雄建造了坟墓和神庙，并向兴致勃勃的参观者展示据说曾属于英雄的武器和物品。例如，不同的地方都展出了据说是木匠埃佩乌斯雕刻特洛伊木马时用过的工具。伊利昂，或曰特洛伊，随后建立了不少古物收藏馆，向来访的普通游客、重要的政治家甚至国王展示藏品。例如，据说是帕里斯曾弹奏过的一把七弦琴，一块据称是勇士们在战斗间隙休息时用于玩乐的石板，或一块曾绑缚过卡珊德拉的石头——因为她不断预测祖国灭亡而惹恼了她的同胞。导游向游客指出那条裂缝——阿波罗的祭司拉奥孔看穿了希腊人的木马计，毒蛇在杀死他及其两个儿子后就是穿过这条缝隙游走的。但这些东西对奇异之地而言还不够分量：在城郊，人们甚至可以看到"士兵的驻扎地、阵地、仓库……，在那儿建立的祭坛"[阿耳忒弥陀（Artemidor），《梦之书》（Traumbuch）4，47]以及其他各种各样的展览。他们甚至为英雄建造了墓冢，这令旅行者特别感动。按照荷马的说法，阿喀琉斯与帕特洛克罗斯合葬于同一墓穴，但这些城市却忽略了这一点，为两人分别修建了坟墓，这种情况在竭力谋求更多旅游资源时是可能发生的。

结果，在今天的希萨尔利克山附近诞生了一个真正的奇异之地，这是唯一一个体现了诗意想象与神话传统的地方。希腊与罗马文化的虚构中心——曾经在此爆发过一场伟大而又神秘的战争，如今成为一个既具博物馆特色又可以实际体验的真实所在。由于政治家、将军、国王和罗马皇帝推出的地方行政措施，特洛伊这个地方后来成为实现政治目标以及各种战略目标的思想工具。略举几个例子可能就足以说明：希波战争之初（公元前 480 年），据说波斯国王薛西斯（Xerxes）模仿特洛伊人，向伊利亚特的守护女神雅典娜[1]献祭 1000 头牛，他打算向阿该亚人（即希腊人）复仇。而希波战争结束后，雅典则宣布自己是战胜了特洛伊人的新胜利者，并声称自己是希腊人的阿提卡 – 德

---

[1] 根据希腊神话，在伊利亚特的第一任国王伊洛斯修建城堡之前，宙斯曾把一尊雅典娜神像从天空降落到伊洛斯的帐篷前，暗示伊利亚特处于雅典娜的保护之下。因此雅典娜是伊利亚特的保护神。后来因为伊洛斯的后人不守信义，雅典娜不再保护这座城市；后来更因为金苹果之争，雅典娜在特洛伊战争中站在了希腊人一边。

利施海上联盟（Attisch-Delischer Seebund）的领袖。亚历山大大帝于公元前334年开始大规模征服，从某种意义上来说，他只是掉转了薛西斯手中长矛的方向，携带阿喀琉斯的武器向东进军。还可通过如下事实来证实特洛伊神话的持久性与有效性：罗马人单方面声称自己是特洛伊人的后裔，恺撒及罗马第一任皇帝奥古斯都通过特洛伊人埃涅阿斯将自己的血统追溯到维纳斯身上，这些举措最终是为了抬高自身，从而使他们在罗马的特殊权力合法化。

尽管那些口才极佳的导游口若悬河，来到伊利昂的游客还是经常对他们所看到的东西感到失望，比如著名的城堡本身以及战争现场。许多人在阅读《荷马史诗》以及其他描述特洛伊城陷落的文本后，在脑海中形成了许多图像，他们希望亲自到现场去证实，然而，这座简朴的小城与这些图像并不相符。顺带一提，如今站在特洛伊前的游客通常也会有这样的感受——因为在他们的脑海中还浮现着好莱坞电影的宏伟背景，比如2004年由沃尔夫冈·彼得森（Wolfgang Petersen）导演的《特洛伊》（*Troy*）。希腊作家卢西恩（Lukian, 约公元120年—公元180年）在其讽刺性文章《卡戎或曰参观世界者》（*Charon oder die Weltbeschauer*）中表达了这种令人失望的经历：在游历经验丰富的众神使者赫尔墨斯的陪同下，著名的冥界摆渡人卡戎要参观这个世界上最著名的地方。他请求向导陪他前往特洛伊，然而，赫尔墨斯却犹豫不决。他的理由是：担心卡戎在返回冥界后可能会绞死荷马，因为特洛伊只有零星的断壁残垣，而荷马的史诗却是如此地夸大其词（卢西恩，《卡戎或曰参观世界者》1-7，23）。

另一些作者和时代见证人却因《荷马史诗》中的废墟、特洛伊坍塌的城墙以及干涸的河流而兴奋不已。他们以彻底的浪漫主义看待废墟,陶醉于断壁残垣,思考着易逝性与史诗的优美。对于卢坎(Lukan,公元39年—公元65年)和阿里安(Arrian,约公元85年—公元146年)等古代作家而言,摇摇欲坠的特洛伊是一个能够凸显文学才能以及诗学领导地位的地方。只有文本才能真正创造过去并保存记忆。没有诗人,城市就会消失,伟大的人也会消失,因为腐烂的身体和摇摇欲坠的城墙是缄默无言的。

伊利昂的议员们当然会一次又一次地审议关于增加博物馆展品以及扩建所谓的神话之地的议题。他们可能已经驳回了诗人们的反对意见。诗人们认为,在文学作品具象化后,如果不去证实这些物品的真实性,他们始终会对其持怀疑态度。关于这些物品是否真实的问题可能会不时被提出,但最终,那些对遗迹惊叹不已的游客和信徒对答案并不感兴趣。他们只是想以具体的物使神话获得一个真正的落脚点,从而将其固定在有形的现实中,赋予它们一个直接的在场。

然而,即使在古代,也有许多人怀疑希萨尔利克附近的城堡是否就是特洛伊。前文提及的地理学家斯特拉波来自小亚细亚,他在作品中发出了这种批评的声音。其他古代作者,譬如来自斯凯普舍斯(Skepsis)的德米特里欧斯(Demetrios),直接把自己的城市当作特洛伊战争的"真实"发生地。还有一些作者感到疑惑:荷马和其他作者曾说过,特洛伊已经被完全摧毁了,那怎么可能还有遗迹存留在伊利昂,并且还有人住在那里呢?还有一些地方为了声望而与伊利昂竞争,声称自己才是真正的特洛伊。斯特拉波认为,真正的伊利昂位于距他那个时代被称为特洛伊的地方大约5.5公里处(大约30斯特迪亚)。如今的伊利昂居民可能纯粹为了"追名逐利,因为他们想让自己的城市变得古老,这让那些基于《荷马史诗》的人大伤脑筋,因为这个城市显然不是荷马的城市"（斯特拉波，《地理书》13，1，25）。

所有这些带有研究性质的争论并没有减少希萨尔利克附近这片废墟之地的重要性。海因里希·施里曼（Heinrich Schliemann）于19世纪宣布，他在希萨尔利克附近发现了特洛伊古城，当时，人们反响热烈。施里曼甚至声称，他已经找到了普里阿摩斯的宝藏，并向他的妻子赠送了海伦的珠宝。人们的欢呼声此起彼伏。但他的发现在过去和现在都存在同一个问题：普里阿摩斯的宝藏如同尼伯龙根的宝藏一样少得可怜。很快，关于特洛伊战争以及特洛伊本身是否属于历史真相的讨论再度展开。在参与希萨尔利克发掘工作的第一代考古学者身上可以看到，即使是现代学者，也像古代人一样无法抗拒神话的吸引力。《荷马史诗》及其接受史简直令人印象深刻，大家可能无法想象它没有真实的历史内核。

发掘史和解释史自2001年起达到了另一个高潮，在媒体的高度关注下，打响了"特洛伊的新战役"。缔约人是考古学家曼弗雷德·科夫曼（Manfred Korfmann）及其图宾根大学古代史的同事弗兰克·科尔布（Frank Kolb）。科夫曼与来自不同学科的几个科学同行相信已经找到了确切的考古证据，可以证明荷马所描述的伟大的特洛伊确实存在……让我们牢记，即使对于科学家而言，真正的冒险偶尔也会发生在头脑中——过去与现在一样，那儿有时也是奇异之地的故乡。

德尔斐的阿迪顿——世界之脐

北纬 38° 28' 56.23"；东经 22° 30' 4.42"

许多不可见之物在我们看来是奇异的，比如荷马的特洛伊。但更奇异的是那些禁止我们看的地方。德尔斐（Delphi）的阿波罗神庙中的秘密房间阿迪顿（Adyton）正是这样一个地方。它位于神庙的祭神室，极其神秘，在古代，甚至没有留下关于它的真正浅显易懂的描述。阿波罗的女祭司皮提亚来到这个地方，坐在一个三脚架上接受神谕。据推测，这个房间里的乙烷、甲烷和乙烯等气体令她精神恍惚，地质学家杰勒·德·布尔（Jelle de Boer）证实曾在那里检测到这些气体——猜测它们或许与这个房间里的含氧量有关。诗人卢坎［卢坎，《公民之战》（*Bürgerkrieg*）5，150 及以下］知道，女祭司们相当害怕这个有些阴森的神谕室，因此她们往往被男祭司强行送入其中。当时，皮提亚可能已经被这些气体弄得迷迷糊糊了，在失神状态下把所谓的神谕转述给男祭司，再由他们重新解释她那些含糊不清、难以理解的话语。这些中间人最初用诗句，后来用散文等书面形式，向咨询神谕的人解释神谕的预示。

公元前 6 世纪至公元前 4 世纪期间，阿波罗神谕以及这个阿迪顿的神秘事件在整个古代世界受到高度重视。普通百姓和来自遥远帝国的国王们都拥向这个希腊世界最著名的智慧源泉。希腊文明的所有领域都以德尔斐神谕为起点——因此也以该圣殿里那间阴森的阿迪顿为起点，即使对伟大的哲学家柏拉图而言也是如此：制定法规、建造神庙、安葬死者以及创建每座城市都是在皮提亚的帮助下进行的［柏拉图，《理想国》（*Staat*）427C］，所有这些事情都要咨询皮提亚的意见。

宝库里供奉着献给阿波罗的丰富祭品，这些城市与城市统治者以此来感谢神明的帮助。每一个参观者都可以看到，祈愿者为了在战争或政治争端中获胜，曾投入了何种捐赠。

德尔斐神庙可以被归类到跨地区的重要神庙系列，这些神庙位于希腊、小亚细亚以及埃及。此外，德尔斐也是自古风时期（约公元前700年至公元前500年）以来对所有希腊人特别重要的四个泛希腊神庙之一。另外三个是奥林匹亚、尼米亚（Nemea）的宙斯神庙，以及伊斯特米亚［Isthmia，位于科林斯（Korinth）附近］的波塞冬神庙。自古希腊早期以降，希腊人就在这些地方聚集，首先是举行比赛；但在这些场所也开展正规的外交活动，甚至安排政治联姻。因此，这些地方以不同的方式象征着希腊人的团结。并且只有希腊人可以参加比赛，而外邦人只被允许观看。

德尔斐和奥林匹亚拥有斐然的国际声誉，奥林匹克运动会无疑是最重要的泛希腊竞赛。然而，在这些具备特殊魅力的场所中，由于阿迪顿的神谕，德尔斐神庙显然拥有巨大的宗教及政治意义。当时的每一个人都清楚，在神谕的解释上，祭司们拥有哪些回旋余地以及与之相关的政治操纵机会。由于这个原因，希腊各城邦早就达成一致意见：德尔斐永远不会成为军事优势方的战利品；否则在其统治期间，所有神谕都会浸染上于它有利的色彩。因此，他们还创建了一个共同的神圣联盟，即所谓的"安菲克提翁议会"（Amphiktyonen-Rat），由这个联盟来管理祭司和神庙。

德尔斐的核心地位以及在阿迪顿发生的事件很早就在神话中有所反映。这些围绕它的开端而构建的故事显示出熟悉的特征——它们无疑起源于美索不达米亚平原，这并不难辨认。据说，希腊的最高神宙斯曾经无比恼怒于人类道德的堕落，就像他的古代东方同行恩利尔一样，在所谓的铁器时代末期给希腊降下大洪水。普罗米修斯——希腊神话中人类的盟友以及有预知能力的文化传播者——在这场大洪水之前，警告了（相当于苏美尔人的挚友恩基神）自己的儿子丢卡利翁并要求他打造一艘船。丢卡利翁和妻子皮拉利用这艘船得以在洪水中幸存下来。他们最后在大约 2500 米高的帕纳塞斯山（Parnass）登陆，而在其西南侧的山岩上就坐落着德尔斐。作为人类的最后一对夫妻，他们必须重新创造人类。忒弥斯（Themis，负责道德和良好秩序的远古泰坦神）或宙斯（根据其他版本）建议幸存者投掷他们母亲的骨头。但根据古代的观念，触碰逝者的遗体是一种难以想象的亵渎行为！聪明的丢卡利翁正确地解释了这句神谕：神祇们指的是大地之母盖亚的骨头，换句话说，就是大地上的石块。说干就干，丢卡利翁与皮拉不断地投掷石块，人类得以重新诞生；正如罗马诗人奥维德后来所写的那样，他们成为"艰苦的一代，历经劳作"［奥维德（Ovid），《变形记》（*Metamorphosen*）1，415］。虽然阿卡迪亚的利科索拉城（Lykosoura）声称自己是人类最古老的城市，人们曾经在那里学习如何建造城市［鲍萨尼亚斯（Pausanias），《希腊志》（*Beschreibung Griechenlands*）38，1及以下］，但大洪水之后，在丢卡利翁与皮拉活动的地方，重新诞生了人类。

一个如此重要的场所自然对那些古代作者提出了挑战，他们写下、改变以及高明地进一步发展神话，也因此被称为所谓的神话学家。另一个故事告诉我们，大地之母盖亚曾经从大洪水的淤泥中生出了蛇怪——一条巨蟒。宙斯的妻子赫拉，据说是出于嫉妒而要求这条巨蟒去纠缠宙斯那怀了孕的情人勒托，即后来阿耳忒弥斯和阿波罗的母亲。

幸运的是，勒托没有遇到这条巨蟒，但勒托的儿子阿波罗为报复巨蟒的纠缠而杀死了它，从此女祭司皮提亚获得了这个怪物的先天的占卜能力，能对自己看到的未来做出预示。

从某种意义上来说，阿波罗消除了怪物巨蟒所代表的可怕的无序状态，这是许多起源神话中的常见景象，即从混沌中诞生秩序。同时，众神之父宙斯决定，阿波罗杀死巨蟒的地方也是世界的中心，即世界之脐"奥姆法洛斯"（omphalos）。据说，早在远古时代，就有一块阳具形状的石头自天而降，落到了德尔斐，阿波罗把他杀死的巨蟒埋在了这块石头下。

据说，此后不久，宙斯派两只鹰（或天鹅或乌鸦）从世界的东西两端同时起飞，按照众神之父的想法，它们经过相同的飞行时间后相遇的地方，就是地球的地理中心。看吧，这两只鹰恰好落到了德尔斐的圣石奥姆法洛斯上。因此，毫不令人惊异，哲学家柏拉图写出了这样的句子：阿波罗"坐在大地中心的地球之脐上，给出他的神谕"（柏拉图，《理想国》427C）。这指的是皮提亚的智慧箴言，即来自阿迪顿的预言。比柏拉图早一百年的诗人品达（Pindar，约公元前522年至公元前518年间—公元前446年）的颂歌以及当时的各种悲剧就已证明，在当时希腊人的普遍认识中，德尔斐就是世界之脐。

宙斯确定地球的中心这个神话当然被当时的人们直观地衍生成一块真正的纪念石碑。因此，自古风时期以来，这块"奥姆法洛斯"就矗立在阿波罗神庙的祭神室里，它的大理石复制品一直流传到后来较晚的时代。这块圆锥形的石头上装饰着两只黄金雄鹰，这正是宙斯的神鸟，还有所谓的"阿格雷农"（Agrenon），这是一种网状交织的羊毛状花饰。这块石头一直保存到罗马帝国时期，曾作为展品提供给游客参观。但在那个时候，"世界之脐"这个名字已经成为一个纯粹的比喻，它的信息不再与当时的地理知识相符。而公元前6世纪时则完全是另一番景象，那时，来自米利都（Milet）的历史学家赫卡塔约斯（Hekataios）在他那举世闻名的世界地图中，将希腊以及希腊境内的德尔斐绘制为整个世界的中心。随着公元前5世纪上半叶希波战争的爆发，以及历史学之父希罗多德（Herodot）将这个民族嵌入地中海世界的大环境中，德尔斐已不可能继续是世界的中心。公元前334年至公元前324年间，亚历山大大帝发动征服东方的战役，将已知世界的边界推向更远处，情况就愈加改变了。随后，地理学也越来越成为一门数学科学，完全开辟了全新的空间参照物。最后，至公元2世纪，伟大的地理学家托勒密（Ptolemaios）发表了对已知世界的完整表述，再次消解了这种认知的根基。

而德尔斐本身，早在公元前4世纪的第三次圣战（公元前356年—公元前346年）期间，圣石"奥姆法洛斯"上的黄金雄鹰就被盗了，这象征着该地丧失了古老的意义。公元2世纪，作家普鲁塔克（Plutarch）成为了德尔斐的一名祭司，据我们所知，他是最后一位心仪希腊世界之脐往昔意义的知名人士。与他同时代的许多希腊人忧郁地缅怀着古希腊的黄金时代，当时，阿迪顿保存的神谕毋庸置疑地仍被认为是神明指定的神话地理中心的标志。但是，随着各地出现的跨区域的影响力新中心，德尔斐的阿迪顿所具有的文化优势地位受到挑战。这些新中心包括亚历山德里亚（Alexandria），后来的安提奥西（Antiochia）、拜占庭（Byzanz），最后是耶路撒冷，更不用提罗马了，它仅仅因为强权政治，已自视为文明世界新的中心。伴随着记忆的消退，阿迪顿从一个具备世界意义的场所沦为往昔的一处奇异之地，与此同时，罗马人却产生了全新的设想：一个地区的中心可能演变为世界秩序或文明的起点。

罗马的一个小土坑

北纬 41° 53' 33.9"；东经 12° 29' 04.5"

1999 年，当改建的柏林国会大厦成为德国联邦议院的所在地时，联邦政府以"建筑物装饰艺术"（Kunst am Bau）这一理念装饰新入驻的大楼，购买了德国画家和雕塑家的一些艺术作品。其中一个项目在当时引发了一场愤怒的风暴。这是艺术家汉斯·哈克（Hans Haacke）的装饰作品，它被放置在北面的院子里。这件作品是在一个木头镶边的长方形上用霓虹灯拼成"为了居民"（Der Bevölkerung）的字样。每位议员都要向字样旁的正方形嵌块中倒入 100 磅来自自己选区的土壤。在这片土壤中，植物要不受控制地生长。

哈克意图使该装饰作品的字样与国会大厦三角门楣下方的铭文"为德意志人民"（Dem deutschen Volke）形成对话，因此为霓虹灯字母选择了与彼得·贝伦斯（Peter Behrens）1916 年设计的门楣铭文相同的字体。在这位艺术家看来，"人民"这个概念承担着德国的历史重负，而"居民"这个词则包含更多的人，并不仅仅意指德国公民。他引用了贝托尔特·布莱希特（Bertolt Brecht）在 1935 年流亡期间写的一句话："在我们这个时代，谁使用'居民'一词来代替'人民'……，就表明他已经不支持众多谎言了。"

这一理由引发了极大的愤慨。其核心在于：一件质疑德意志人民，即质疑公民的首要地位的艺术作品是否可以被放置在德国联邦议院内。经过激烈的辩论，该项目在2000年4月5日的具名表决中以两票的微弱优势获得通过，并于同年9月举行落成典礼。自2000年7月11日起，每天下午两点和晚上八点在网站 derbevölkerung.de 上发布最新照片。人们也可在网站上关注哪些国会议员带来了土壤——也可据此获悉哪些议员还没有带来土壤。因此，关于人民和居民的情绪之争决出了胜负，但可以确认的是，这个艺术品背后的想法并不完全是新颖的……

公元2世纪，古代作家普鲁塔克讲述了一个奇特的仪式，据说是神话中的创建者罗慕路斯在建城行动中举行的。在来自伊特鲁里亚（Etrurien）地区精通神圣律法及记录的饱学之士的指导下，他首先在集议场（comitium）附近挖了一个坑。集议场是罗马广场（Forum Romanum）上的一处集会场所，后来在其后方建设了元老院议事堂。根据普鲁塔克的说法，罗慕路斯把一切人们认为好的、必要的初生果实都扔进这个坑里。接着，站在他周围，想与他一起第一批进城的每一个同伴都"拿出自己故乡的一把土壤扔到上面，然后把它们混合在一起"[普鲁塔克，《罗慕路斯》（Romulus）11]。这个坑以如此方式被填满，罗慕路斯将其标记为中心，围绕它画了一个圆，确定了这座城市的边界。一头公牛和一头母牛沿着这条线路拉犁，泥土向内落下，以这种仪式表示城市的落成。在计划建设城门的地方，人们就抬起犁头，以便不干净的东西可以从这些地方进出。

普鲁塔克在这篇文章中描述了一个古老的伊特鲁里亚建城仪式，这个仪式可能由第一位统治罗马的伊特鲁里亚国王于公元前7世纪举行。不难猜到，我对这个仪式的其他方面感兴趣，确切地说，也就是这些男人扔进坑里的、来自各自家乡的泥土。当然，这一幕是杜撰的，因为罗慕路斯身边的人有什么理由会随身携带家乡的土壤？普鲁塔克用这个奇特的仪式暗示罗马人的基本认知：从罗马建城伊始，这座城市的居民就来自四面八方，甚至来源不清。罗马人曾经美好的自我认知，在今天或许会被一些政治家描述为"杂糅与混乱"。是的，罗马从一开始就是由外邦人和异族组成的。

由于罗马人没有留下他们的早期历史事件以及台伯河畔定居点中早期居民的信息，这些后来写下的想象就更加引人注目了。在其他的创建故事中——这一点至少应该顺便提一下——早期的罗马位于所谓的罗马四方场（Roma quadrata）周围。这是一个位于帕拉蒂尼山（Palatin）的环形广场，帕拉蒂尼是一座位于罗马广场上方的山丘，历史上元老们的别墅以及后来的皇宫就建于此处。在这里，负责解读鸟类飞行的神职人员，即占卜官，在一个神圣的占卜室中进行他们的工作。在罗慕路斯时代，据说有一位占卜师在这个地方确定了早期定居点的范围。无论如何，这个地方的确切位置已不为人所知，罗马人认定其位于阿波罗神庙前面。阿波罗神庙与罗马第一任皇帝奥古斯都（公元前 27 年—公元 14 年在位）的住所相邻，罗马内战结束后，奥古斯都在庆功宴上被尊崇为新一任罗慕路斯。古老的罗马四方场与第一座皇宫在空间上相邻并不是一个巧合。

因此，这一传说是相当混乱的。普鲁塔克将集议场附近的一个土坑，即罗马广场上的一处洼地当作早期城市的中心。而在其他的故事中，则将早期罗马与罗马四方场定位在帕拉蒂尼山丘上，帝国时代的人亦如此认为。可能有不同的原因导致了这种混乱：普鲁塔克作品中的谬误，或者仅仅是对各种神话故事与真实的城市景观不一致的解释与定位。

但这种混乱不应使我们感到不安。关键因素在于罗马居民的异质性构成，罗马历史学家李维（Livius）早在普鲁塔克之前就知道这一点。在他撰写的从城市初创一直到千纪更迭时期的历史著作中，他把这种始发状态作为罗马建城历史中的一个重要部分来复述：罗慕路斯为了让城市人口增长，采取了一项在城市初创时常见的措施。在李维于公元前 1 世纪末还能看到的一片小树林里，罗慕路斯建立了一处收容所。"很多可疑人士和出身低微的人来到那儿"，"来自邻近民族、想要在此开始新生活的所有人都在此寻求庇护，在这里，无论你是自由人还是奴隶，都无关紧要；这也是罗马城初具规模的第一步"［李维，《罗马史》（*Römische Geschichte*）1，8］。

克劳狄乌斯皇帝（Claudius，公元 41 年—公元 54 年在位）可以作为见证人向我们证明，自城市创建以来，罗马人将许多异族和外邦人的融合视为其政治辖区的基本特征。因为，公元 48 年，当克劳狄乌斯决定在罗马元老院中增加高卢议员时，意大利议员爆发了愤怒的浪潮。在他们看来，高卢罗马人即使满足了与元老地位相应的所有民事和财务要求，仍然是异族、半野蛮人。将他们纳入元老院，会使这个令人尊敬的机构成为外邦人的议会。

幸运的是，克劳狄乌斯驳斥这些指控的讲话原文被保存了下来。今天可以在里昂［即古代的卢格杜努姆（Lugdunum）］博物馆里的一块古代青铜板上读到它的副本。该地区的古高卢人自然特别有兴趣去公开展示一份表明皇帝观点的副本。亲自练习历史写作的皇帝观点明确：克劳狄乌斯的论证遵循一条历史时间线——从罗马城创建伊始直至他自己的时代。罗马之所以变得伟大，是因为从一开始就融入了异族甚至外邦人，还曾把权力转让给他们。伟大的人，甚至罗马国王，也是从国外来到此处的难民和流亡者。据说，出生于公元前600年左右的塔奎尼乌斯·普利斯库斯（Tarquinius Priscus）是一个希腊人与一个贫穷的伊特鲁里亚女人的孩子，国王塞尔维乌斯·图利乌斯（Servius Tullius）是公元前6世纪一个外国战俘的儿子。因此，将高卢人纳入元老院的做法以最好的方式继承了历史传统。公元2世纪的历史学家塔西佗（Tacitus）以类似的观点复述了这篇演讲，只是在长度和结构上有很大不同。塔西佗在论证中也提到了罗慕路斯创建罗马的故事，还强化了李维的叙述。罗慕路斯在创建城市的行为中已经表现出如此高的智慧，他把异族人民"在同一天既当作敌人，然后又当作公民看待"[塔西佗，《编年史》（Annalen）11，23及以下]。

经由普鲁塔克大约在同一时间流传开来的事件——即来自不同地方的人一起往原点土坑里投掷故乡的土壤并混合它们——虽然是虚构的，但肯定符合当时的思想，合乎礼仪地象征着克劳狄乌斯及塔西佗的论点。两者取得了一致性：罗马的伟大，以及这个庞大帝国维持了两百多年的稳固统治以罗马的一体化力量为基础。无可否认，在获得这一见解之前有一个漫长的学习过程。共和国时期的统治阶级首先要了解如何进行剥削，即如何把被征服的领土变成个人财富，这往往令民众承受巨大的后果。增强各行省的法律地位，此举始于恺撒，奥古斯都、克劳狄乌斯和其他皇帝则继续大力推行，各行省的许多城市与乡镇从此获得特殊的法律地位。假如当地的统治阶级担任公职并进入市议会，将确保其获得罗马公民的身份。这是帝国贵族获得晋升可能的基础，而帝国贵族由骑士和议员阶层构成。这样一来，曾经被征服的人就一步步变成帝国的民众并构成一个整体。这种发展也反映在城市化进程中。由于有可能参与罗马的国家政治活动，外省人渴望达到与罗马人相同的生活水平，这种渴望体现在建筑以及文雅的生活方式中。

从罗马人的视角来看，这种形式的融合还有另一面。罗马政坛有权势的人担任元老院成员并在各行省担任总督，首先可将这种融合政策理解为一种统治工具。塔西佗概括了这种思想：他赞扬自己的岳父阿格里科拉（Agricola），因为阿格里科拉作为不列颠总督，在当地推动了城市文明及罗马文化技术的出现。这种政策是确保权力的工具，因为"没有经验的人（称）它为文化，而它的实质只是奴役"[塔西佗，《阿格里科拉传》（*Agricola*）21]。顺带一提，阿尔伯特·乌德佐（Albert Uderzo）和勒内·戈西尼（René Goscinny）在阿斯泰里克斯系列漫画之《首领之战》（*Der Kampf der Hauptlinge*）中巧妙地再现了塔西佗的这段话：高卢的马杰斯提克斯作为罗马人的敌人，不得不与罗马人的首领奥根布利克斯作战。奥根布利克斯认为，应该把高卢人的村庄改造成一个拥有引水渠和中庭房屋的罗马定居点，居民也得身着宽长袍。马杰斯提克斯当然坚持自己的立场。

尽管融合政策具有实际意义并取得了成功，但仍有许多作家发表了相当排外的言论。他们特别反感的是，罗马这座城市成为了各民族融合的地方，真正的罗马人在城市中已无法辨认。帝国盛期的一些作家认为，叙利亚人、希腊人或高卢人都想参与一切，并且在这个过程中取代了当地人。"我们在童年时代呼吸着阿梵丹山的空气，被萨比尼安的无花果养育，这是否不再具有意义？"[尤维纳尔（Juvenal），《讽刺诗》（*Satiren*）3，82-85]诗人如此讽刺地询问，以此来嘲笑那些在宴会上赞美主人的外国马屁精，"让圆底的金色夜壶连个屁都听得清清楚楚"（同上，111）。从字面上就能看出他对待异族的态度。

外省人虽然已经成为新的帝国人口的一部分，但他们在罗马的公共机构中，甚至在庆典时，都没有任何真正的政治代表。恰恰相反！盛大节日和游行，譬如皇帝的葬礼，以展示罗马历史上的伟人画像这种形式来代表所有的罗马城市团体。然而，其中却见不到各行省居民以及地方政治家的影踪。这是按照罗马统治者的思想进行的展示，从今天的视角来看，这是在羞辱被征服民族的人格。罗马人自己，至少在上流社会，将这种庆典视为罗马城的舞台、传统的庇护所以及帝国的权力中心。许多世纪以来，他们取得的军事成就过于巨大，这使他们成为了地中海区域几乎不可战胜的主宰。

在离农神庙（Saturntempel）不远的罗马广场边缘，奥古斯都皇帝明确地以一座纪念碑作为中心的象征。公元前 20 年，他在这里竖起了金色里程碑（miliarium aureum），从此，罗马的所有道路都以此处作为起点和终点。罗马是世界之首（caput orbis terrarum）——历史学家李维将这一名称视作城市创建者罗慕路斯对未来的展望（《罗马史》1，16）。这个神话至少在两百年前就诞生了：在卡皮托林山（Kapitolshügel）上曾经发现过一个头盖骨（caput）。它不仅为这座山丘赋予了名字（caput-Kapitol），而且令发现者们确信，他们的城市终有一日将成为世界之首。

罗马人毫不掩饰地用这个比喻公然说出了对权力的要求。罗马并不希冀像埃利都那样成为文明的滥觞，也不希冀像特洛伊那样成为所有聚居地的起点与神话的参照，亦不希冀像德尔斐那样成为神明的咨询与预言中心。罗马想要的是统治。尽管人们已将其纳入特洛伊神话，但它同时又想索要特洛伊创建神话中的首要位置。罗马广场上的灶神庙（Vesta-Tempel）里不仅燃烧着这座城市的永恒炉火，而且这儿的女祭司们还保管着特洛伊人的帕拉斯·雅典娜木头雕像，据说埃涅阿斯出逃时曾带着它。由于罗马在叙事作品中是特洛伊故事的目的地，所以它有文学依据来证明自己具有高于其他国家的地位。

人们可能会被一个小建筑物诱惑，从而看轻罗马人这种对权力的要求。长期以来，人们一直怀疑罗马继承了德尔斐的强权政治中心论，并提出了新的要求，即成为世界之脐。因此，如今的游客在罗马广场上会看到一块名为罗马之脐（umbilicus urbis）的石制纪念碑，旅游指南里也会进行推荐。在塞普蒂米乌斯·塞维鲁皇帝（Septimius Severus）的凯旋门旁边可以看到它。这位游客对它很着迷。不言而喻，罗马在他眼中就是世界的中心与世界之脐。

然而，考古学家和语言学家早就注意到，这块纪念碑在公元 4 世纪初才被称为罗马之脐并开始建造。残余的小围墙属于古典时期晚期风格。此外，人们还注意到，没有一个文本同时提及金色里程碑与罗马之脐，总是只提到其中一个。作者们显然使用了不同的术语来称呼同一块纪念碑。例如，一本诞生于 8 世纪至 9 世纪的中世纪早期的旅游指南（Itinerarium Einsiedlense）在向基督教的朝圣者讲解前往教堂与古代纪念碑的路线时，就只提到罗马之脐，而没有提及金色里程碑。因此，罗马之脐原本是奥古斯都金色里程碑的基座，直到公元 4 世纪才竖立起石碑。也正因如此，当君士坦丁堡作为第二个新罗马出现在东方之际，当基督教徒将耶路撒冷阐释为世界之首与世界之脐时，古老的权力要求在那个时代获得了字面意义上的支撑。

罗马市中心的这个小土坑将我们带入了一个复杂的网络以及与之并存的叙事作品中，人们用这些作品来解释罗马帝国的滥觞。罗慕路斯的祖先回溯至特洛伊。第一批居住者安放的故乡土壤说明，从一开始，罗马居民就是典型的混合型。伴随着帝国的扩张和异族的涌入，伴随着成千上万奴隶中的许多人获得自由并成为罗马公民，这个愿望——将原来的罗马人与其他人区分开来——却也长期存在。这一切都基于罗马人的思想信念，即神明选中了他们来统治这个已知的世界。这张包罗了神话叙事、无礼的融合政策以及有时极其残酷的统治要求的网络，也包含着相当多的社会及政治炸药。

因此，更令人感到惊奇的是，公元后的头两个世纪是欧洲历史上最长的和平时期。可想而知，罗马人一定要将这个混合了各地土壤的奇异土坑作为帝国成功的象征，即将其作为被统治者愿意合作的思想原因。古代历史学家，甚至克劳狄乌斯皇帝的估计都没错：罗马强大的原因在于异族持之以恒地履行其政治责任。

第 2 章

鬼城

世界上有许多地方都起源于鬼城。它们是想象之地，其地貌主要存于纸张或莎草纸上。埃利都、特洛伊、德尔斐或早期罗马讲述的神祇或半神的故事，发生在那些未知之地，因此它们的地图是凭空想象出来的。诗人及其读者设想，相应事件发生在城市某处，从而将这些故事在他们的日常世界中本土化。这并没有削弱它们的重要性，因为它们是有约束力的记忆场所，象征着早期历史的空间性。

在这些场所周围的古代城市中，生活喧嚣热闹。古代城市中的居民生活首先是公共生活。视觉印象、声音、气味与各种音调混合在一起，形成了一幅动人心魄的城市文化的整体画面。古代城市确实调动了所有感官。忙碌的日常、集市上的交易以及议事厅里的辩论，再加上房屋角落里和公用水井边上的闲聊，形成了多层次的声音集合。除了这些声音，气味也塑造了人们对城市的体验：祭坛上缭绕的烟雾、小餐馆和面包房的气味，还有街道上垃圾与粪便散发出的臭味，或者制革厂的尿臊味与家庭炉灶的炊烟，混杂成一种独具地方特色、可感知烟火气息的气味图景。对于外邦人与当地居民而言，城市还体现在建筑上，重要的与不重要的建筑有明显的区分，以此确立城市的重心。富人与穷人的房子区别很大，人们试图在公共场所留下当时的建筑标准、豪华的建筑装饰以及造价高昂的建筑物。

这个由声音、气味、建筑及其公民的良好共存构成的世界无疑是不稳定的，而且——这属于那个时代的固有经验——总是受到破坏和衰落的威胁。变化可能发生在一瞬间，譬如庞贝古城（公元 79 年）由于火山爆发，其他城市或者由于军事征服，或者由于爆发内战。然后，废墟上弥漫着腐烂的气味，其破坏程度可能令居民们失去了重建古城的任何希望。幸存者们离开了这恐怖的地方，试图用他们能够随身携带的财产在其他地方重新开始生活。有时，邻近的城市会给予帮助，安排难民住宿在公共建筑和私人住宅里，甚至提供入籍的机会。神庙、公共建筑和房屋坍塌了，野生动植物征服了这片荒凉的所在。牧羊人在从前的道路上放羊，旧市场已变成无主的耕地，农民在这儿种植农作物。其他人则是赶着牛车来掠取加工过的石块，这是为计划中的新房准备的一流建筑材料。坍塌的状况会继续恶化——例如，对马其顿王国国都佩拉（Pella）的记载——人们当时在前国都的地面上只发现了几块瓦片。

除了看到一个城市像这样突然终结，人们还看到许多地方的居住点慢慢加剧的枯竭过程。经济基础、土地开垦和商品销售不再足以养活所有人，也不再能赚取哪怕是微薄的利润。居民的数量已经变得过少，无法有效地保卫城市。由于古代没有中央政府在这种情况下提供帮助，个别家庭抛下空荡荡的房子，开始迁移到别处。这个过程发展成一种趋势，最终不再给完全由公民提供资金的公共生活留下任何资源。神庙坍塌了，市政厅的屋顶消失了，剧院荒废了。最后，仅剩几个家庭留守在废墟之城中，城市变成一个贫穷的村庄，直至完全消失。

大量的古代文献研究废墟，并将其作为一种典型的、广为传播的时代现象加以反映。它们对衰败、文化的起伏以及命运的转折感兴趣，这非常具有现实意义。这些被遗弃、被毁坏的地方，目前正作为失落之城（lost cities）与失落之地（lost places）引起全世界的特别关注。大量书籍描述了这些被遗弃的荒废之地。如今，有一个真正的粉丝群体，即所谓的城市探险家，他们参观废弃的城市，尤其是空建筑，用照片进行记录，并在互联网的论坛上分享。他们遵循确定的规则——一种荣誉守则，即禁止改变这些地方或拿走任何物品。

古代人也熟悉废墟与失落之城的状况，公元 200 年左右的菲罗斯特（Philostrat）可以大体描绘出弃用的市场，"在以前有人居住的城市中，保存下石碑的碎片、残余的墙壁、座椅、门柱以及赫尔墨斯像，它们部分被人为破坏，部分被时间破坏"〔菲罗斯特，《阿波罗尼奥斯生平》（*Vita des Apollonius*）6, 4〕。每座城市都有其古代或近代的破旧建筑及废墟。但除此之外，在伊比利亚半岛、高卢、意大利、巴尔干地区、小亚细亚、中东、北非以及欧洲北部地区有几百个被完全遗弃、完全毁坏的城市。每个人都看过并了解过这种失落的城市，他们在旅行中经过这些城市，在古代文学作品及历史书籍中读到过这些城市。废墟之城往往离繁荣富庶的城市不远。在某种程度上，城市创建的失败与成功对古代各个地区的旅行者和居民来说都是实实在在的，它们都创造了一个超乎我们理解的景观。我们将在接下来的章节中认识几座特别奇异的失落之城。

埃特梅南奇——巴比伦的一汪池塘

北纬 32° 32' 10.49"；东经 44° 25' 15.07"

今天伊拉克的巴比伦古城废墟中，有一汪小小的沼泽池塘。它是一座建筑物残留下来的令人悲哀的遗迹，这座建筑物在西方文化中具有不同寻常的历史与影响。当亚历山大大帝在征战中来到这座城市时，作为曾经的美索不达米亚平原最辉煌之城，其大部分都已变成废墟。简要了解这座城市的历史，有助于我们去理解：为什么尽管它满目疮痍，亚历山大还是计划在此建造他新的世界帝国的首都？

这个古老的大都市建于公元前 3 千纪后期。最晚自公元前 2 千纪伊始，当巴比伦尼亚（Babylonien）最重要的统治者之一汉谟拉比（公元前 18 世纪）在此居住时，巴比伦被认为是宇宙的新中心。它是最高神祇马尔杜克的城市。根据史诗《埃努玛·埃利什》（*Enuma Elisch*）中流传的当地的创世神话，巴比伦连同一座名为埃萨吉尔（Esagil）的神庙曾经是众神赐予汉谟拉比的。他们以此感谢他清除了地球上原有的混乱并创造了秩序。

以当时的标准来看，这座城市规模巨大。一道长达 18 公里、有 8 座城门的城墙环绕着这个巴比伦尼亚的大城市。在南方的古城衰落后，整座巴比伦被视为世俗世界的新形象，这也是为什么它的城区要以重要的古代中心来命名。有一片城区叫埃利都，埃利都的神话力量就这样迁移到了北方，并相当刻意地被转移到这个新的地方。

在汉谟拉比之前，这座城市里就已经有为马尔杜克建造的埃萨吉尔神庙，以及位于 200 米开外的同样面向马尔杜克的阶梯式建筑，这座金字塔的名称应当就是埃特梅南奇（Etemenanki）。重要的是，它位于刚刚提及的埃利都城区。我们看到，即使在几千年前，人们也无法摆脱古老传统的影响力。这两座建筑被理解为一条神圣的轴线，牢固地连接着天空与大地。这座名为埃特梅南奇的金字塔规模巨大。在面积为8281平方米（91米×91米）的基座上矗立着一座七层的泥砖建筑，高度超过80米，它是这座城市的最高建筑，令人瞩目且难以忘怀。

巴比伦人以如此宏伟的建筑展现了成为世界中心以及通达天堂的设想，新生力量一旦出现，自然就会反抗这种理念。亚述帝国经过数次进攻征服了巴比伦后，随之而来的是这座城市长达几个世纪的停滞不前。最终，亚述国王桑赫里布（Sanherib）在公元前689年摧毁了这座城市，特别是马尔杜克神庙和金字塔，他不能容忍在自己的帝国之外存在一个宇宙中心。然而，他的继任者将该地作为一个中心再次复活，自然也开始重建这两处建筑。特别是亚述帝国灭亡（公元前612年）后，在国王尼布甲尼撒二世（公元前604年—公元前562年在位）统治时期，巴比伦从破坏中恢复过来，甚至成为了美索不达米亚平原上最壮观的城市。宏伟的伊什塔尔门（Ischtar-Tor）就是这一发展的见证，它是尼布甲尼撒二世敕令建造的，现存于柏林帕加马博物馆（Pergamonmuseum zu Berlin）。

然而，这种迟来的繁盛只持续了两代人。波斯国王薛西斯（公元前519年—公元前465年）最终在一次叛乱后再次将神庙及与其在精神上关联的金字塔完全摧毁。他既不愿意也不可能接受此处是世界的神话中心及神圣中心这个古老说法。此外，金字塔对于城市防御具有重要的战略意义；它还可以用作军事堡垒与瞭望塔。

后来，在公元前5世纪，希腊历史学家希罗多德在莎草纸上描述了这座宏伟的城市（希罗多德，《历史》1，179-184），但它此时已遭受破坏，此描述不可能建立在对它的实际观察上。希罗多德显然参考了较古老的记载，或者可能咨询了能告诉他巴比伦昔日辉煌的见证人。至少，他夸张的描述让我们对这个城市曾经的模样有了印象，或者至少对当地人而言，它拥有令人难以置信的光芒，对于一个来自面积只有几公顷的爱琴海小城邦的希腊人来说更是如此，因为他们被认为是边远的行省人。

公元前 323 年，当亚历山大大帝想让巴比伦成为新的世界帝国的中心时，他决定重建马尔杜克神庙及其附属的金字塔。一切都将在其古老的辉煌中闪耀。鉴于当时的状况，他首先下令将薛西斯破坏后残留的旧瓦砾拆除，直到露出地基。一万劳工在两个月的时间里都忙于这项任务。这对巴比伦来说是一个重大的命令。亚历山大大帝在不久之后去世，此时已经清除了大部分的旧瓦砾，并且已经尝试对神庙展开建设。但新金字塔的建设甚至尚未动工，这儿只能看到一处被深沟包围的地基。

亚历山大大帝修缮神庙和金字塔的计划所导致的后果是：塔楼最终在这座废墟之城中消失了，只剩下一些残余物。亚历山大的手下干得不错，做得很彻底，以至于 2200 年后，人们才成功找到以前仅在文字中流传的塔楼。在 1880 年的考古挖掘中发现了残余的泥砖基座，但挖掘者并没有意识到这是金字塔。而即使是那时还存在的泥砖，显然也大部分迅速消失了，它们被周围地区的当地人用于修建农舍。塔楼荡然无存，仅留下一片方形的湖。直到 1913 年，亚述学学者布鲁诺·迈斯纳（Bruno Meissner）才认识到这个小湖的重要性，并将巴比伦金字塔的位置确定在这里——后来的挖掘工作证实了这一假设。

在所谓的埃萨吉尔铭文板（现存于巴黎卢浮宫）的帮助下，纪念碑的重建最终得以实现。这块楔形文字铭文板发现于 19 世纪，是由邻近城市——波尔西帕市（Borsippa）的某人在公元前 3 世纪刻写的，里面有可靠的测量数据，记录了被摧毁的金字塔的高度与宽度。考古学以及语言学研究以此为基础，重建了该建筑的模型。

如今，如果我们参观巴比伦遗址，仍然可以看到一汪长满了水草的小水塘，这是被中止的亚历山大大帝重建计划的结果。与伊拉克的其他古代遗址一样，巴比伦遗址直至今日仍在遭受破坏——伊拉克农民喜欢运走旧泥砖，作为矿物肥料撒到地里田间——这种做法自古以来就很普遍，罗马的农业书籍作者也曾推荐过。他们说，破碎的陶瓷器皿和泥砖提供了理想的营养物质。

除了这种掠夺，巴比伦遗址在最近几十年间还经历了一段特殊的苦难。在阅读了埃利都章节之后，这一点并不会令我们感到惊讶了。萨达姆·侯赛因与他的伊拉克同胞一样，在巴比伦看到了自己时代的历史参考地。纸钞、邮票以及公共海报上的图片都在展示这座伊拉克的原始城市。他命令重建各类建筑，譬如王宫。他按照尼布甲尼撒的传统，在离古巴比伦不远的一座人造山丘上为自己建造了新宫殿。

当美国人在 2003 年至 2004 年发动伊拉克战争时，他们冲进了这座宫殿。这一军事占领的图片传遍了全世界。同时，他们决定在巴比伦建立一个约 150 公顷的军事基地，就位于古城中央。这是为了对抗侯赛因的宣传而进行的政治考量吗？可能不是。这是对古代历史遗迹的无知与愚昧。正如资料所显示的那样，这个最终由波兰士兵使用的美军基地，造成的损失相当巨大。这再度证明，在当前的军事冲突中，这些世界古都的身份毫无作用，即使它们是联合国教科文组织认定的世界文化遗产所在地。

让我们回到古代：地理学家斯特拉波、历史学家狄奥多（Diodor）以及其他人达成了一致意见，在他们那个时代，巴比伦就已经基本消失了。

因此，并不是建筑，而是与城市相关的传说和神话保存了对巴比伦的记忆，并令其延续至今。而最终发挥突出作用的是《圣经》中的故事，这些故事令巴比伦得以口耳相传。《旧约》中的巴别塔（《创世记》11，1-10）与这座城市有关。今天的研究一致认为，金字塔实际上引发了巴别塔的故事。人类的狂妄令他们试图爬上天堂，以及随之而来的由上帝安排的语言混乱，都与这座城市相关。巴别塔的建造被想象出来，并在许多画作中得到了永生，其中，老彼得·勃鲁盖尔（Pieter Bruegel des Älteren）画于 1563 年的杰作产生了特别持久的影响。根据《圣经》中的其他故事，"巴比伦"已成为傲慢、恶习、罪孽与情欲之城的同义词。这座曾经的大城市废墟也许给《新约》中的约翰提供了灵感，他以"巴比伦大淫妇"这一称号来预言罗马和罗马帝国。这一形象十分明确：正如曾经的巴比伦在《旧约》中作为上帝的对手注定了失败，罗马作为基督教的对手也很快会因为自己的罪孽而失败和灭亡。

但这是另外一个故事了。被称为埃特梅南奇的金字塔早已消失无踪。2200 多年的时光中，在埃特梅南奇遗址——这汪小池塘上玩耍的鸭子并没有透露它们在何处游弋。

赫里克——一座海中之城

北纬 38° 13' 17.54";东经 22° 8' 39.40"

当我在德国北部新明斯特读四年级时,我曾睁大眼睛听老师给我们讲述伦霍尔特(Rungholt)的沉没。我们了解到,1362 年 1 月 16 日至 17 日,石勒苏益格 – 荷尔斯泰因州的北海海岸发生了巨大的海啸,数米高的海浪吞噬了整座城市。这一爆炸性事件在中世纪引起了人们的恐慌,在接下来的几个世纪,关于伦霍尔特灾难的说法仍然令人毛骨悚然,笃信基督教的作家宣布这场灾难是上帝的惩罚,上帝要消灭一个充满罪孽的人类聚集地。据说,在庆祝仪式上,农民曾将一头猪灌醉,并试图强迫牧师为这头动物举行终傅礼。人们用"上帝的惩罚"这种故事来标示鬼城,此类故事也被传到了北部的其他地方,例如沉没的波罗的海沿海城市维内塔(Vineta),它从前的模样至今同样被描画得很迷幻。

那些实际或据说已经沉入海中的城市,譬如伦霍尔特或维内塔,始终散发着一种病态的魅力。只要想想考古学家弗兰克·戈迪奥(Franck Goddio)向全世界展示的尼罗河三角洲赫拉克利翁(Herakleion)的壮观图片就知道了。在摄影镜头下,海底的埃及神祇纪念像,60 多艘船只和 100 多根船锚的残骸,黄金祭祀碗和古代灯具等,将我们带入一个奇异的世界。海面下的彩色阳光、潜水灯的光芒以及阴暗神秘的气氛都令我们心驰神往。这些图片向我们展示了一座城市的遗迹,这座城市从公元前 6 世纪起就是尼罗河三角洲最重要的贸易大都市。然而,随着公元前 331 年亚历山大城的建立,它失去了首要地位。在遭受过几次自然灾害后,它最终在公元 6 世纪至 7 世纪因地震而沉没,直到 2001 年被重新发现。此前，它一直处于失落状态。

古代人对发生在他们各自时代、可相互对比的灾难印象深刻，鉴于它们从始至终所具有的真正的戏剧性，这些灾难被反复讲述。更早的时候，希腊的另一座城市经历了与赫拉克利翁相同的命运，并且其惨烈程度不亚于后者。它就是曾经位于伯罗奔尼撒半岛北部科林斯湾的赫里克（Helike），在被摧毁之前，它是由 12 个城邦组成的阿该亚联盟的首都。主神庙是海神波塞冬·赫利科尼奥（Poseidon Helikonio）的庙宇，这位海神是一个跨地域的重要神祇。

灾难发生在公元前 373 年的冬季，由于地震，整座城市以及邻近的波拉（Boura）一夜之间沉入大海。地理学家斯特拉波写道："虽然这座城市距离大海有 12 个斯特迪亚（超过 2 公里），但到了第二天早晨，包括城市在内的整个地区都消失不见了。"（斯特拉波，《地理书》8，7，2）一位目击者称，一支至少由 2000 名阿该亚男性组成的救援队甚至没有机会找回罹难者的遗体。历史学家狄奥多也记录过一次"超乎我们想象"的自然灾害 [狄奥多，《希腊世界史》（*Griechische Weltgeschichte*）15，48 及以下]。他还知道此次灾难分为两个阶段：在夜间的地震之后，第二天又发生了一场巨大的海啸，巨浪席卷了整座城市。如今，这样的描述令人联想到 2004 年泰国以及 2011 年日本发生的那些令人震惊的画面，当时，毁灭性的海啸造成了难以想象的破坏，并导致成千上万人罹难。

目前的人类认知告诉我们，赫里克的两次灾难实际上可能是在短时间内先后发生的。地震造成了地球板块的断裂，或者由于剧烈震动引起这座城市下面的沙质土壤地基液化。紧接着，海啸吞没了这个因为严重下沉而突然变得低洼的地方。鲍萨尼亚斯在公元 2 世纪写道，这座城市及其所有居民一起被卷进海洋深处，而波塞冬神庙只剩下圣地小树林的树梢能被看见。这些描述要么是他从目击者那儿听到的，要么出自另一个更古老的来源。在鲍萨尼亚斯生活的年代，这座城市的废墟虽然仍然可见，但已经不像早些时候那样容易辨认了。在他的印象中，它们已经被盐水严重侵蚀。在鲍萨尼亚斯之前，公元之交，奥维德在诗中写道，如果人们来到赫里克和波拉，水手们可以在海浪下看到"沉没的城市以及它们被埋葬的城墙"（奥维德，《变形记》15，295）。许久之后，大约在公元200年，据说在大灾难发生的五天前，"所有的田鼠、家鼠、蛇、甲虫和每一种生物"都逃离了这座城市［埃利安（Aelian），《动物故事》（*Tiergeschichten*）11，19］。但是，居民们并未能解读出这一灾难警告。

奥维德和鲍萨尼亚斯似乎认为，这座沉没的城市可能位于灾难发生后那个时代的海岸线之外。然而，尽管使用了最现代的技术，在科林斯湾海岸地带寻找遗迹的工作至今仍一无所获。废墟的发现无疑具有重要意义，因为我们可以探索一座公元前373年的城市——它就像在摄影中瞬间凝固了一般——譬如，可以与公元79年被维苏威火山摧毁的庞贝古城的考古情形相媲美。

然而，自2000年以来，美国与希腊组成的一支联合考古队（赫里克项目）确信已经发现了赫里克。他们于1988年开始沿海岸寻找遗迹，但最初没有成功。1991年，由美国康奈尔大学考古学家朵拉·卡特索诺普卢（Dora Katsonopoulou）领导的研究人员转向了平坦的海滨地带及其宽阔的河川平原。他们在来自昔兰尼（Kyrene）的学者埃拉托斯特尼（Eratosthenes）的记载中找到了在陆地上进行搜索的线索。埃拉托斯特尼在公元前3世纪，即大灾难发生后的150年左右探访过该遗址。他提到了一个浅水湖或一种潟湖（希腊语 poros），按照摆渡人的说法，被淹没的城市就在那儿。他们告诉他，一尊驾驭海马的波塞冬神像总是给这里的渔民带来麻烦，因为渔网会缠在上面。根据这一线索，由考古学家、地质学家以及其他自然科学家共同组成的考古队推测，上面提到的巨浪在沉没的城市废墟上方形成了那个潟湖。由于在此期间这个地区逐渐变成了陆地，自 2000 年以来，可以在今天的希腊村庄埃利基（Eliki）周围的冲积平原上进行钻探与挖掘。在这个过程中，考古队发现了一些似乎与公元前 373 年的事件相吻合的地层。此外，在这片平原的不同地方还发现了从青铜时代早期到古代晚期的定居点痕迹。因此，该地区尽管存在相当大的地震风险，还是保持了明显的定居连续性，即使在大灾难发生后也没有断绝。在这片定居地的中间，有一片已经存在了 4500 年的湖泊或潟湖，面积约为 1.5 平方公里，其范围在不同时代有所变化。这片栖息地在公元前 373 年也发生了改变，但仍然没有被人类完全抛弃。但是，尽管科学家们在"赫里克项目"框架内进行了各种研究，尽管他们敏锐地从地质测量、文本分析以及细致的考古勘察中得出各种结论，至今还是未能在陆地上发现这座沉没之城。尽管有各种各样的科学鉴定，这座城市的确切位置依然成谜。与"赫里克项目"的发表成果所传达出的兴奋正好相反，从科学家的专业视角来看，遗址未被找到也许是一件好事。一方面，这样一处奇异之地，因其毁灭的传奇性而被神秘层层包裹，有利于所谓的筹资。因为这样的科学研究需要消耗大量资金，必须费尽心思筹集，只有人们对这座沉没之城保持足够的关注并公开宣传，同时又能展示出优秀的科学工作成果，才能获得这些资金。

　　此外，在不确定性中也继续存在假设空间，譬如柏拉图作为那个时代的人，经历了赫里克的沉没，并从这场有数千人死亡的灾难中得到启发，写下了他的亚特兰蒂斯神话。考虑到这场大灾难发生的时间与柏拉图在《对话录》中写到亚特兰蒂斯的时间相近，上述猜测绝对是一个有吸引力的想法。然而，从来没有一位古代作者把柏拉图的亚特兰蒂斯传奇与赫里克的沉没联系在一起。

无论怎样，对于当时的人而言，赫里克是一个特别的地方，对于如今到这个地区度假的游客来说同样如此，因为它在古代世界里象征着地震与海啸引发的恐怖，时至今日依然未变。顺便提一下，在赫里克事件中，就像后来的伦霍尔特灾难一样，居民对神明的不敬被指责为造成沉没的原因，据说他们不够敬仰波塞冬。当然，那个时代的人并不知道板块结构的位移是造成这两次自然灾害的科学原因。但正是对自然原因的一无所知，使得他们能利用鬼城的悲剧来把人类生存的恐惧纳入可靠的宗教坐标系。通过暗示上天的惩罚，他们至少能牢记神的诫命。

阿塔纽斯——笼罩在王宫的阴影之下

北纬 39° 4' 55.16"；东经 26° 57' 40.26"

在上一个案例中，一场可怕的自然灾害导致了一座城市的衰落；接下来的这个案例则是：在大区域的政治情况影响下，一个地区的经济不再运转，从而导致城市崩溃。小亚细亚的阿塔纽斯（Atarneus）就是这种情况。它的废墟位于土耳其伊兹密尔以北，希腊的莱斯沃斯岛（Lesbos）对面，离今天的土耳其迪基里市（Dikili）不远。由于靠近希腊岛屿，它成为古代艺术品的非法交易枢纽。盗墓者、国际贸易商、地方当局和腐化的警察在那里密切合作。此外，这个地方屡次登上新闻头条，因为难民从这里乘船前往附近的希腊岛屿，再从那儿继续前往所向往的欧洲。这座城市是土耳其人在夏季经常光顾的一个小型度假胜地，无力应对难民危机。市长是一位非常坚定的左翼知识分子，十年来与其希腊邻居莱斯沃斯岛建立了密切的联系，他认为自己的城市被安卡拉抛弃了。目前此处仍看不到难民危机结束的曙光。

在迪基里市的视线范围内，目前建立的难民营不远处，矗立着一座突出的山丘，高约 200 米，面积约 20 公顷，上面有阿塔纽斯古城遗迹。这座山丘似乎就是古城理想的所在地。一个圆形的小山顶是修建城堡的完美所在，从山顶向下倾斜的坡面则为住宅、公共场所和神庙提供了建筑空间，还可以通过城堡的城墙来抵御敌人。周边地区土地肥沃、森林广阔，人们在森林里砍伐木材和柴火。在今天的迪基里市附近有一个小型港口，即使在古代，它也为贸易提供了便利的条件。地主们可以从这里出口食用油和谷物，并用他们的收入来购买通过港口进口的奢侈品。

这是一个理想的定居地点，仿佛出自古代城市规划师的教科书。然而，似乎有哪里出了问题。关于这座城市的古代文献极其匮乏。最晚在公元前 2 千纪末已经有人在那儿定居，在公元前 5 世纪初的希波战争中，它作为一座粮食储备丰富的城市首次被提及。100 年后，古希腊城邦卷入希俄斯岛（Chios）内战。公元前 400 年左右，一队流亡者以它为基地再次展开征服之战。阿塔纽斯彼时已经是一个体量可观的城市了，但它在其他方面的遭遇仍未被世人所知。

公元前 4 世纪上半叶，它的命运突然发生了变化，一个当地王朝成功地将伊奥利亚人（Äolis）居住的小亚细亚西部大部分地区纳入其统治之下。在君主赫米亚斯（Hermias）的统治下，阿塔纽斯是占据该地区领导地位的城邦，也是统治小亚细亚西海岸大部分地区的政治中心。赫米亚斯本人是一个极具争议性的人物，但我们如今不能将其完全作为一个历史人物来理解。这是由于他与哲学家亚里士多德的密切接触，亚里士多德曾在赫米亚斯的领土逗留过一段时间。这种哲学家与统治者的组合吸引了那个时代的人。毕竟，这组合正是柏拉图所表达的理想——哲学王。因此，围绕赫米亚斯产生了各种传说，有人甚至把他塑造成柏拉图和亚里士多德这两位哲学家的弟子。有一块石碑能证明赫米亚斯与他的忠实信徒一起做出政治决定，在这块石碑被发现之后，现代学者也采用了这一判断。赫米亚斯在政治上似乎将权力与法律统一起来，从而成为了一位理想的统治者。

如今很难对他做出最终评价，因为其他作者都对赫米亚斯持有敌意，譬如历史学家特奥庞普斯（Theopomp，约公元前378年—公元前300年）。在他们看来，他是一名暴君、不择手段的权力追求者，他以粗鄙的宦官和奴隶身份，从最低下的境遇中走出来，登上高位后实施压迫性统治。然而，这种指责非常笼统，是那个时代典型的雄辩之术。如今，我们至少可以可靠地追述，赫米亚斯与亚里士多德确实有密切联系，但没有任何实质性的细节可以证明他们的交流。因为没有相应证据，我们仍不清楚，赫米亚斯是否将哲学思想转化成了政治实践。然而，毋庸置疑的是，亚里士多德非常尊敬这位当地统治者。他在德尔斐为赫米亚斯建立了一块墓碑，并撰写了一篇歌颂其美德的颂词。

在这位哲学家采取这些举措之前，阿塔纽斯王朝已走向可怕的灭亡。赫米亚斯与波斯人，特别是与小亚细亚西部的波斯总督进行强权政治对抗。这最终导致他被波斯军队逮捕，并被押送至位于苏萨城（Susa）的波斯法庭，不久后他被判处死刑，大概在公元前342年至公元前341年被钉死在十字架上。

随着王朝的黯淡落幕，阿塔纽斯这座繁华的城市也开始走向衰落。在政治上占主导地位的阿塔纽斯变成了一座鬼城，据说到了罗马帝国时代，它的面积不过是一个村庄大小了。鲍萨尼亚斯写道，阿塔纽斯与米乌斯(Myus)的命运非常相似。米乌斯是蜿蜒河谷中的一个城邦，在河流长期淤积后，人们发现该城市已经变成了沼泽，蚊子让人无法继续在此生活。米乌斯的居民最终搬到了邻近的米利都，并搬走了一部分神庙。那么，阿塔纽斯是否也是疟疾这种流行病的受害者呢？

阿塔纽斯为鬼城这个话题提供了大量例证材料。几年前，我在这座城市开始了一个研究项目，目的是更详尽地了解它被遗弃的时间与原因。为此，这项考古项目评估了所有尚可寻获的信息，检查了建筑遗迹，评估了表面能看清的陶器，并使用地质学方法描绘了这个地区的历史。各学科的代表携手合作，以便更好地了解这座城市的历史。

在公元前1世纪，这座城市的确是一座鬼城。正如我们发现的那样，在公元前300年后不久，它的发展就停滞了。正如我们从历史学家希罗多德那里获知的那样，自公元前6世纪以来，近3米厚、数米高的城墙保护着这个城邦，使其能够在长期的围攻中毫发无损。与其军事对手相比，赫米亚斯留下的这座城市显然更难以应对另一些完全不同的东西：公元前3世纪初，在距离它20公里开外的地方出现了一个新的大都市。在接下来的100年间，后者成为了新的中心与新王国的首都。

公元前287年，一个名叫菲莱泰罗斯（Philetairos）的人接手了当年去世的国王利西马科斯（Lysimachos）的一笔庞大战利品——230吨银币，他于是下令开始建造帕加马（Pergamon）新王宫。菲莱泰罗斯的后代，即所谓的阿塔罗斯王朝［以其继承人阿塔罗斯一世（Attalcs I）的名字命名］通过巧妙的政策以及新政权罗马的支持，在公元前300年左右，将帕加马从一个小城变成了一座与阿塔纽斯面积相仿、具有广泛辐射力的首都。到了公元前2世纪，帕加马已经扩展到原来面积的四倍，也就是阿塔纽斯城的四倍！但给那个时代的人留下深刻印象的不仅仅是其庞大的规模，还有国王们的巨额财富。自公元前188年以降，国王们管理着自小亚细亚至今天的安塔利亚（Antalya）——当时称为阿塔莱亚（Attaleia），是国王们新建的城市——的广大王国，并在如此广阔的地区收取赋税，这些财富最终用到了非凡的建筑项目上。城堡山被扩建成一座气势恢宏的城市，其景观建筑在远处都可看见。宙斯大祭坛（现存于柏林帕加马博物馆）、宫殿、广场、一座巨大的体育馆、带有狄俄尼索斯神庙的剧院以及其他许多建筑，呈阶梯状向山坡上方延伸。就财富和建筑装饰而言，帕加马的城市景观在整个小亚细亚是无可比拟的。

随着帕加马城的崛起（这种城市化进程在当时罕见），阿塔纽斯开始衰落，而在两代人之前，阿塔纽斯还是该地区领先的城市。以这些陶器为依据，我们可以很好地窥见当地经济以及市民的购买力是如何从公元前3世纪开始逐渐下降的：在公元前4世纪仍有大量昂贵的进口陶器，到了公元前3世纪至公元前2世纪，数量则明显下降。城市结构的发展也停滞不前，从这一时期古代城市发展的动态来看，这是一个令人震惊的发现。在这两个世纪中，许多地方的城市伴随着扩建，开始在空间上划分城市区域。在众多古城中，我们可以看到新建筑以及扩展的旧建筑。剧院拓宽了面积，还被重新装饰，广场四周围绕着柱状大厅以及其他纪念物，比如神庙，这些为建筑学创造了新的参考范例。

阿塔纽斯却并非如此，虽然它具有希腊化早期的城市综合体特征，但我们已经无法将其与当下的城市概念联系到一起了。在废墟中既没有发现柱础，也没有发现其他形式的公元前2世纪的奢华建筑。无论如何，我们在阿塔纽斯捡到了帕加马王室砖窑出产的瓦片，并将其记录在案。显然，国王们还在阿塔纽斯的城市建筑上投入了资金，但这无法阻止其进一步的衰退。越来越多的市民迁出，估计是搬到新城市帕加马去定居了，但我们无法把握这一迁移过程的细节。

那么，正如较早期的研究所假设的那样，这次迁移是由平原上的沼泽地和随之伴生的疟疾这种流行病造成的吗？几乎不可能！此处没有任何沼泽存在的证据。相反，在整个古代，这片地区的耕种相当密集。即使在这座城市被遗弃后，农民也继续在平原以及周围的山丘上耕种。显然，直至公元后，此处都保证了对新的大都市帕加马的粮食供给。

这座城市被完全废弃可能是出于政治原因，这可以在进一步研究后得到确认。我们在该地区西部、离阿塔纽斯不远的另一座城市里找到了答案。在那里可以观察到同样的现象。这个地方在公元前1世纪被废弃，与阿塔纽斯一样，直到中世纪才有人重新在此定居。然而，为什么这个定居点即使拥有建造于不同时间的阿塔罗斯王朝的堡垒城墙，也会被完全废弃，最终变成了一座鬼城呢？

这两处防御坚固的定居点之所以被遗弃，可能与罗马人自公元前88年开始对本都国王米特拉达梯六世（Mithradates VI）发动的战争有关。米特拉达梯六世诱惑许多希腊城市脱离罗马的统治。希腊人发动恐怖的大屠杀，杀害了数万名居住在他们城市里的古意大利人和罗马人。他们用这种血腥的方式来报复罗马人对自己城邦的剥削。米特拉达梯六世偏偏选择了帕加马作为王宫所在地，在阿斯克勒庇俄斯（Asklepios）神庙里同样发生了血腥谋杀。在统帅苏拉（Sulla）领导的罗马军团迫使米特拉达梯六世讲和后，对帕加马的惩罚随之而至。军团指挥官菲姆布里亚（Fimbria）下令抢劫并摧毁城市中防御牢固的定居点。男人被杀，妇女和儿童被贩卖为奴隶。据推测，这些反抗罗马的地方被诅咒笼罩，不再适合定居。无论如何，这可以很好地解释，为什么旧城墙内没有罗马时代定居的痕迹，与此同时，乡村与农庄里的生活却在继续蓬勃发展。

从那时起，人们在能看见一座鬼城的视线范围内生活，阿塔纽斯的衰落有诸多原因：王宫所在地、大都市帕加马的繁荣拉开了前者逐渐衰落的序幕，并持续了几代人。尽管阿塔纽斯当时完全落入了帕加马的政治控制之下（此事导致这个不太幸运的姐妹城市的经济衰退），但导致最终结局的更大原因，则是帕加马贵族阶级的致命决定，即把他们的城市提供给本都国王米特拉达梯六世作为王宫所在地。然而，人口向帕加马迁移——鲍萨尼亚斯打算将其与米利都的米乌斯的勃兴做比较——此时这种勃兴已经接近尾声，这座城市的大部分地区已经沦为废墟。

然后，这座城市最终被摧毁并受到诅咒，它的废墟成为罗马人对其邻国的警告。正如来自特大城市的波利比乌斯（Polybios）告诉我们的那样，摧毁反叛的城市是罗马政治的一种重要手段。罗马人通过这种方式来传播恐怖。他描述道，人们在这些城市里不仅看到死人，还可以看到被肢解的犬和其他动物〔波利比乌斯，《通史》（*Historien*）10，15，4-6〕。犹太作家弗拉维乌斯·约瑟夫斯（Flavius Josephus）在两百年后描述了类似的场景。罗马人在凯旋时，会展示描绘这些大屠杀的巨幅画作，以一种令观者感到"仿佛自己置身于此地"〔弗拉维乌斯·约瑟夫斯，《犹太战争》（*Jüdischer Krieg*）7，5，5〕的方式将这些事件呈现给同胞。罗马人如此利用所有可用的媒体，他们显然沉醉于残酷的战争胜利之中。

当在凯科斯塔莱（Kaikostale）仍然繁荣的土地上耕作的农民们看见不幸的阿塔纽斯那奇异的废墟时，或者当异乡人在通往帕加马的道路上骑马经过这座鬼城时，它一定被理解为罗马强权的象征，甚至曾经吸引过哲学家亚里士多德的目光。这样一座伟大城市的历史在这里不体面地走到了终点。然而，帕加马流光溢彩的繁华最终对这片区域产生了反作用，令阿塔纽斯的命运很快就被人遗忘了。

奥林博斯——海盗的巢穴

北纬 36° 21' 8.83"；东经 30° 29' 18.01"

"海盗"这个名称立刻刺激了我们的想象力。我们想象，在古代可能有人扮演过类似于亨利·摩根（Henry Morgan，1635 年－1688年）这样难以捉摸的角色，他从牙买加的海盗城——皇家港口（Port Royal）出发，袭击满载着中美洲的财富前往欧洲的荷兰和西班牙的船只。这是在英国王室的非官方纵容下发生的，最后，英国王室甚至任命这位海盗为牙买加的海军上将和副总督。时至今日，摩根仍是民族英雄，人们还用他的名字为牙买加朗姆酒命名。皇家港口在17世纪是一个臭名昭著的海盗巢穴，首先以妓院和旅店而闻名。海盗们在这儿大肆挥霍他们的赃物，直至1692年6月7日，在一场地震以及随之而来的海啸之后，皇家港口就像古代的赫里克一样，大部分陆地沉入了大海。然而，这座城市的声誉至今仍颇具传奇色彩，这也是《加勒比海盗》的编剧将这座城市在电影中重现，并让海盗杰克·斯派洛去探访它的原因。

与之相反的是，除了泽尼凯特斯（Zeniketes）这个名字，我们对这位古代海盗的了解并不多。根据斯特拉波的说法，他选择了潘菲利克海湾（Pamphylischer Golf）——如今安塔利亚附近的一个海湾——旁边的陶努斯山脉（Taurusgebirge）山顶上的一个定居点作为他的袭击根据地。安塔利亚南部的风景引人入胜，如果我们今天坐在这座城市港口的茶室里，可以看到令人印象深刻的山体轮廓，陶努斯山脉一直延伸至大海。这些陡峭的山峰高达4000米，覆盖着岩石、雪松林与石松林，与山脚下蓝色及碧绿的地中海形成壮观的视觉对比。在其南面约90公里处，泽尼凯特斯发现了有利于实现自己意图的地形条件，以及一座防御坚固的城市。山顶上的堡垒名为奥林博斯（Olympos），也被斯特拉波称为海盗之地。泽尼凯特斯后来的同行亨利·摩根及其手下在牙买加的海滩上安营扎寨，与之相比，山里的海盗根据地当然可以视为一处奇异之地。泽尼凯特斯显然更偏爱位于高处的庇护所，以便尽可能安全地避开罗马舰队。

大约十五年前，我们还不知道泽尼凯特斯的根据地究竟位于陶努斯山脉的何处。随后，安塔利亚大学的科学家们在摩西山（Musa Dağı）上意外发现了一座迄今未知的城市。它离大海很近，虽然海拔仅750

米，却相当偏僻，难以抵达，在此之前只有少数牧羊人、农民与寻宝挖掘者知道这处遗迹。19世纪的旅行家和20世纪所有的考古研究者都不知道这个地方。这座山以北4公里处是奥林博斯古城遗址，它位于海边，自19世纪以来就很出名，现在是一个极受欢迎的旅游目的地。由于这座港口城市几乎没有公元前的遗迹，并且主要在公元1世纪和2世纪蓬勃发展，所以结论可想而知：山上的那座城市就是古代的奥林博斯，斯特拉波认为泽尼凯特斯住在那里。

迄今为止，见过山上这座城市的科学家不超过十二位。对它的探索仍处于起步阶段。这是一个很好的例证，说明在今天的土耳其还存在大量秘密以及未被发现的城市。时至今日，古代文献中记载的许多地方仍未被发现，尽管它们处于人口稠密或旅游发达的地区。当我们被邀请至土耳其的村庄里饮茶时，会听到许多关于金银财宝的故事。譬如有人发现了宝藏，现在成了有权有势的人，在安卡拉经营一家巴士公司。此类农民传说在这个国家流传，并刺激民众挖掘寻宝。遗憾的是，他们通常无法发现任何有价值的东西，只造成了破坏。

即使是山上的奥林博斯，也有非法寻宝者挖掘的洞穴，他们梦想挖到据说是海盗埋藏的财富。由于缺乏考古研究，目前还不能确定这个定居点的确切建立时间。在石松林中，人们可以看到公元前3世纪至公元前2世纪的城墙遗迹、一个广场、几座毁坏的神庙、一些功能不明的大型公共建筑以及一片大规模的墓园，墓园里的墓穴巨大，但大多已遭到毁坏。

奥林博斯的住宅区被设置成如同象棋盘一样的巷道系统，这是一种有规划的单一布局结构。这些迹象表明，这座城市的基础结构无与伦比，经过了精心规划，并且处于那个时代的尖端水平。因此，人们猜测，希腊化时期的某位国王在这里建造了一座新城，并打算在能眺望全景的最佳位置修建一个与居民社区相连的军事哨所。但这只是猜测，因为我们没有发现任何创建该城市的书面记录。绝对可以想象，在公元前 3 世纪至公元前 1 世纪希腊化时期的建筑中存在时间更早的定居痕迹，但只有通过挖掘才能让它们露出地面。

对于泽尼凯特斯而言，这座城市视线极佳的眺望位置显然使其成为支配周边城市和控制海上航运的完美根据地。自公元前 2 千纪以降，这条海岸带无疑对海上航行极其重要。由于帆船基本上沿着海岸航行——尽可能避免穿越开放的、不可预测的海洋——所有来自东边的黎凡特或土耳其南部海岸的船只，以及从塞浦路斯来的船只，都把陶努斯山脉的这一部分作为一个重要的地标。在这座城市以北约 7 公里处还有所谓的奇迈拉（Chimaira），这是一座赫菲斯托斯神庙（Hephaistos-Heiligtum），它因附近一个不同寻常并因此而出名的自然奇观而诞生。山脊上有一处地方，天然气从那里溢出，与空气接触后燃烧。正如我们从古代文献中了解到的那样，这个至今仍广受欢迎的游览场所，在夜间燃起处处火焰，从远处即可看见，这些火焰能帮助在潘菲利克海湾上向西航行的海员们辨别方向。

照这么说，奥林博斯在交通和防御方面所占据的绝佳位置，似乎只是为了满足海盗泽尼凯特斯的利益。我们当然应该谨慎，不要像古代作家那样，未加考虑就将这座位于巍峨山峰上的城市标记为海盗的巢穴。假如认为海盗们与在皇家港口一样，把抢劫来的财富在奥林博斯的酒馆与妓院里挥霍一空，那么这种想法是完全错误的。海盗这种古老的传统在特定的当地语境中究竟是什么，这一点并不明确。

坊间流传着许多关于泽尼凯特斯的不同故事。古代小说为此提供了丰富的文学素材。譬如，人们可以想象，他作为当地的海盗船长，是如何把粗野的同伴聚集在一起，劫掠过往的船只，或者攻占沿海城镇，把居民当作奴隶卖掉，用赚来的钱过着放纵奢华的生活。我们从《荷马史诗》，比如《奥德赛》中已经知道这样的故事。讲述海盗和强盗的古代小说和历史作品，有时候会把他们塑造成以假名劫富济贫、以伪装诈骗统治者的人物，这些都明确无误地为罗宾汉等近现代文学形象提供了古代模板。

当然，这样的文学主题与真实的劫掠造成的恐怖毫无关系。地方当局在小亚细亚海岸和爱琴海岛屿的若干地方竖立了各种官方碑文，上面讲述了海盗突袭、远征劫掠和绑架人质进行勒索的残酷现实。海盗们在夜间上岸，迅速绑架乡村或城市中任何可以抓住的人，并把他们带到船上——不会引发任何大的喧嚣或骚乱。他们不区分受害者是奴隶还是自由人，要么把俘虏带到国际奴隶市场贩卖，要么向这些城市勒索赎金，让其赎回被劫持的公民。譬如，著名的盖乌斯·尤利乌斯·恺撒（Gaius Iulius Caesar）于公元前 75 年至公元前 74 年在罗得岛（Rhodos）附近的小亚细亚海岸落入海盗之手，他们将其扣押了四十天，希望罗马元老院能为这个肥美的战利品支付巨额赎金。最后，海盗们用自己的生命付出了代价。恺撒在获释后，立即用战舰追击，并把他们都钉到了十字架上。

然而，地中海东部的海盗主要转向绑架人口这一行径，罗马人对此并非完全无辜。自公元前 2 世纪以来，爱琴海的德洛斯岛（Delos）就是一个大型的奴隶市场，因此也是罗马贵族向专门从事人口贩卖的商人订购奴隶的地方。不仅罗马军团为此提供劳动力，而且海盗们也已经形成了一套完善的绑架、中转以及交付给古意大利和罗马商人的体系。因此，在罗马的扩张过程中，海上劫掠也大幅增加。海上出现一些地方，拥有小型舰队的军事领袖难以或根本无法控制——奴隶买卖也是他们获得收益的一个途径。我们在文献资料中一再看到这样的人物，他们甚至为希腊化时期的国王们服务。

这种获得了强国支持的海盗的日常活动意味着，如同"强盗"这个词一样，罗马人不仅用"海盗"这个标签来标记罪犯以及法外狂徒，而且可以在政治上加以利用。因此，"海盗"一词可以指代真正的海上劫掠者，但也可以用来标记那些军事上的强劲对手——那些还没有融入罗马帝国，或者至少还未成为可靠的政治伙伴的人。

因此，当关于罗马的文献中写到，罗马在地中海东部遭遇巨大的海盗危机，不得不付出巨大努力去控制时，我们的解释也相应地变得复杂。文献中说，据说在公元前1世纪60年代，庞培（Pompeius）率领他的舰队仅用四十天时间就解决了绵延数千海里的海岸线上的海盗问题。种种迹象表明，这种说法似乎相当可疑。许多迹象表明，对奇里乞亚（Kilikien）的征服以及罗马帝国的扩张，都是通过所谓剿灭海盗的战争来实现合法化并进行解释的。居住在山区并反对这一进程的罗马的反对者们以非常不同的方式在政治上进行组织。在罗马的宣传中，他们被简单地称作海盗和强盗。在庞培取得军事成功后，他们不得不离开山区的定居点，前往新的城市定居。这些新的定居点中有不少被赋予了胜利者的名字：庞培奥波利斯（Pompeiopolis）。这就是罗马人对这个地区文明化的贡献。

在这些地区，结构不明确的统治领地早在罗马人征服之前就已经形成了。罗马人在任何情况下都不准备承认他们是独立的、可以进行政治谈判的组织。他们的首领在今天有时会被称为军阀。他们不能成为国际条约的主体，因为他们的统治在罗马人看来是不可接受的。因此，罗马人简单地称这些地方统治者为罗马人的"敌人"（hostes）。这个标签把对手排除在了国际法之外，并剥夺了他们作为可能的谈判对手的身份。然而，一些这样的集体产生了高度的组织性，有些还令人联想到我们所知的希腊的政治结构。我们不知道他们到底是如何组成的，但他们对罗马的高效军事抵抗及其袭击和远征劫掠的规模表明，这些部队具有相当的组织结构与有效的等级制度。

泽尼凯特斯也属于这种地方性小诸侯。我们从资料中只能了解到，他选择了奥林博斯这座隐匿在山中的偏僻城市作为活动中心。他的领地包括几座毗邻的城市，有北面 20 公里开外的法塞利斯古港口（Phaselis），也许还有阿塔莱亚（今天的安塔利亚），但肯定有克瑞克斯港（Korykos）。罗马的资料没有给我们留下任何关于泽尼凯特斯如何获得、扩大以及在政治上组织他的领地的信息。少量资料显示出他的领地在明显扩张，这表明，他拥有强大的军事手段，但也表明，被征服的地方必须以某种方式进行合作——否则无法解释这个王朝如何统治如此广大的区域。泽尼凯特斯以这种方式再次将罗马人于公元前 100 年左右已经控制的地区剥离出去——在此之前，奥林博斯曾是利西亚联盟（Lykischer Bundesstaat）的一个重要成员，该联盟与罗马缔结了条约。在泽尼凯特斯的领导下，奥林博斯离开了联邦，并与联盟中属于该地区的其他城邦决裂，这件事令人瞩目，并绝对不可能让罗马人满意。

当泽尼凯特斯自信地出现在全世界公众面前时，情况就愈加复杂了。我们从多多那（Dodona）——希腊西部一个享有盛誉的古老的神谕遗址——的一块小型字板上了解到，这位海盗曾到访此处，像其他强大的政治家一样在这儿寻求神的建议。在这块神谕字板上，他甚至自称为国王（basileus）；这清楚地表明，他是如何理解自己在其领土上的地位的。他复制了小亚细亚其他小诸侯的已知模式，仅凭他的头衔就标志着对罗马的背叛。罗马人当然不准备在法律上接受这样的头衔，可想而知，他们会称他为海盗。罗马人就这样将他归入这一类人中——这些人统治着反叛的城市和地区。罗马贬低他们，时而将他们称为海盗，时而称为强盗或暴君。最后，罗马行政官普布利乌斯·塞维利乌斯·伊索里库斯（Publius Servilius Isauricus）于公元前 77 年至公元前 76 年来到该地区，在短时间内结束了泽尼凯特斯的统治。毕竟，他就像一根令人不快的刺，已经插在罗马帝国的皮肤上长达五年（公元前 81 年—公元前 76 年）之久了。

今天，当我们行走在这座位于奇里乞亚山区的奇异的海盗之城的废墟上时，我们不清楚伊索里库斯和他的士兵当时究竟是如何肆虐的，但他们显然使用了在这种情形下通行的大规模暴力手段。可以推测，他们将大部分居民变成了奴隶，并将另一部分人安置在海边逐渐繁荣起来的港口。无论如何，伊索里库斯都将尽一切努力，使雄踞于海面之上的根据地在未来变得不再适合人类居住。我们从西塞罗（Cicero）口中得知，伊索里库斯从那里窃取了所有珍贵的艺术品，这是很常见的做法。这位伟大的雄辩家在演讲中抨击腐败的总督韦雷斯(Verres)，他说：伊索里库斯曾"占据奥林博斯这座古老的城市，它拥有丰富的资源与华丽的装饰"。但与韦雷斯不同，伊索里库斯按照法律公开宣告了一切，而韦雷斯将西西里岛的几个地方洗劫一空，只是为了用抢来的艺术品装饰自己以及朋友们的房子。西塞罗的原话是："与之相反，P. 伊索里库斯用武力和英勇的战斗征服敌人的城市，他没有拿走这些城市的雕像和珠宝，而是根据战争法与统帅法，将它们带回给罗马人民，在凯旋式的队伍中展示它们，并将它们记录在国库的官方账簿中。从官方报告中可以看到这位杰出人士的严谨与认真。"西塞罗随后宣读了这位统帅的原始文件（遗憾的是他没有引用原文），其中"不仅列明了雕像的数量，还详细描述了每尊雕像的大小、形状和状态"［西塞罗，《反韦雷斯的第二次演讲》（*Zweite Rede gegen Verres*）1，56 及以下］。

西塞罗称赞伊索里库斯这位元老击败的海盗比他之前任何统帅击败的都要多。在他盛大的凯旋式上，这位罗马军队的统帅不仅展示了雕像，还展示了许多被俘的"海盗"，游行后将处决他们。然而，泽尼凯特斯并没有让自己和家人蒙受这种罗马胜利者为他准备的羞辱。据说，在奥林博斯被攻陷时，他放火烧死了自己和全部家人。然而，摩西山上的鬼城时至今日仍然见证着他、他的统治以及他对罗马的抵抗——谁知道呢，也许在它的废墟中还隐藏着一些考古学上的秘密。

第 3 章

胜利者之地

　　如今，我们往往将古代看作一个战争不断的时代。伟大的名字往往与这个想象联系到一起。直到 20 世纪，波斯国王居鲁士（Kyros）、亚历山大大帝、汉尼拔（Hannibal）或恺撒都被军事家视为古代战争的光芒万丈的常胜英雄。精力充沛的斯巴达重步兵，希腊化时期由亚历山大大帝率领的拥有数万名士兵且给人留下了动人心魄印象的大规模军团，以及创造了世界帝国的罗马军团的胜利，都让广大观众着迷——尽管它们与血腥暴力密不可分。许多书籍、电脑游戏和好莱坞作品都利用这种可疑的热情来吸引大量的观众。

　　战争至少在古代的某些时期普遍发生，这一点也被许多历史学家所证实。譬如，普林斯顿高等研究院的安杰洛·查尼欧提斯（Angelos Chaniotis）在一本关于希腊化时期战争的著作中生动地描述道，亚历山大大帝去世后的那两个世纪是一个战争不断的时代。人们生活在一个充满恐惧的时代。当时，出现了新的崇拜仪式和神祇，据说它们能给予民众安慰——事实上，那些传播暴力的常胜将军往往将自己提升为神祇，以便从中获利。

战争的痕迹无处不在。在许多地方都可以看到被毁坏的建筑或整座城市以及堡垒的废墟。在一些地区还可看到战场，阵亡者的尸骨多年来仍然躺在那里——这个画面极其可怕。公元前197年至公元前191年，在塞萨利亚（Thessalien）的库诺斯克法莱（Kynoskephalai），在与罗马人的战争中倒下的马其顿人的尸体，只要没有被野兽叼走吃掉，就留在那儿变成了森森白骨；六年后，这些尸骨才终于得以安葬。当时，希腊的城市里随处可见战争伤员、孤儿以及陷入困境的寡妇。墓园里塞满了阵亡者的坟墓。在医治之神阿斯克勒庇俄斯的神庙里，比如位于埃皮道鲁斯（Epidauros）的神庙中，在战争中受伤的人向祭司寻求帮助，希望后者能够治愈自己的伤口。箭和矛的残留物仍然插在他们的身体里，令他们无法正常生活。

这是人们能目睹的古代战争带来的痛楚，它却被那些胜利者为自己修建的庆祝场所掩盖了。胜利者在每一处重要的战斗地点都修建了胜利纪念碑，连城市里也有。希波战争结束后不久，人们就在雅典建造了一个大厅，里面悬挂着描绘战役的画作，这就是著名的斯多葛柱廊（Stoa Poikile），又称为"彩色列柱厅"。游客可以在那儿陈列的大型绘画上研究雅典人是如何击败亚马逊人、特洛伊人和波斯人的。这种庆祝活动偶尔会选址在以前战斗现场的附近。譬如在马拉松（Marathon）就发生过这样的事，战斗结束后，胜利者在离战场不远的地方立起了一座从远处就可看到的墓冢。或者在温泉关（Thermopylen），为纪念300名抵抗波斯国王薛西斯的斯巴达人，如今那里矗立着一座样式虽然现代但却特别丑陋的阵亡者纪念碑。

在罗马，元老院和民众为凯旋的将军建造了一座座凯旋门，它们塑造了这座城市的重要街道的形象——就像今天巴黎的凯旋门之于香榭丽舍大街或慕尼黑的凯旋门之于路德维希大街一样。即使在今天，在罗马广场与大斗兽场（Kolosseum）之间的古老的神圣之路（Via Sacra）上，我们仍然可以看到提图斯（Titus）的凯旋门，上面的浮雕是为了庆祝耶路撒冷的毁灭。2000 年后，我们仍然可以看到在公元71 年的凯旋式中，来自耶路撒冷大圣殿的七臂枝形烛台是如何被抬着在罗马城中巡游的。此外，在罗马还有为获胜的统帅庆祝胜利的节日。在这些节日里，胜利的军队向罗马居民展示战利品，用木制陈列架运载它们，经过马克西姆大竞技场（Circus Maximus）上目瞪口呆的观众身旁。我的同行伊达·奥斯滕贝格（Ida Östenberg）在一本关于罗马凯旋的书中，将这种仪式恰当地概括为"世界大舞台"，即罗马在凯旋游行中展览被征服的物品和俘虏，并在游行结束时处决囚犯，以此来彰显其对世界的统治。

胜利者以久经考验的流行形式来定位和展示自己。这些形式包括勋章、嘉奖、铭文、荣誉纪念碑、硬币上的肖像等，还有譬如以相关统帅的名字来重新命名被征服的城市以及在被征服的领土上新创建的城市。但在那时，名称并不具有唯一性，许多地名都是相同的。人们绘制地图时，出现了诸多的亚历山德里亚、塞琉西亚（Seleukeias）、安提奥西、老底嘉（Laodikeias）、庞培奥波利斯以及哈德良奥波利斯（Hadrianopoleis）。

然而，人类这种以自己的名字给城市命名的习俗产生得更早，可以追溯至法老时期的古埃及。我想从那儿开始思考：胜利者为了庆祝自己的胜利而创造了哪些奇异之地……以及这种庆祝胜利的方式往往是短暂易逝的。

哈布城——拉美西斯三世的百万年之屋

北纬 25° 43' 10.41"；东经 32° 36' 2.92"

1976 年 9 月 26 日，临近傍晚时分，在法国勒布尔热军事基地出现了一幕奇特的景象。教育与研究部长苏梅亚 - 塞特夫人（Madame Samuier-Seité）代表共和国总统，以全套仪仗迎接 ·位特殊国宾的到来，共和国的卫队在欢迎仪式中鸣礼炮致敬。在这个秋日，法老拉美西斯二世（Ramses II, 约公元前 1303 年—公元前 1213 年）的木乃伊乘坐特兰泽运输机从开罗抵达此处。拉美西斯二世将在巴黎的人类博物馆接受近一年的研究。此外，它还得首先为巴黎的一场展览接受修复与保养，然后在开罗博物馆展出。

1881 年 7 月，拉美西斯二世与拉美西斯三世（Ramses III，公元前 1187 年—公元前 1156 年在位）以及其他第十八至二十一王朝法老的木乃伊一起在上埃及的戴伊尔 – 巴里（Deirel-Bahri, 今卢克索）附近的一个井道里被发现。大约在公元前 1000 年，有人把它们藏在这个井道里，以防它们被无良盗墓者或前来进攻的敌人损害。自此以后，法老的木乃伊一直保存在开罗博物馆，如今仍然像政治家一样在世界各地巡回展出。

我们如今还记得法老时期，这尤其要归功于拉美西斯二世和拉美西斯三世。他们是所谓的新王国时期（公元前 1540 年—公元前 945 年，第十八至二十一王朝）最后的成功的统治者，他们也把自己当作杰出的胜利者来歌颂。为此，他们建造了一些独特的场所，其非同寻常的辉煌以及毁灭性的崩塌都生动地说明了权力及其短暂性。譬如，他们的新首都皮－拉美西斯（Pi-Ramesse）就是如此，他们在旧法老王宫孟菲斯（Memphis，离今天的开罗不远）的另一边建造了这个首都。拉美西斯二世在他父亲位于尼罗河三角洲的宫殿周围建造了一座新都城"拉美西斯二世之城"，后来拉美西斯三世对其进行了扩建，从此冠以"优努（Iunu）统治者及伟大的胜利者拉美西斯三世之城"的名号。大约五十年前，人们在尼罗河三角洲东部发现了这座城市，它临近现在的坎提尔（Qantir），而人们此前只能从象形文字的铭文中去了解它。

位于希尔德斯海姆（Hildesheim）的罗梅尔－佩利兹奥博物馆（Roemer-und Pelizaeus-Museum）自 1980 年以来一直在这个地方进行考古挖掘，并取得了惊人的成果。然而，这项工作并不容易。该城市区域已扩展至大约 15 平方公里，面积可观，并且由埃及农民进行集约化耕种。这个地区的古代耕作水平明显要低得多，所以实际上在表层什么也看不到。但这种困难的情形在发掘过程中却变成了一种幸运：当其他的古埃及城市被反复重建或摧毁时，皮－拉美西斯的城市景观却在坎提尔的田野下保存得很好。另一个原因是，附近的尼拉姆（Nilarm）发生淤积，从此该城不再为田间劳动提供水源，并且被排除在城市港口航运之外，大约在公元前 1110 年，这座城市被大面积地遗弃。大部分人口连同法老时期的文物一起迁往塔尼斯（Tanis）——尼罗河三角洲更西北的地区。

近年来，地球物理学研究所使用的现代自然科学方法完全可以观测到地球表面之下，其成果以及几个已经裸露在外的挖掘区域为我们了解这座王都的迷人之处提供了资料。甚至在没有进行过一次挖掘的情况下，现在的高分辨率测量图像（铯磁图）就显示了尼罗河淤泥之下数米深处住宅区的景象：一排排房间、柱子基座、种植树木的坑、大大小小的门，甚至还有几张床。这些测量图像邀请我们身临其境地在这座城市里漫步，并令城市景观得以形象地重建。

考古发掘工作使以前在埃及任何地方都未曾探索到的法老时期的建筑得以曝光，譬如王室马厩。它们的面积达 17000 平方米，隔间众多，能饲养 460 匹马。马厩与工场和战车演习场组合在一起。被挖掘出来的用于生产盾牌的金属加工厂同样惹人注目。残余的熔炉暗示着各式青铜器的原始工业化生产。这些马厩所在区域的出土物同样值得特别关注。很明显，一部分马厩是在某个时间点重建的。为此，房间的地板上铺上了一种彩色颜料和金箔（！）的混合物。黄金地板？它更有可能是金匠的粉尘废料。如果我们把这个观察与密集的玻璃生产以及为法老的建筑特制的闪光釉面陶砖结合在一起，就可以生动地想象出皮－拉美西斯几乎如童话般华美的装潢。

在皮－拉美西斯以及埃及其他许多地方建造建筑物，其前提条件是战争胜利、军事上的自信和国家财富。特别是拉美西斯三世，他纪念自己在与利比亚人、努比亚人、叙利亚人和所谓的"海上民族"——我们至今仍不知道这些入侵者究竟来自何方，他们在公元前 1200 年后不久破坏了地中海东部的许多地区——的战争中取得了令人瞩目的胜利。他将自己描绘成一个武力值特别高的统治者，拥有各种属于法老的常见外号："有强壮手臂的强大的狮子，捕获亚洲人的战斗力之主""把攻击他的人踩到脚底者""把利比亚人在他们的土地上踩踏成一堆尸体的人""在敌人背后按照自己的意愿设置边境者"。

因此，拉美西斯三世就像他的前任君主那样，不仅在他的王都皮－拉美西斯的扩建中，而且在底比斯（Theben）修建停灵神庙（即所谓的"百万年之家"）时，用图画和象形文字铭文体面地强调了这些胜利。拉美西斯二世为他的停灵神庙制定了标准。彼时，它是有史以来最大的建筑之一，建筑艺术细节惊人。神庙顶上装饰着一个年轮，记录了群星的升起和坠落。法老用浮雕来纪念自己的卡德什（Kadesch）战役大捷（尽管这次于公元前 1274 年进行的与赫梯人的对抗，事实上结局可能并没有法老所宣传的那样光荣）。

拉美西斯三世超越了他的祖先。他的神庙如今以"哈布城"（Medinet Habu）这个埃及名字闻名于世，是埃及现今保存最完整的法老建筑之一。从近处看，整个建筑群反映了法老的军事力量。一道 18 米高、205 米宽、315 米长的围墙包围着神庙，使这栋百万年之屋看起来像一个巨大的堡垒。仅仅是带有两个塔楼的大门就结合了当时东西方的堡垒建筑艺术，在埃及建筑中无可比拟。那儿的浮雕——西门上描绘的是法老召唤被俘的敌人，东门上的是法老用武器杀死他们——彰显了他的权力。同时，它们还能驱逐所有的邪恶远离圣地，也就是说，它们那令人惊叹的生动形象有驱邪功能。同时，好奇的游客一眼就能看见背景中 24 米高的神庙大门上的双塔，这让他们顿时对神庙内在的力量产生了印象。同时，巨大的大门将尘世与神灵的领域分开。观察者面对这种封闭和宏伟的景象时感到不寒而栗。

只有少数人获准正式穿越第一道界限——大门。这些人包括祭司、王室成员、最高统治阶级的成员以及由底比斯居民选出的代表。这些人有机会列队参观神庙内部的文字和图画——特别是神庙外墙上的那些。他们在那里可以第一次看到图画上描绘的伟大的军事胜利。在前面已经提及的文字和巨大的浮雕中，拉美西斯三世纪念自己战胜了众多国家。除了少数的列队参观者，我们可以想象，有更多的人在维持着神庙的运行，他们给储藏室装满食物和其他必需品。他们在警卫和守门人的陪同下，惊叹着穿过这些建筑，出了神庙之后，可以高谈阔论在这儿目睹的辉煌与图像。他们可以向别人讲述神庙中出现了多少对法老消灭敌人场景的描绘。

当一位特权人士进入这座建筑群时，他看到的是一系列风格迥异的建筑，上面装饰着丰富的象形文字和浮雕图画。沿着围墙的是仓库、兵营、马厩和办公室，以及供水设施。建在正门附近的有王座大殿、王座偏殿以及法老的卧室和浴室，还有随行们的住房。除了面积约7000平方米的拉美西斯三世主神庙，还有一座阿蒙（Amun-Re）神庙，阿蒙是古埃及万神殿中一个杰出而重要的神祇，为他甚至单独建有不可思议的上锁密室，此外还有供奉不同神灵的各种祈祷室。法老生前就已经在这个百万年之屋里为自己创造了一处知名的永恒崇拜场所，同时使自己与阿蒙神联系在一起。后者被定期以所谓的船队仪式送入这座停灵神庙（为此还在正门前建了一道码头堤岸），在宗教崇拜中与法老会面——这是统治者与神祇仪式性的结合。

这座装饰着文字与图画的建筑有点像是为这位统治者撰写的石制传记，全面地记录和描绘了他在宇宙中的地位以及他的事迹，特别是他的胜利。他的名字在象形文字中被提到数千次，并被单调地重复了一遍又一遍。他一再认同奥西里斯神（Osiris）和太阳神阿蒙的身份，这两位神祇代表着复活、永葆青春和永恒的生命。这种思想认为，在代表理想的宇宙形象的神庙之外，占主导地位的是混乱和苦难。这座神庙以其巨大的规模和建筑艺术上的装饰，代表着法老成功地消除了这种混乱。

需要在这项研究中强调的是,这些图画、文字和建筑彼此之间关系复杂,肯定不会向游客揭示其中的所有细节。这也不是这座非同寻常的停灵神庙的功能。正是在其不可思议的整体性中,在视觉上无法理解的所有细节的相互作用中,它成为了一件艺术品,一件几乎闻所未闻的法老的伟大艺术品,象征着世俗的胜利与神圣的沉醉之间的联系。其庞大的规模、艳丽的色彩、价值不可估量的装饰以及神秘的神庙内部,共同创造了令人难忘的王权和神圣的沉醉这一整体印象。法老用这座建筑具象化了他是合法的统治者这一口号,它几乎完美地满足了这个规则的所有要求。法老的核心职能是在神的世界和人的世界之间进行调停,这座神庙出色地通过各种宗教崇拜设施描摹出这种职能。

我们甚至基本上无法在此评估这座停灵神庙的建筑和装饰。根据当时一篇文章的记述,约有一万名战俘参与修建该建筑。在拉美西斯三世二十九年统治生涯的第十二个年头,这座神庙已经完工了。在神庙——拉美西斯三世的崇拜场所与胜利纪念场所——完工后的第十七年左右,他在一次宫廷政变中被谋杀。用电脑断层扫描仪对他的木乃伊进行检查,其结果显示,这位统治者身上有一道很深的刀口,这一刀切断了他的气管、食管和动脉,法老当场毙命。

他的停灵神庙曾面临艰难的时刻。拉美西斯家族的第二十王朝越来越深地陷入政治困境中,国家经济也持续衰退。这一危机在第二十王朝的最后一任法老拉美西斯十一世(公元前 1105 年—公元前 1076 年在位)统治时期达到了顶峰。在他统治期间,据说发生了民众因饥荒而造反的事。有些人想通过掠夺宝藏丰富的王室陵墓来缓解困境。正如记载此事的莎草纸所显示的那样,警察和法官试图控制局势,恢复正常，但结果显然是心有余而力不足。

　　百万年之屋周围发生了戏剧性的一幕。大祭司阿蒙霍特普（Amenhotep）被一个叫帕内西（Panehsy）的人赶下了台。文献中提到，人们对这座停灵神庙的军事围攻长达数月。这座装饰着法老胜利图画的房屋，成为了一座被包围的堡垒。我们完全可以从堡垒的特点和高耸的围墙来想象这一点。据说，来自努比亚的敌人为了夺取这座神庙的所有权，发动了一场名副其实的战争。直至九个月后才在一定程度上恢复了秩序。帕内西随后带着他的追随者向南出发，前往努比亚。这位法老讲述了一个重生的时代，这个时代的人尝试与过去较好的日子建立联系。

　　但是，第二十王朝走到了尽头，皮－拉美西斯城被遗弃。宏伟的停灵神庙成为盗墓者和后任统治者的牺牲品，后任统治者将这里作为自己的建筑项目的采石场。那时的人不得不臣服于其他统治者，逐渐遗忘了纪念法老的伟大。然而，对于今天的游客而言，它依然是一处纪念法老统治的卓越的场所。

庞培的胜利纪念碑

北纬 42° 27' 18.13"；东经 2° 51' 15.81"

　　从南边沿着西班牙 AP7 高速公路往法国方向行驶，我们会经过比利牛斯山东麓，它在旺德尔港（Port-Vendres）和巴纽尔斯海滨（Banyuls-sur-Mer）附近向地中海倾斜。我们在佩尔图斯山口（Col du Perthus）抵达通往佩皮尼昂（Perpignan）的比利牛斯山口。在交通繁忙的高速公路下方坐落着小村庄勒佩尔图斯（Le Perthus），这是一处绝佳的休息场所。这个村庄非常特别，因为自 1659 年以降，法国和西班牙之间的国界线就位于该村南北向延伸的主干道上。穿过繁忙的商业街，我们就到了另一个国家：西边是法国，东边是西班牙——或者按照当地居民的称呼——加泰罗尼亚。

当地的餐馆绝对值得一去，在享受了丰盛的餐食之后，我们可以去欣赏一下邻近的山丘。一条步道向上通往贝勒加德堡（Fort de Bellegarde），它是位于山口的军事要塞，见证了 17 世纪的战争技术和攻城技术。如果我们从这个堡垒沿着山脊向西南方行走，会到达一个小型的考古发掘区域，从这儿可以看到高速公路盘旋在西班牙南部山谷的美丽风景。我们现在看到的废墟正好位于国界之上：三分之一属于法国，三分之二属于西班牙。大部分遗迹可以追溯到古代晚期，当时的人们在这样一个偏远的地方为圣玛利亚修建了一座小教堂，还建了一座修道院。

古代人选择这个地方不是出于偶然。由乔治·卡斯特尔维（George Castellvi）、约瑟夫·玛利亚·诺拉（Joseph Maria Nolla）和伊莎贝尔·罗达（Isabel Rodà）等人组成的法国 – 加泰罗尼亚考古队在 1984 年指出，修道院下面隐藏着一个更为古老的建筑遗迹。这是一个由两部分组成的平台，它尺寸可观，面积大约为 952 平方米（28 米 ×34 米），由大块的细方石精心镶嵌而成。这显然是一个基座，其上曾经矗立着宏伟的纪念碑——无论如何，这一切都说明，为什么在古代会有一座堡垒来保护这个山口。

当时的人选择这个地方不是为了站在这里看得远，而是为了能从远处看见它。自公元前 118 年以降，连接意大利和伊比利亚半岛这部分地区的古代多美亚大道（Via Domitia）正好穿过今天的勒佩尔图斯。它就像今天的高速公路一样，曾是西班牙和高卢之间的交通要道，人们通过它运送货物，罗马士兵通过它行进至长久以来尚未平定的伊比利亚半岛北部地区，去那儿发动战争。每个行进在通往高卢的道路上的行人都能看见，帕尼萨尔山口（Col de Panissars，这是该遗址所在的山如今的名称）上有一栋带雕像的大型建筑在阳光下闪闪发光。在比利牛斯山崎岖不平的山地世界中，这必定是一个非同寻常、引人瞩目的东西。

这个平台是罗马将军庞培（Pompeius）于公元前71年下令修筑的胜利纪念碑的基座。庞培想在远离罗马的地方为自己竖立一座壮观的纪念碑，这在罗马将军的纪念碑中是绝无仅有的。

庞培是罗马共和国晚期最杰出的政治家之一。他依靠着军事成就，在数十年间显示出政治方面的创造力，现在回想起来，这令他看上去像一位罗马君主。他毫不胆怯地选择各种方法：年轻时，他就无视一切法律，曾肆无忌惮地敲诈勒索；作为政治新贵，他占据了各种职位，并拥有实际上只有资格较老的元老才可获得的权力。公元前1世纪70年代是他想方设法延续之前已开始运行的政策的十年。

这个地区在一位名叫塞多留（Sertorius）的罗马元老的领导下起兵反抗罗马，经历长达十年的战争，起义军被打败了。这场战争起源于伊比利亚半岛人对罗马人的世代仇恨。自从在对汉尼拔的战争中征服了这块土地后，许多罗马统帅几乎每年都在这块土地上的不同地方进行劫掠，这招来了这些外省人的敌意。这片土地蕴藏着丰富的贵金属矿藏，对罗马人而言，它是不可估量的财富来源，就像中美洲和南美洲之于近代早期的西班牙征服者。罗马官员只有让这片地区分配给自己作管辖领地，才能在此掠夺金银、屠杀民众，并能携带丰富的战利品返回罗马进行凯旋式。在这种背景下，当地人利用罗马内部紧张的政治局势，将流放到身边的罗马元老中的反对派吸引到自己这边，将他们捧上军事领导人的位置。塞多留就是其中之一。他作为罗马建制派的一员，曾反对当时罗马的领导层，现在为了自己在家乡的事业更上一层楼，而试图在西班牙创造一个坚实的基础。

此时，元老院首次规定：想申请凯旋式的统帅必须证明，他们至少杀死了五千名敌人，这一奇特的规定完全把战争的政治军事利益排到了最后，并且对帝国的所有地区都有约束力。显然，人们希望阻止已经成为惯例的征战，这些征战仅仅是为了劫掠和装满个人的腰包。然而，与初衷相反，这一规定只是加重了暴力的尺度。当我们在帕尼萨尔山口欣赏西班牙的美丽风光，脑海中重现那块曾经在建筑艺术上一定令人印象深刻的庞培胜利纪念碑时，必须牢记这一政治背景。普林尼在他的《自然史》中说，这块纪念碑不仅以庞培的雕像为冠，而且庞培在碑上的铭文中夸耀说，他征服了西班牙和阿尔卑斯山之间的876座城市（oppida）。在北非和西班牙取得军事胜利之后，他认为自己正走在胜利的道路上，甚至已经自比为亚历山大大帝，并令人在他的官方画像中模仿亚历山大大帝的发型。由于需要记录获胜名单，统帅们变成了死神的簿记员，这从庞培声称征服了876座城市即可见一斑。

当恺撒——后来庞培在国内的最大竞争对手——结束了他在高卢的征战之后，他向元老院报告，自己已经杀死了119.2万名敌人。然而，即使是这样恐怖的数字以及与之相关的军事胜利也达不到庞培此前的纪录：当庞培不得不为几年前在地中海东部发动的战争进行辩护时，他声称自己已经驱逐、打跑和杀死了 1218.3 万人，击沉了 846 艘船只，并迫使 1538 座城市和城堡投降（普林尼，《自然史》7, 92.96）。正如无所不能的庞培所知道的那样，这根本不可能被超越。

因此，帕尼萨尔山口纪念碑上的铭文只是这些可怕的数字游戏的前奏，在这些数字的衬托下，庞培后来以成功的统帅形象出现在众人面前。我们当然会从地理学家斯特拉波那里了解到，庞培在纪念碑上刻下的铭文是一个谎言，他可能是为了与更古老的数字进行竞争，早在公元前 180 年至公元前 179 年，前执政官老提比略·格拉古（Tiberius Gracchus）就曾经挑剔过自己在伊比利亚半岛取得的军事成就的数字。

但无论如何，帕尼萨尔山口纪念碑的简陋的遗迹如今提醒着我们，在罗马内战前夕，有权势的人在这些表现统治的形式中看到了合适的宣传工具，并用其对抗国内的政治竞争对手。更高、更远、更快——这就是他们表达自己军事成就的建筑艺术形式，以便从中捞取政治资本。

庞培修建了一座令人印象深刻的纪念碑，第一公民与元首奥古斯都后来将其作为蓝本，也用纪念碑来庆祝自己在阿尔卑斯山地区取得的胜利。公元前 45 年——恺撒被刺杀前几个月——奥古斯都彼时还是一个年轻人，跟随伟大的恺撒参加了西班牙战争。可以肯定的是，他在这个场合也看到了庞培的纪念碑。因为恺撒从南面的多美亚大道过来，与他的随行人员一起参观了这座纪念碑。然而，他没有采取与庞培相同的做法。这座纪念碑在罗马显然不受欢迎。惹恼罗马政治家们的原因显而易见。彼时，年轻的庞培还没有担任重要职务，他用纪念碑上的铭文再次羞辱了元老院，因为他没有权力将阿尔卑斯山和西班牙南部行省之间的所有地方置于自己的控制之下。此外，当时的许多地方在此后仍然与他有关联。从其他政治家的角度来看，这是一件闻所未闻的事情。"于是，恺撒满足于在他的胜利标志不远处用平滑的石头修建了一个大型祭坛"，卡西乌斯·狄奥（Cassius Dio）如此写道〔卡西乌斯·狄奥，《罗马史》（*Römische Geschichte*）41，24〕。

与之相反的是，几十年后——即内战结束，共和国被埋葬之后——出现了新的政治环境，不仅使比利牛斯山脉的这座纪念碑得到认可，而且考虑到它在建筑艺术方面的影响力，甚至有人提议对它进行复制。在奥古斯都于公元前14年完成了对阿尔卑斯山民众的征服之后，罗马元老院委托建造了一个建筑，它于公元前7年至公元前6年正式落成，无疑受到了庞培的胜利纪念碑的影响。这座纪念建筑下面是一个边长为31米的正方形平台，上面有一座圆形的神庙。其遗迹位于蒙特卡洛（Monte Carlo）北边的拉图尔比（La Turbie）附近一座486米高的山上。

庞培只是简单地说出了他征服的数字，奥古斯都与之不同，他刻下了一长串名字。奥古斯都的铭文总共提到了49个部落与城邦，它们"从海洋上部散布到海洋下部（在大西洋和地中海之间）"（普林尼，《自然史》3，136及以下）。然而，其中的许多城邦，我们如今只能模糊地知道它们大概位于某个河谷——这对于那个时代的人而言，可能并没有什么不同。但效果更好！奥古斯都在征服那些甚至在以前的地理文献中都不知其名字的部落时，他通过这种令人印象深刻的方式展示了罗马力量的强大。他征服了这个世界新的地区，并将它们纳入帝国的版图。他因此令庞培的成就黯然失色。这也是他想通过拉图尔比附近的胜利纪念碑传达的信息。

罗马凯旋门——胜利者之门

北纬 41° 53' 33.20"；东经 12° 28' 41.89"

在庞培战胜塞多留（Sertorius）的九年前，以及在比利牛斯山脉竖立纪念碑之前，他就已经在罗马以凯旋者的身份上演了一场轰动一时的盛况。庞培当时大约 25 岁，对于一个凯旋者来说，这个年龄过于年轻。传记作者普鲁塔克用讽刺的夸张手法写道，公元前 79 年春天，当元老们闷闷不乐地批准他的凯旋式时，他"几乎还没有长出胡子"[普鲁塔克，《庞培》（Pompeius）14]。尽管他那时甚至还不是元老院成员，但却为公元前 79 年 3 月 12 日设计了一场令人震惊的庆祝活动。

罗马凯旋门（Porta Triumphalis）旁的仪式是众所周知、为罗马人所熟悉的。几个世纪以来，人们已经在这儿庆祝过无数次了。然后，闻所未闻的事情发生了：庞培没有使用马匹来拉动四驾马车，而是将他从非洲带来的四头大象拴在了马车上。车辆开始缓慢移动。无论人们在过去可能使用这些体形巨大的动物来做什么，这项任务对它们而言都是全新的。庞培在每头大象背上都安排了一个象夫来驾驭它们。当它们走近凯旋门时被卡住了。四头大象拉着的车辆根本无法通过大门。整个凯旋式的队伍停了下来。刚刚出发的达官显贵们不得不停下脚步。毕竟他们是走在前面的罗马元老——也许他们前面还有一队乐师在继续行进，这时从后面响起了大声的呼喊："停下！停下！"于是，整个凯旋游行的队伍终于停了下来。然后，大象被替换成了马，考虑到这种厚皮动物行动之缓慢，这无疑是一个令人震惊的行动。然而，庞培很可能早就在帝国的某个地方把它们准备妥当了。这样一位优秀的战略家一定很清楚，大象是不可能通过凯旋门的。但这恰恰是他想发出的信息。全世界都应该看到，为元老院和罗马人民击溃敌人的统帅们通过的凯旋门，对他、伟大的庞培、罗马最伟大的将军而言太小了。他是一个超越所有已知标准的人。

是的，正如他的传记作者普鲁塔克所书写的那样，他的意图正是"加倍得罪元老们"（普鲁塔克，《庞培》14）。他们本来就反对这整支凯旋队伍，现在又被这种无礼夸大庞培伟大的行为加倍羞辱了。庞培已经拥有了"大帝"的绰号，这还不够！现在，通过这次的大象的尺寸，他将自己置于与众神同等的地位。毕竟，除了曾经征服过印度的狄俄尼索斯神，没有其他人用大象来驾驭过车辆。此外，庞培的车辆用宝石装饰，而且据说这位凯旋者没有穿"通常的"凯旋长袍，而是穿了一件亚历山大大帝的战袍。这给人留下的印象一定是压倒性的。而现在——人们想象——这支凯旋队伍是站着的！这个消息像野火一样传遍了整座城市，人们口口相传，罗马人沿着计划中的凯旋式路线大喊大叫，穿过等待胜利者抵达的马克西姆大竞技场，一直到卡皮托林广场（Capitol），那儿是凯旋者应当攀登的朱庇特神庙的所在地。"你不要骄傲！不要忘记，你只是个凡人！"［德尔图良（Tertullian),《护教篇》(*Apologeticus*) 33，4］据说，在凯旋者取得最大成功的时刻，就会有一个罗马的国家奴隶不断地把这句话念给他听，以免他狂妄自大。但元老们怀疑这种告诫在庞培那里可能毫无效果。

罗马在凯旋的统帅身上还有什么没经历过呢？而罗马不应该经历这些！统帅们早就在他们的凯旋战车上以一种任性的方式展示了自己，而且往往是令人惊讶的方式。埃米利乌斯·保卢斯（Aemilius Paullus）曾经乘坐象牙战车穿过凯旋门。后来，当恺撒举行凯旋式时，他的凯旋战车车轴断裂，这位主角不得不步行前往卡皮托林广场，而四十头大象充当火炬手。在这种情形下，所有的观众都会记得恺撒对庞培的故意挑衅——要超越他。凯旋者的出场以及他们通过凯旋门后的表演，自始至终是一种个人的标志，也强调了一种特殊的要求，有时是对权力的要求。因此，尼禄皇帝（Kaiser Nero，公元54年—公元68年在位）在巡视希腊后，穿着一件绣着金色星星的希腊战袍，以艺术家的身份出现。他没有从凯旋门入城，而是在城墙上开了一个缺门。他头上戴着希腊人在奥林匹亚授予他的胜利花环，手里拿着德尔斐的阿波罗花环。他不是作为一名统帅，而是作为一个艺术家在庆祝他的凯旋。人们赠送给他无数其他的胜利花环，上面写着在各种场合——不管是勉强还是不勉强——被宣布为有价值的胜利歌曲以及音乐作品的名字。恺撒和尼禄稍后都要为他们在罗马僭越边界的表演付出生命的代价。

但也有非常不同的凯旋式：元老院决定从罗马广场的葬礼上将奥古斯都皇帝的遗体穿过凯旋门运送到火葬场；在那里，一位元老证实，他看到皇帝的灵魂化为雄鹰飞走了，皇帝将居住在众神之中。他在某种程度上作为自己整个生命的凯旋者，通过这扇门升入了天堂。图拉真皇帝（Kaiser Trajan，公元98年—公元117年在位）的遗体也在凯旋游行队伍的护送下穿过凯旋门，穿过这座城市，最后被安放到图拉真圆柱的基座上。这些发生在罗马的神圣界限内的事实向罗马人表明，英雄在这里得到了如同神明一般的尊敬。

但是，正因为凯旋门是罗马历史上如此重要的一个建筑物，所以，令人深感诧异的是，我们竟然并不清楚它实际位于何处。直到今天，考古学家和历史学家还在为这个问题感到困惑。现在有一个共识，那就是这个没有留下任何遗迹的大门，其位置可能在离马采鲁斯剧场（Marcellus-Theater）和屋大维娅柱廊（Porticus der Octavia）不远之处。这是基于古代文献的描述得出的结论。但是这一地区的古代建筑以及它们的墙基，就像罗马的其他地方一样，已经被大量翻新。古代大都市的大部分考古遗产已经淹没在中世纪或近代建筑之下。人们以前推测，凯旋门矗立在马采鲁斯剧场、阿根廷广场（Largo Argentina）和台伯河之间的那块区域，但那里也已经面目全非了。16世纪时，在那个区域建立了占地约3公顷的犹太人聚居区。这是一个高墙围绕的小型罗马城区，晚上城门关闭，最初有两道城门，后来可能有十道。犹太人聚居区稳步发展，直至19世纪都一直存在。在这一时期，它有规律地扩大，当时大约有一万名居民。如今，屋大维娅柱廊大街（Via del Portico d' Ottavia）上的大型犹太教会堂、犹太餐馆和商店以及埃普莱柯博物馆（Museo Ebraico）都提醒着我们罗马的犹太人聚居区的悲惨历史：它的数千名居住者自1943年秋季起成为德国种族灭绝政策的受害者。

在古代，所谓的战神广场（Marsfeld）的一部分就位于那里，是城区的一部分，位于神圣的城市边界（pomerium）之外。曾经的弗拉米尼乌斯竞技场（Circus Flaminius）位于上文提及的遍布犹太餐厅的街道下方至少3米处，它建于公元前222年至公元前220年，是为战车比赛而修建的场所。这座竞技场对于组织非常奢侈的凯旋式肯定意义重大。在伟大的凯旋游行日之前，应该有相当一部分士兵驻扎在那儿过夜。竞技场也是存放罗马军团缴获并带回来的战利品的地方。如今，我们通常只记得统帅卢库勒斯（Lucullus）是一个专注于享受昂贵食物的老饕，而另一方面，他在庞培之后的几年，在竞技场展出了缴获的武器和攻防机器——"这本身就是一个奇观，在任何情况下都不常见"，他的传记作者普鲁塔克［普鲁塔克，《卢库勒斯》（*Lucullus*）37］如此写道。

即使是过夜，统帅的住宿条件也比他的下属高级得多，他们住在公共别墅（villa publica）里，这是一栋漂亮的两层楼房。这座房子也可以用来存放真正的宝物，他们有时会把宝石当作战利品带回来。例如，公元前 167 年，统帅埃米利乌斯·保卢斯在与马其顿人的战争之后，将 750 个装满硬币的古希腊双耳陶瓶带了回来，每个陶瓶重达 75 千克［普鲁塔克，《埃米利乌斯》（*Aemilius*）32］。这听上去已经足够令人震惊了，但依然比不上庞培缴获的战利品数量。毕竟，公元前 61 年，当他在中东取得胜利后，需要整整 700 艘船只才能把战利品带回罗马，并在凯旋式中展示。仅仅是货物的储存以及随后的展示就代表了一种真正的组织能力。

早餐后，士兵们在战神广场上列队。那儿还为凯旋式准备了战利品和囚犯的展示。战利品被抬到能搬动的木制展示架上。游行队伍随后在竞技场和台伯河之间列队，并逐渐朝着马克西姆大竞技场移动。与此同时，元老们也已经聚集在凯旋门旁，迎接凯旋者，并走在他前面。凯旋者在这儿穿上一件非常特别的衣服，即紫色和金色刺绣的凯旋长袍。

凯旋门在某种程度上是精心编排的重要表演的起点线。乐师、元老，然后是用于展示的战利品、囚犯以及所有绘有被征服之地和战争胜利场面的图画。凯旋者让这一切都列队经过，直到他自己加入到游行队伍中。士兵排在游行队伍的最后，朝他们的老板演唱嘲讽的歌曲。

所有参与者都穿过凯旋门——无论它可能位于何处——并穿过蔬

菜市场和牲畜市场。他们在远处就已经听到了从马克西姆大竞技场传出的喧闹声，在那儿有超过十万名热情的观众等待着他们。游行队伍越接近大竞技场，吼叫与喧哗就越发响亮。凯旋者在远处倾听着，人群对展现在他们面前的东西表现出的"喜悦与惊奇"（普鲁塔克，《罗慕路斯》16）。

在这样的一天，整座城市几乎处于特殊状态。所有市民都试图在竞技场里或为凯旋式临时搭建的木制看台上获得一个好的站位，如果能获得一个座位就更好了。有的凯旋式甚至会持续数日，如公元前194年提图斯·昆克提乌斯·弗拉米尼努斯（Titus Quinctius Flamininus）、公元前167年埃米利乌斯·保卢斯或公元前29年奥古斯都的凯旋式。

只有一个队伍肯定不会享受这个热闹的场面，他们宁愿去往别的地方而不是从凯旋门下穿过——那就是俘虏的队伍。这个队伍中经常出现诸侯和国王及其家人。当他们通过这道门时，他们知道，自己实际上是在走过生命旅途的最后几米。因为在游行结束后，等待他们的是处决。据说马其顿国王珀耳修斯（Perseus）在死亡来临之际"相当害怕，头脑相当混乱"。他曾恳求凯旋者不要带他一起走。他的孩子们至少获得了同情，因为"一群哭泣的女仆、教官和教师"用手势乞求放过他们（普鲁塔克，《埃米利乌斯》33）。克利奥帕特拉（Kleopatra）。托勒密王朝的最后一位伟大的统治者没有令她的敌人屋大维（Octavian）——未来的奥古斯都——满意，他想将她带回罗马进行公开展示，然后再杀死她。而她已经在亚历山大城自杀，有尊严地逃脱了这种羞辱。为了不让罗马人完全失去他们陈旧的快乐，在后来的凯旋式中，屋大维展示了她死亡时刻的图像：她躺在卧榻上，让一条毒蛇咬死了自己（卡西乌斯·迪奥，《罗马史》51，21-22）。

当我在罗马，在屋大维娅纪念长廊大道享受美味的犹太食物时，我有时会忘记像我这样的游客给这座永恒之城带来的喧嚣。在品尝可口的鳕鱼干和油煎西葫芦时，我突然想到，就在现在的街道水平面之下几米处的某个地方，一定有凯旋门的遗迹。然后我想到了从那儿经过的统帅们，想到了也许就在我现在站着的地方为游行队伍欢呼的罗马人，我想到了那些给那个时代的人留下了深刻印象的大象，以至于当有权势的人向民众展示自己时，再也无法舍弃大象了。在奥古斯都的继任者提比略（Tiberius，公元 14 年—公元 37 年在位）铸造的硬币上，人们看到被神化的第一任皇帝端坐在大象战车上。而图密善（Domitian，公元 81 年—公元 96 年在位）似乎不仅修缮了凯旋门，甚至在其顶部放置了两个大象方块。庞培之所以会在凯旋式上如此表演，可能是受到了神话的启发，或者是从亚历山大大帝那儿抄袭来的——无论如何，这个想法对凯旋门的建筑风格产生了决定性的影响，所有带领罗马帝国达到新高度的人都曾穿过这道大门。

慕尼黑的"特洛帕伊翁"——胜利的纪念碑

北纬 48° 8' 42.13"；东经 11° 33' 53.76"

慕尼黑国家考古展览馆展示了一个奇怪的文物——一根高 2.4 米、长与宽各为 25 厘米的木桩经过粗略的加工和打磨后，呈现出一张粗野笨拙的面孔，外观与人类不太相似。科学研究表明，这根奇怪的柱子可以追溯至公元前 4 世纪。这位非写实的战士身上罩着胸甲，戴着青铜头盔。

它的创造者将躯干与凹陷的脊柱、圆滑的肩膀和圆润的肋骨尾端的尺寸调整得正好适合这副紧覆在木制身体上的甲胄。为了让头盔好好戴在头上，头部被拉伸得如同一个圆柱体；它的前额与鼻子部分连到了一起，眼睛凹陷成菱形。这位艺术家用另一种颜色更浅的木材制作了眼球，并用青铜钉子将它固定进眼眶里。甚至连耳朵都是雕刻的，但仍然隐藏在头盔的面颊护板之下。钻孔和钉子的痕迹证明，这块木头上曾经镶嵌着珠宝。在肩部可以看见榫舌，可以安装上四方形的直角臂锤。

这位战士的武器装备已知来自希腊西部地区，也就是曾经被希腊人殖民的意大利南部。在胸甲上，我们看到了铜制的乳头，肩下方的背部和两侧有银制护片，上面装饰着身披狮子皮的赫拉克勒斯；据说它们能以一种神奇的方式保护穿戴者免受伤害。可以看出，这套装备已经被修理过多次了，也就是说，它曾经在战斗中被损坏过。因此，被拿来固定在木制人像上的这副盔甲属于一位古代战士，他曾冲上战场并与人展开战斗。

这样的雕刻曾经有其固定的位置，而且并不是随便一个位置，那是一个存在于战争旋涡中的场所。事实上，我们不知道这根奇特的、皲裂的、看上去令人生畏的木桩的确切来源。然而，我们可以尝试去想象它曾经存在的场所。

这根古怪的木桩看到了恐怖，看到了战役中血流成河的地面；它是伤害、痛苦、恐惧和死亡的无声见证。它也许曾身处交战双方对峙的平原：双方已经宣布开战，按照战争法规的惯例约定了交战的时间和地点。然后那场无名战役就打响了。失败者向胜利者派出一个代表团，请求允许他们收回死者的尸身。这一请求也表示他们承认了敌人的胜利。胜利者同意了对方的请求，因此死者可以被移交给亲属安葬。按照惯例，胜利者会给予一天的休战期，即使接下来可能还会爆发更多的战役。

因此，战场属于胜利者。为了不让人怀疑谁是胜利者，获胜方竖立起一根胜利柱，即所谓的"特洛帕伊翁"（Tropaion）。以慕尼黑的那根为例，它通常是一根简易木桩。有时，它还配备一根横木，胜利者将缴获的武器挂在上面。"Tropaion"这个概念来自"trépein"（转身）和"tropé"（逃跑，转身处）。因此，该纪念柱标志着敌人转身逃跑的地方。这也是战役的命运发生决定性转变的地方。现在，随着这根木桩的竖立，这片地区的一个随机地点变身为一处在世界上获得了意义的地方，在某种程度上，它此时才开始存在——它必然也是一处非常短暂的军事成功之地。

在那个时代，这种木桩成为希腊古典时期战役胜利的常见标志，当重武器装备的战斗队列（即所谓的重甲步兵）相遇时，通常战斗不会持续很久。如果敌方战斗队列的次序被打乱了，战败的士兵就开始逃亡，因为一个破碎的方阵（人们称呼这些战斗队列为方阵）不能再实施有效的战略。于是，逃亡的士兵扔掉所有只会阻碍他们迅速逃离的武器。公元前4世纪之前，对逃亡者的长期追捕并不常见。因此，我们并不知晓，这根特洛帕伊翁上的胸甲和头盔究竟属于一名死者还是一名逃兵。

这根从某地带来的、曾竖立在战役现场的木桩本身也有故事。当一场战役胜利之后，胜利柱必须迅速竖立起来。毕竟，人们并不确定，第二天是否会继续胜利。有时会在获胜几天后竖立起一根。当一些战士找回死去战友的尸身并照顾伤员时，其他战士则收集缴获的武器，用来装饰特洛帕伊翁，或放在它周围作为自己信仰的神明的祭品。他们还把一些武器带到当地的神庙，或者也可能带回这些武器，以便在之后的罗马凯旋式上向公众展示。为雕刻特洛帕伊翁，战士们迅速在现场找到一根合适的木桩。那些对胜利满怀信心且不迷信的人可能早已准备好这样一根木桩。正如我们在慕尼黑的古代展中清楚地看到的那样，特洛帕伊翁并不需要卓越的手工艺，战士们不熟练地，更确切地说，应该是不专业地加工木桩并装配上缴获的武器。

特洛帕伊翁标志着取得军事胜利的地方，这个地方同样成为胜利者献祭的场所，战士通过献祭感谢神明在战争中赐予他的幸运。士兵们在返回宿营地或家乡之前，也会在慕尼黑的这根木桩旁献上感恩的祭品。竖立起特洛帕伊翁的地方是神圣不可侵犯的；亵渎它将是一种罪行。它供奉的是宙斯·特洛帕伊翁（Zeus Tropaios）或战争之神。即使像恺撒那样固执的统帅也不敢损害敌国国王——小亚细亚的米特拉达梯七世——竖立的特洛帕伊翁，因为那是对战争之神的供奉。值得注意的是，特洛帕伊翁不允许拆除；但它也不是永远存在的。那个时代拒绝用石头甚至金属制成胜利标志，即使如今的纪念碑来源于彼时。因此，特洛帕伊翁所代表的胜利是一次性的，不能永久长存。这符合那个时代的意识，它表明，战争的命运以及人类的普遍命运是多变的，根本上是不稳定的，正如当代作家让我们了解到的那样。在竖立胜利柱时，人们也必须考虑到这种所有人类的共同经验。

除了作为胜利的标志以及神圣的崇拜场所，特洛帕伊翁还是国际法协议中的一个象征。它代表着胜利，并作为一个明确无误的标记被各国接受。哲学家柏拉图将马拉松附近的特洛帕伊翁描述为最古老的胜利标志。骄傲的希腊人在公元前 490 年战胜波斯人之后竖起了它。

这根装饰着武器的树干很快就成为一尊圣像，一种象征胜利的图像密码，并因此能够从最初竖立它的地方向外传播。它在不同的语境中表现为不同的形式，譬如花瓶上的图案以及神庙等公共建筑上的浮雕。

公元前 2 世纪末，罗马人继承了这种作为图像密码的纪念碑。不言而喻的是，罗马人构建了一个符合自己神话早期史的胜利纪念碑传统。为此，他们选择在学术上"重建"自己的过去，将特洛帕伊翁的原始开端和他们的祖先——特洛伊英雄埃涅阿斯——与神话中统治伊特鲁里亚城市卡西亚（Caere）的梅森提乌斯（Mezentius）之间的战争联系在一起。我们从诗人维吉尔（公元前 70 年—公元前 19 年）的描述中定能想象出典型的罗马式特洛帕伊翁的模样："他在山丘上种植了一棵巨大的橡树，橡树被砍下了枝丫，上面挂着亮闪闪的武器。曾经属于梅森提乌斯的盔甲，作为战利品献给你，伟大的战役指挥官：他把流血的头盔翎饰挂到上面，让破碎的长矛靠在上面，这位英雄的甲胄已被刺穿十二次，左边是铜盾，脖子上挂着带象牙剑鞘的剑。"（维吉尔，《埃涅阿斯纪》11，5-11）

如今，我们看到特洛帕伊翁作为胜利的视觉化艺术形象，现身于罗马时期各式各样的纪念碑上。它们一次又一次地出现在硬币上、凯旋门的浮雕上以及许多其他的视觉媒体中，它们装饰着战败者的武器，数量众多，形象丰富。事实证明，特洛帕伊翁是非常成功的宣传要素。因此，只要统治者和将军们想要描绘他们的胜利，我们甚至在近代乃至 19 世纪的建筑中都能发现它们的身影。

与希腊人不同的是，罗马人喜欢描绘被征服者受到羞辱的姿态。因此，这些不幸的人成为特洛帕伊翁的伴随元素。他们作为俘虏，蜷缩在胜利标志脚下，身着野蛮人的服饰，长着野蛮人的面容，悲哀地低着头，接受命运的安排。凯旋式中也复制了这样的图像。在士兵担着的展示架上可以看到特洛帕伊翁的身影，上面捆绑着被俘虏的野蛮人。公元前167年，埃米利乌斯·保卢斯展示了800个特洛帕伊翁；公元前61年，庞培和他的指挥官们赢得了多少场战役，就留下了多少个胜利标志。

因此，罗马人战后经常把在远离罗马的地方竖立的特洛帕伊翁带回家乡。我们不清楚希腊人会怎么处理他们的胜利标志，以及它们会在战场上竖立多长时间来纪念胜利。可以想象的是，人们会把它们献给神庙中的某位神灵，就像个别故事中流传的那样。也许在一段时间后，当足够长的时间流逝，这个地方已经不再神圣之时，人们会带走或者推倒它。

慕尼黑的特洛帕伊翁以其简单的造型代表着早已消逝的战争中的幸运。我们已经无法获悉曾经与之相关的真实地点。但是，即使我们只能想象，许多人在这个地方丢掉了性命，另一些人把这儿当作举行祭祀的神圣之地，我们还是会意识到，当那个时代的人经过这些简陋地雕刻着面庞、装饰着武器的僵直的木头柱子时，他们一定感到这些曾经的战场非常陌生。对一些人而言，特洛帕伊翁也许是他们作为奴隶被卖到异国他乡之前看到的最后一件家乡之物；对另一些人而言，它们也许是这样的地方——他们的父亲、丈夫、儿子或朋友在那儿倒下。对胜利者而言，这样的纪念柱最初当然标志着成功的场所，但他们可能会怀疑，如果他们在战场上成为牺牲品，敌人第二天是否也将在战场上竖立起这样的特洛帕伊翁。因此，这根僵直的特洛帕伊翁致敬的是一个介乎生与死、凯旋与痛苦之间的奇异之地。

第 4 章

爱情之地

公元 200 年左右，在罗马皇帝塞普蒂米乌斯·塞维鲁（Septimius Severus）统治时期，小亚细亚海峡旁的阿拜多斯（Abydos）铸造了一种奇特的硬币。正面是皇帝的肖像，环绕以写有皇帝头衔的铭文。背面则是一个奇怪的图案。左边，一个女人站在塔楼上，伸出的右手里拿着一盏油灯。在她前面，硬币的中心，我们看到一个游泳者在波涛汹涌的大海里朝着塔楼方向游去，刻画得有点笨拙的波纹线则代表着大海。

每个拿着这枚硬币的人都知道这个图案所暗示的故事。它是发生在海洛与利安德两人之间的感人故事。它发生在曾经铸造这枚硬币的地方——阿拜多斯——以及位于海峡另一边的塞斯托斯（Sestos）。两地相距不远，但海峡中汹涌的水流让人无法直接横渡。因此，人们在阿拜多斯的北面建了一座塔楼来标明方位，从这里可以很容易随着强大的水流漂流到西面靠近塞斯托斯的地方。那里有第二座塔楼，为北面来的船只指引方向。在罗马时期，它可能还曾被当作灯塔使用。

但是，这个地区的居民为了对抗极端水流的自然之力，在一千多年的时间里获得的这种关于自然空间条件的知识，在当时只是形成了讲述完全不同的故事的外部框架。其中一个故事的决定性场景永远定格在这枚硬币背面的图案中，这就是来自塞斯托斯的海洛和来自阿拜多斯的利安德的故事。听过那首歌唱这两个王室后裔的民歌的人都知道，他们俩非常相爱，却不被允许走到一起，然后也会在此发现这种主题的古老模式。阿佛洛狄忒的女祭司海洛和利安德已经深深相爱，却不被允许相见。于是，利安德多次在夜里秘密地游过赫勒斯滂海峡（Hellespont），朝身处海峡西侧的海洛游去。为了让爱人知道该往哪个方向游，海洛在自己的塔楼上点了一盏灯为他引路。然而，在一个夜晚，灾难发生了：暴风雨吹灭了信号灯，利安德迷了路，淹死在大海中。海洛第二天早上在岸边发现了他的尸身，在失去爱人的悲恸中，她从塔楼上跳了下去。

人们不是自浪漫主义时期以来才喜欢这种悲剧性的爱情故事，早在希腊化时期，人们就对当时的小说中以戏剧性方式讲述的悲情故事痴迷不已。它们是与历史真实事件无关的文学主题，但是满足了读者对戏剧性冒险和情爱纠葛的真实需求。如今，任何人看到书报亭里的"颈部杀手"小说——封面上肌肉发达的男人怀里抱着多情的长发女人，下一秒他们就会热情似火地亲吻——都能敏锐地领会当时和现在这两条平行线对文学创作的需求情况。大家享受那些圆满的或不圆满的爱情故事，贪婪地阅读那些关于女性处于危险之中并面临失去爱人的危机的小说。譬如，小说家阿普莱乌斯（Apuleius）在他的小说（公元 2 世纪）中讲述了一个被强盗绑架的女人的故事，并将古代读者非常熟悉的一个丘比特和普赛克之间充满戏剧性的长篇爱情故事编入其中。一个女仆向被绑架的女性讲述了这对神话中的夫妇之间的真爱，从而鼓励她克服目前的困境。在今天看来，只有神祇才能前来拯救，并成为女性的情人以及未来的丈夫，这个情节有点过时了。但就戏剧性而言，这个结局幸福的爱情故事远远超过了海峡边海洛和利安德的故事情节。

阿拜多斯城对海洛与利安德这一出虚构的悲剧如此强烈地认同，甚至将其视为城市历史的一个永久组成部分，以至于在硬币上描绘他们的故事，这就证明了古代社会对文学主题的适应能达到何种程度。但这还不是全部。地理学家斯特拉波在描述这个海峡时也提到了海洛的塔楼。因此，不仅阿拜多斯，塞斯托斯城也给予这个爱情故事一处能让好奇的游客参观的地方。我们从来自萨洛尼卡（Thessaloniki）的诗人安提帕特（Antipatros）那里了解到，在历史转折时，这座塔楼已经是一处废墟了。因此，这个爱情故事有不止一处，而是两处奇异之地，在那里，我们可以在海边思索亲密结合的奥秘。

伟大的罗马诗人维吉尔影射了海洛与利安德的悲剧故事，在他那个时代，一个半吊子文化人可能都知道这个故事［维吉尔，《农事诗》（*Georgica*）3，258］，正如古代晚期的维吉尔评论家莫鲁斯·塞尔维乌斯·霍诺拉图斯（Maurus Servius Honoratus）告诉我们的那样。这份爱情为他提供了一个例证，即盲目的爱情和无节制的欲望将不可避免地导致毁灭。因此我们应该让公马和母马、公牛和母牛始终保持分离的状态。尽管他用尖锐的语气驱逐了这个故事中所有的浪漫主义，也不能阻止这对恋人的悲剧对西方艺术、诗歌和音乐产生持久的影响。位于海峡两岸的真正的塔楼很难被后来的艺术家、音乐家和文学家们所了解，他们把这个主题变成了自己的创作主题，当然，他们中没有一个人真正到访过这些代表爱情的奇异之地的废墟。海洛与利安德的神话在古代曾暂时拥有过真正的发生地，但在他们那个时代就早已脱离了这片海峡所在的地区，而在各地受到普遍欢迎，只要人们拥有足够的创造力和狂热的想象力，就可以重新创作它，用全新的恋人姓名将它复活，并赋予它一处新的故乡。

空中花园——巴比伦之恋

如今，几乎每个前往维罗纳（Verona）的游客，都会去短暂探访离香草广场（Piazza delle Erbe）不远的一个小院子。这里有一个阳台，据说朱丽叶曾经在这里与她的罗密欧相会。现在，任何人要想登上这阳台，都得花上几欧元的费用——这是一处纯粹靠虚构而存在的真实场所。在莎士比亚作品的第二幕第二场，当朱丽叶站在窗前吐露自己的爱意时，不小心被她的爱人听到了。如果您打算在相应的气氛下与您的爱人一起参观这个小地方，您应该知道，这个阳台是在20世纪初才加建到维罗纳的这座房子上的。但这又怎样呢？虚构无损于真正的爱情。恰恰相反。首先是墙上的留言，然后是无数写着爱情誓言的纸条，在维罗纳这座庭院的入口处，如今还有工业化批量生产的小钢锁，年轻夫妇以及上了年纪的夫妇用它们与这个既美丽又悲伤的故事建立起联系，向彼此宣誓永恒的爱情。

我们在维罗纳可以相对便宜地参加的活动——正如前文所述，用几欧元——在巴比伦则会更昂贵一些，因为那儿还从未出现过成群结队的游客。然而，这两个地方有一个共同之处：它们在过去和现在都同样是虚构的。巴比伦虚构的是空中的许多花园，或者说是一整座空中花园。这是一处奇异之地，甚至被不同的古代作家列为世界七大奇迹之一。

在这个不同寻常之地所发生的故事——各个版本略有差异——大致如此：很久以前，一位巴比伦国王娶了一个来自米底亚（Medien）的侯爵之女。米底亚位于今天的伊拉克和伊朗边境的一个山区。但这位年轻女子在美索不达米亚平原王宫的新家里变得忧郁起来。当她眺望窗外或在城中散步时，她看到的始终只有土地肥沃、地势平坦的幼发拉底河谷。她思念那些熟悉的山脉。因为这位国王深爱着自己的妻子，希望看到她幸福，于是他产生了一个伟大的想法：他委托自己的建筑师设计一个看上去像山区的花园景观。建筑师和建造者们开始工作，修建了一座高大的建筑，它矗立在长长的台阶之上，屋顶上延伸出最美丽的花园。树木模拟森林而种植，许多绿色植物以及五颜六色的花朵装饰着这个景观。见到这个奇迹的人称之为空中花园，因为这个人造景观看上去似乎悬空于地面之上。

这个故事令古代作家激动不已，它让他们想起了奥德修斯，据荷马说，奥德修斯在腓依基（Phäaken）国王阿尔基诺斯（Alkinoos）的王宫里看到了一座面积巨大、花团锦簇的花园。荷马用许多诗句详细描述了它的美妙外观。公元前400年左右，已经开始流传这个说法——巴比伦的空中花园是一段非常爱情的发生之地。当时在波斯王室担任医生职务的克特西亚斯（Ktesias）是第一个写下这个故事的人。然而，给予这个故事一个真实的发生地点，重建相关的建筑，或者甚至在考古发现中去证实它，这些都是从他的文本开始的。我们从克特西亚斯那里了解到，他首先想满足他的希腊读者的想象，并为此简单地编造了一些奇妙的故事。现实对他来说更像是一种阻碍。

两代人之后，我们再次从亚历山大大帝的随行人员那里听到这个奇异的自然景观。他们是来自阿斯提帕莱亚岛（Astypalaia）的奥内西克拉托斯（Onesikratos）以及克莱塔库斯（Kleitarchos），他们也知道一座空中花园，并被其打动。据说这是一处造型复杂的花园景观，面积为 14400 平方米（120 米 × 120 米）。但他们的描述实际上是根本不可理解的，甚至彼此之间也不统一。他们也不知晓这个奇迹的建造者的更多信息，只说他是一位国王。如果我们简单追溯一下巴比伦金字塔埃特梅南奇的历史，就会想到，当亚历山大大帝和他的随行人员来到巴比伦时，这座城市已经基本沦为废墟了。在这种情况下，偏巧空中花园依然存在？

公元前 3 世纪初，一个名叫贝洛索斯（Berossos）的真正的巴比伦人在其著作《巴比伦尼亚志》（*Babyloniaka*）中进一步提供了信息，这本书据说是基于实地考察而写就的——换句话说，他声称自己亲眼看到了他所写的东西。但事实证明，贝洛索斯是一个有问题的证人。他在自己的书中主要强调了巴比伦国王的重要性。因此，为了服务于这个叙述主题，他写道，伟大的巴比伦国王尼布甲尼撒（公元前 605 年—公元前 562 年在位）曾经建造了这座空中花园，它的"形状类似于山，[他] 种植了许多种类的树木，建造完成了所谓的空中公园，因为他的妻子希望周边环境中有山"[弗拉维乌斯·约瑟夫斯（Flavius Josephus），《犹太古史记》（*Jewish Antiquities*）10，226]。

从某种意义上来说，其他作者特别感兴趣的问题是，这种建在阶梯式建筑屋顶上的枝繁叶茂的仿森林式花园景观是如何供水的。亚历山大大帝的随行人员克莱塔库斯解释说，有一层铅板可以防止花园土壤中的水分渗入基座。这些水是由隐蔽的机器从幼发拉底河抽取上来的。菲隆（Philon）描述道，所谓的螺旋杆（水螺杆），即内部装配着螺旋的抽水管道装置，将水从幼发拉底河输送至上层平台。但这给我们带来了另一个问题。事实上，虽然这种抽水管道系统在古代就已经存在了，但它们是阿基米德（Archimedes）发明的，他生活在公元前287年至公元前212年之间，比著名的空中花园晚许多个世纪。

尽管所有这些文献都描述了一处庞大且华美的花园景观，它诞生于爱情——但其建筑结构却总是各式各样的。因此，公元前2世纪，当来自西顿（Sidon）的安提帕特（Antipatros）列出第一份世界奇观清单时，其中除了埃及金字塔、亚历山大灯塔或罗得岛巨神像以及其他一些奇迹，还提到了奇妙的空中花园，这丝毫不令人感到奇怪。正因为我们知道，当时巴比伦的大部分地区躺在瓦砾与灰烬中，所以空中花园才可以被想象得如此美妙，人们用千百种方式描绘它——在这种情况下，想象力是无边无际的。其中还结合了对巴比伦国王不可估量的财富的想象以及他们放荡的宫廷生活的传说。

那么，鉴于这些狂热的传说，巴比伦的空中花园是否像罗密欧与朱丽叶在维罗纳小小庭院中的阳台一样是虚构的？是！不言而喻：是的！可以肯定的是，在伟大的巴比伦城曾经有过宏伟的花园，它也许甚至被设计成了阶梯式样，即使这已经无法从考古学上得到证实了。巴比伦的考古发掘人员罗伯特·科尔德维（Robert Koldewey）将这座花园定位在宫殿远离河流的一侧。我们如今知道，这显然与其他文献相矛盾。或者换一种说法：他所描述的景观不可能是希腊作者在书斋中想象的地点。直至今日，也没有任何其他关于空中花园所在位置的设想能够获得认可。

当然，这些小事从未妨碍过虚构的故事成为想象中的现实，只要它们被出色地讲述并引起读者的共鸣。在意大利，据说哲学家乔尔丹诺·布鲁诺（Giordano Bruno，1548年－1600年）以一句格言来评价此事："即使它不是真的，那也是很好的发明。"海洛与利安德、罗密欧与朱丽叶、巴比伦国王与他忧郁的妻子刺激了想象力，打动了人们的情感。富有同情心的观众不希望失去这些故事，就像不希望失去这些故事发生的场所一样。

令我们倍感高兴的是，牛津大学的亚述学家斯蒂芬妮·达利（Stephanie Dalley）于2013年出版了《巴比伦空中花园之谜》（*The Mystery of the Hanging Garden of Babylon*）一书。世界各地的电视以及许多报纸都宣布，终于解开了空中花园的谜团，它的历史不得不被完全改写。据达利说，它并非建在巴比伦，而是由亚述国王桑赫里布（Sanherib，约公元前745年－公元前681年）建造在亚述王城尼尼微（Ninive）。这位对水利工程特别感兴趣的国王还发明了前面提到的用于水泵系统的螺旋杆。他王宫内的浮雕也描绘了令人印象深刻的花园景观，希腊化时期的人仍然可以看到这些花园。古代的作家们只是混淆了尼尼微与巴比伦。

在对世界奇观、古代东方以及古代的惊人建筑感兴趣的非专业人士中，这本书引发了极大兴趣。而且，记者偶尔也对一些丰富的古代故事心存感激，我们不想责怪他们。斯蒂芬妮·达利于1992年在为专业人士召开的第三十九届亚述学会议上首次提出她的观点，但显然未受到同行的认可。她的论证被详细驳斥了。不幸的是，她的空中花园站不住脚，这只能让那些人——他们守护着人类伟大的爱情故事的意义——感到遗憾。

克利奥帕特拉之墓

当我们谈及人类伟大的爱情故事时，如果没有好莱坞，这样的故事会是什么模样？ 1963 年，由 20 世纪福克斯公司制作的电影《埃及艳后》（*Cleopatra*）为这样的故事树立了一座金字塔式的真正丰碑。电影史上的梦（后来的噩梦）中情人——伊丽莎白·泰勒和理查德·伯顿——在其中分别扮演了托勒密王朝最后的统治者克利奥帕特拉七世（公元前 69 年－公元前 30 年）及其丈夫马克·安东尼（Mark Anton，约公元前 82 年－公元前 30 年）。这两位演员私下里的爱情故事伴随着他们在《埃及艳后》中的专业工作，被夸张的八卦报刊广为报道。这与古代文献中对马克·安东尼与克利奥帕特拉这对恋人的记载完全吻合，并在电影首映一年后促成了这两位演员的第一次婚姻。

这场爱情剧诞生在两千年前，令人瞩目并且多姿多彩：马克·安东尼被授予罗马在希腊东部的管理权，但他（像他之前的恺撒一样）开始与埃及女法老勾搭，并居住在亚历山大城的宫殿中。人们指责他的举动背叛了罗马的利益，出卖了国家。在这一层层的诽谤中，如今几乎不可能看出马克·安东尼当时的政治内核——他实际上曾经谋求过东方的政治权力。

据记载，这场诽谤于公元前 32 年达到了高潮，马克·安东尼决定扩军备战，公开反对他的对手屋大维。屋大维让人把马克·安东尼的遗嘱从罗马广场的灶神庙（女祭司们在那里看护着神圣的炉火）带到他面前——这显然违反了法律的规定。他拆开密封的文件，在元老院会议上宣读了这份遗嘱的内容。遗产留给克利奥帕特拉与恺撒的儿子恺撒里昂（Kaisarion）以及克利奥帕特拉与马克·安东尼的孩子们，除此之外，一条遗嘱特别引发了元老们巨大的不安：马克·安东尼希望在他死后能安葬在亚历山大城，埋在克利奥帕特拉身边。这最终使他看起来像一个被克利奥帕特拉迷惑的好色之徒和性欲奴隶——这些安葬计划显然令他远离了自己的故土，他的故乡应该在意大利半岛。

这份遗嘱究竟是真品还是屋大维自己伪造的，如今已经无法确定了。尤其是分给被提及的孩子们遗产这一条听上去特别可疑，因为马克·安东尼无疑知道，一份私人遗嘱中不应存在这样的处置方式，此外还需获得罗马权力机构的批准。另外，引人注目的是，屋大维在同一时间开始毫不避讳地在战神广场修建自己的陵墓。克利奥帕特拉与马克·安东尼于公元前 41 年在塔索斯（Tarsos）首次相遇，这个时候，他们之间的关系已经迈入第五个年头。公元前 32 年，年仅 31 岁的屋大维就试图用他巨大的陵墓来创造一个纪念碑，以此来纪念他与罗马以及意大利传统之间的联系。他已经准备借此构建一个与马克·安东尼相抗衡的砝码，这个砝码将在随后的几年内增加更多的重量。

当时正在修建的克利奥帕特拉与马克·安东尼的陵墓，最终成为极具戏剧性的舞台，据说屋大维和马克·安东尼之间的内战在这里以一种几乎适用于舞台的方式结束。尤其是传记作家普鲁塔克，他运用自己所有的文学技巧，为我们撰写了一部发生在这个伟大的爱情之地的悲剧——一部涉及高层政治与人类亲密关系的无与伦比的悲剧。

显然，克利奥帕特拉在去世之前很久就开始建造自己的陵墓了，这是埃及的习俗，因为当她在公元前 30 年自杀身亡时，这座陵墓已经基本完工。古代文献表明，这座埃及的陵墓位于亚历山大城主要港口以南的王宫所在区域。它似乎矗立在伊希斯神庙（Isis-Tempel）附近的海滩上——克利奥帕特拉将自己视为伊希斯女神的化身，并以她的身份参加公共的游行庆祝活动。墓穴有一扇门，由一个机械装置固定，一旦从陵墓里面关闭，就再也无法从外面打开。只有位于上层的一个楼层的窗户或墙面间隙还没有被关闭。它们后面有一道长廊，从那里可以看到外面的前厅以及墓室的主厅。以上这些大致描述了发生以下戏剧性场景的舞台布景：

当屋大维逼近亚历山大城，并且连最后一支原本站在马克·安东尼一边的罗马军团也倒向屋大维时，克利奥帕特拉带着她的两个女仆、一个宦官和她的财产逃进了陵墓，她锁上陵墓的大门，并遣人告知马克·安东尼她已经自杀的消息。安东尼在听闻这个可怕的消息后猛地扑向自己的宝剑，但他并没有立即死亡。克利奥帕特拉的秘书狄俄墨得斯（Diomedes）找到了伤势严重的他。在此期间，女法老已下令将他带往自己的陵墓，女仆们用绳索将他吊到上层。根据历史学家卡西乌斯·狄奥的记载，这架吊车仍然矗立在陵墓前，据说它是用来吊住上部结构的方石块的。普鲁塔克异常生动地描述了这一幕："当时在场的人说，不可能有更悲惨的景象了。因为他浑身是血地垂死挣扎，又被吊了起来，与此同时他在空中向她伸出手臂。对于一个女人而言，这不是一件容易的事，但克利奥帕特拉竭尽全力用双臂抓住他，她的脸因用力而变得扭曲，她将他拽进了陵墓，而下面的人一边指导她，一边与她一样焦虑万分。在把他拽进陵墓并安置到床榻之后，她撕破衣服，用手捶打并抓伤了自己的胸部，鲜血弄脏了她的脸，她称呼他为自己的主人、自己的丈夫、自己的皇帝，在为他的痛苦而恸哭时，她几乎忘却了自己的痛苦。"[普鲁塔克,《安东尼》(*Antonius*) 77]据说马克·安东尼喝了葡萄酒,并对自己的生命进行了评估,其结论是满意,之后不久,他就离开了人世。

稍后,罗马骑士普罗库莱乌斯(Proculeius)来到陵墓前,受屋大维的委托与克利奥帕特拉谈判。她在门后提出了自己的要求,使者将之转告给屋大维。在新一轮由骑士科尼利厄斯·伽卢斯(Cornelius Gallus)主持的谈判中,普罗库莱乌斯借机攀爬到顶层,进入了陵墓,此举令那些关闭在墓里的人大惊失色,他因此得以将克利奥帕特拉交到胜利者手中。她被带到了皇宫,受到严密看管。屋大维的计划是把她带回罗马,在凯旋式上进行展览,这样一定会引起轰动。马克·安东尼的尸体则被胜利者宽宏大量地移交给收殓者进行防腐处理,并让他在克利奥帕特拉的陵墓中找到最后的安息之所。

传记作家普鲁塔克手中有她的御医奥林博斯的记录,上述许多细节可能都来源于此。就其发展趋势而言,接下来几天的描述似乎也是可信的。克利奥帕特拉在马克·安东尼临死前因为哀恸而抓伤了自己,这些深深的抓痕和伤痕开始溃烂。她发烧了,于是不吃不喝,想在不知不觉中死去。屋大维得知此事后,威胁说要杀死她的孩子们,她于是重新开始进食并接受治疗。在屋大维的一次探访中,据说她给人留下了绝望和衰弱的印象。在这次与屋大维的会面中,她可能已经心知肚明,自己唯一的未来就是成为战俘,然后在罗马被公开处决,成为罗马人取乐的对象。托勒密王朝的历史已经走到了尽头。

克利奥帕特拉显然不得不自行了断,以夺取死敌对她的死亡的主宰。接下来发生的事情有各种不同的说法。其中一个版本是:她首先去往马克·安东尼的墓地献花环,然后沐浴,再次亨用了一顿丰盛的美食。还有别的说法是：她穿上豪华的长袍，戴上王冠，手持权杖。古代的作家们强调，她最后采取的自杀方法难以确定。大家只在一件事上达成了一致意见，即她是服毒自尽的，"但是没有人知道真相"，普鲁塔克无奈地指出（普鲁塔克，《安东尼》86）。她究竟是用毒发簪自尽的，还是被偷运进她房间里的毒蛇咬死的，这难以确定。

人们在研究中仔细考查了不同的文献版本。根据后来的记载，在奥古斯都凯旋式上的一幅图画里，在近代绘画和好莱坞电影中，最常与她的自杀联系在一起的是毒蛇，但这种说法可以被排除，我们稍后将谈到几个原因。正如普鲁塔克所描述的那样，一条敏捷的眼镜蛇作为死亡的使者，被藏在无花果下面，毫无阻碍地通过了罗马卫兵的检查，这并不容易办到。此外，毒蛇的反应是完全不可预测的。因此，这种毒蛇之吻的死亡方式的有效性存在无数疑问，令人联想到一种更简单的解决方案。据推测，女法老和她的女仆一起喝了用植物配制的毒药。亚历山大医学院已经掌握了丰富的毒药学知识。

但是，克利奥帕特拉与蛇的故事从何而来？克利奥帕特拉本人可能通过她的医生和目击证人奥林博斯传播了这一版本，从而赋予她的死亡更高的意义。埃及人认为眼镜蛇是一种神圣的动物。所谓的乌雷乌斯蛇（Uräus-Schlange）是埃及统治者的象征，是法老额头上的装饰品。口吐毒液的眼镜蛇具有强大的辟邪能力，可以用来驱逐敌人。在埃及人关于世界起点与终结的想象中，蛇也代表着永恒，象征着循环再生，但也是世界末日的标志。"这个世界将重返原始水域，回到原始的大洪水，就像它诞生之初一样"，埃及《死亡之书》（Totenbuch）的第一百七十五句格言如是说。《死亡之书》是一本关于来世的格言集，在其中，蛇代表着新的开端。那些宣传死亡原因是毒蛇之吻的人借此传达了几条信息。埃及女法老克利奥帕特拉的离世意味着伊希斯（Isis）的转世，即新一任伊希斯的诞生。世界末日，至少是埃及的末日，似乎终于到来了。

屋大维谨慎地计划着接管法老的权力，并很快在神庙的图像中被描绘成新一任法老，他在已经死亡的敌人面前显示出一定程度的宽宏大量。他让人以王室的名义，将克利奥帕特拉有尊严地埋葬在她自己的陵墓里，与马克·安东尼毗邻。但是，这个既奇异又可憎的爱情之地的痕迹后来消失了。随后，它显然被遗忘了，并且其声望无论如何也比不上亚历山大大帝的陵墓，后者也位于亚历山大城。罗马元老院对马克·安东尼实施了"记录抹杀之刑"，即从民众的记忆中抹去他的存在，暴民砸破了他的画像。克利奥帕特拉的画像据说是支付了一笔巨额资金而得以保存下来。这对夫妇的孩子——克利奥帕特拉·塞勒涅（Kleopatra Selene）及亚历山大·赫利俄斯（Alexander Helios）被带回罗马，在凯旋式上与他们母亲的画像一起游行示众。马克·安东尼的前妻屋大维娅，即屋大维这位奥古斯都新皇帝的姊妹，照顾这对双胞胎并将他们抚养长大。公元前 18 年，奥古斯都还在罗马恢复了马克·安东尼的名誉。克利奥帕特拉的形象在罗马公众的印象中仍然是扭曲的：统治者一直在宣传，这位女法老通过引诱功勋卓越的政治家——至少恺撒和马克·安东尼失去了理智——在不知不觉中将罗马帝国置于了险境。

围绕着这对古代恋人陵墓的戏剧性故事依然存在。显然，于我们而言，能够在陵墓前纪念英雄——无论他们的英雄气概表现在哪些方面——是很重要的。这也许是我们仍然在寻找亚历山大大帝和克利奥帕特拉曾经的埋葬地点的原因。毕竟，他们的陵墓在古代就已经消失了，这为如今的我们提供了机会，将新的地点纳入陵墓位置的讨论范围。让我们坦诚一些吧！尽管针对这种执拗的寻找存在着各种各样理性批评的声音，我们也不会心甘情愿地放弃寻找这种与它相连的伟大景象，尤其当它还是一个如此迷人的爱情故事时，这份执拗显得格外理所当然。

安提诺波里斯——爱人之城

北纬 27° 47' 45.98"；东经 30° 53' 45.45"

18 世纪初，耶稣会士克劳德·西卡德（Claude Sicard）在埃及旅行。他在一系列信件中记录了传播基督教的困难，并描述了他在旅途中参观过的古代文物。这些文字在 1717 年由不同的耶稣会士以书信集的形式出版，至今仍是了解当时仍可目睹的古代遗迹的重要依据。他的描述，特别是他所绘制的当时仍然存在的废墟，至少是研究曾经存在的建筑部件的宝贵资料。

近一百年后的 1798 年，拿破仑征战埃及，远征的队伍中还有一支庞大的科学家分队。他们在三年的时间里努力获取有关古埃及的知识。这次考察旅行的启程可以看作是埃及学——即对世界上这一古老地区的专门研究——的诞生。150 名专家和大约 2000 名绘图员及工程师参与此次探索，其成果为多卷本的《埃及记述》（*Description de l' Égypte*），自 1809 年起开始出版。我们在此套图书中可以看到文字描述、出色的图画以及地图。它们今天仍然是探索和重构埃及古代的来源。

当地人惊讶地注意到，法国人对这些古代遗迹表现出浓厚兴趣。其结果是，19 世纪上半叶，这些废墟被大规模劫掠，其石料用来建造新的房屋。这也适用于考察时年纪尚轻的地理学家和埃及学学者埃德蒙·弗朗索瓦·乔马德（Edmé François Jomard, 1777 年—1862 年）在《埃及记述》中记录的一个地方，那就是安提诺波里斯城（Antinoopolis）。他探访了耶稣会士西卡德曾经去过的这个神秘之地。当乔马德参观、测量、绘制以及描述这处遗址时，他深深着迷了。他发现了位于内河港口的城门遗迹、神庙建筑、公共温泉浴场、其他令人印象深刻的柱式公共建筑遗迹，以及位于城墙前的一座带入口大门的剧院和一个用于战车比赛的竞技场，其中一些尚保存良好。

围墙环绕着这座城市，两条 16 米宽的主街道将城市内部划分为四个区，主街道两旁矗立着柱厅。在 1800 年左右仍然可以看出，这座城市具有棋盘状的巷道体系，街区和住宅区以数字形式排列。城市布局反映了熟悉的希腊与罗马规划城市的模式。尽管如此，安提诺波里斯在建筑装饰与设施方面超过了其他的北非城市，如大利普蒂斯（Leptis Magna）或萨穆加迪（Thamugadi）。在乔马德记录下这些遗迹之后，这座城市仅仅继续经历了两代人的时间，然后就湮灭在沙漠的沙砾之中了。当埃及学学者伊曼纽尔·德·鲁热子爵（Vicomte Emmanuel de Rougé）于 1868 年来到这座城市的原址时，他只能无可奈何地确定，这座古城已经不复存在了。

乔马德遇到的是一座希腊式城市，除了大都市亚历山大城情况特殊，在这个位于尼罗河畔的国家里，没有其他城市能与之媲美。在亚历山大城之前，富裕的埃及只有瑙克拉提斯（Naukratis）这座在公元前 6 世纪就已经建立的古希腊城市。如果继续抛开亚历山大城不谈，就只剩托勒密（Ptolemais）了，这是一个希腊化城邦，由居住在亚历山大城的国王们所拥有。与之相比，安提诺波里斯要年轻得多，直到罗马帝国时期才诞生。但这座城市之所以存在，其情况相当特殊。

公元130年，罗马皇帝哈德良（Hadrian）巡视了帝国东部，在这一年秋天，他从叙利亚行省和犹太行省来到了埃及行省。哈德良是希腊文化与传统的特别爱好者。作为一名"旅行皇帝"，他培养了一种杰出的统治代表形式。与展示军事力量的前任们不同，他显示出自己是一个文化需求的拯救者。拯救行动包括一项创建城市的纲领性政策，涵盖他所访问的帝国所有地区。我们可以假设，为了把他的创建计划当场付诸实施，他的随行人员中包括专家。可以推测，安提诺波里斯的情况也是如此。能够作为佐证的，除了涵盖那个时代所有要素的复杂的城市规划，还包括我们可以从莎草纸上获悉的居民与城市宪法信息。哈德良命令成千上万原本居住在埃及其他地区的希腊人迁居至这座城市。他还制定了一部结合了希腊与罗马传统的宪法，其中规定了市议会、官员和各种法律。

然而，我们对这座城市创建时期的这些技术细节不感兴趣。更令人瞩目的是与建城行为交织在一起的历史，它在这位皇帝的众多建设项目中具有别具一格的特征。因为那是一个关乎爱情的相当特殊的奇异之地。公元130年10月30日，这座城市正式成立，此前在附近发生了一起悲惨事件。皇帝的男性爱人安提诺斯（Antinoos）在离新城市不远的尼罗河中淹死了。安提诺斯是一个来自小亚细亚比提尼亚（Bithynien）的年轻人，哈德良在一次巡视中遇到了他，从此选中他作为自己固定的伴侣。关于这起死亡事件流传下来各种版本，其确切情况已无法清晰复原了。哈德良本人写道，这个年轻人只是掉进河里淹死了。根据这个说法，这是一起意外事件。但其他文献则表示，安提诺斯是为了帮助皇帝获得长寿与美好的生活而牺牲的，甚至是以自杀的方式献祭了自己。

不管围绕着这个年轻人的死亡存在什么黑暗的秘密，哈德良深深哀悼心爱之人的逝去，他决定不仅以安提诺斯的名字来命名这座新的城市，而且将他提升为神祇。古代的一些作家嘲笑这种神化爱人的行为，据说皇帝"像个女人一样"地哀悼他，而另一些作家则确确实实感到愤怒。尤其是信奉基督教的作家愤慨于皇帝的男色关系。他们还嘲笑哈德良甚至以这位青年的名字命名了天空中的一颗星星，并声称那是安提诺斯升入天堂的灵魂。然而，在这一点上，这位悼念者得到了诗人和其他宠臣的支持。亚历山大城居民潘克拉特斯（Pankrates）为皇帝写了一首歌颂一种新型花朵的诗，声称它是从一头狮子的血液中生长出来的，而这头狮子是在一次猎狮活动中被皇帝及其爱人杀死的。还有人宣称，莲花从此是安提诺斯之花，亚历山大城的居民则将用莲花编织的花环称为安提诺斯花环。人们对皇帝的悲伤充满了诗意的同情。

时至今日，我们仍不清楚皇帝与这个年轻人之间究竟是什么关系。假如是一名年长的男子与一个年轻的爱人之间的同性恋关系，这并不令人感到奇怪，因为这在希腊世界里很常见。虽然不能完全排除纯粹的柏拉图式关系，但一首为安提诺斯庆典而撰写的赞美诗，从塞浦路斯岛被送到了皇帝那里，其中赞美安提诺斯至少是阿多尼斯（Adonis）与厄洛斯（Eros）——人们以此来放心地暗示身体方面的关系。时至今日，我们仍然认为，在这种关系中必定存在着性的成分，这还因为古代流传下来的这位异常美貌的少年的画像，这些画像曾经在古代城市中被大量发现，或将被发现。哈德良亲手安排了新型的安提诺斯崇拜，让爱人的图像在整个帝国传播。正如卡西乌斯·狄奥所记载的那样，哈德良为此下令在"世界各地"竖立起安提诺斯的雕像，"更确切地说是神的形象（agalmata）"（卡西乌斯·狄奥，《罗马史》69，11）。安提诺斯离世后不久，他的死亡以及被神化的消息像野火一样迅速传播开来，仅仅几个星期后，萨洛尼卡派遣的公使就来到了亚历山大城，申请在他们的家乡为安提诺斯修建一处崇拜场所。

迄今为止，考古学家已经发现了100多座安提诺斯的雕像和半身胸像——几乎没有任何一位皇帝能留下如此众多的塑像作为见证。由此可见，这位被神化了的年轻人在艺术上收获了惊人的人气。我们往往不清楚，这种个人崇敬是民众自发的行为还是哈德良推动下的结果。毕竟，考虑到罗马城的上层人士，安提诺斯的形象从未被正式授权出现在罗马帝国铸造的硬币上；但是，大约有30个希腊城市将其铸造到硬币上。除此之外，帝国西部的许多公民在自己的私人住宅里竖立了安提诺斯的雕像，东部的各个希腊城邦也决议为他采用特殊的崇拜仪式。在他的故乡比提尼亚以及希腊，人们为了纪念他而举办了竞赛形式的节日。

安提诺斯被提升为神，与各种神祇相提并论，并与他们的权力相结合。在他最主要的崇拜地点安提诺波里斯，居民把他当作奥西里斯–安提诺斯（Osiris-Antinoos）的混合神来崇拜，根据新柏拉图主义者凯尔苏斯（Celsus）的说法，他获得了如同耶稣在基督教徒中一样多的荣誉。在代表意义上，与奥西里斯［或与其相对应的狄俄尼索斯（Dionysos）］的组合同时指向死亡与重生的希望。当然，对于基督教徒而言，这种形式的节日不能与他们自己的宗教重生观念相提并论。基督教神学家、亚历山大城的克莱门斯（Clemens，公元2世纪至 3 世纪）谴责了纪念奥西里斯的夜间庆祝活动，认为参与者有倾慕者哈德良所熟知的所有性方面的不道德行为。

尽管如此，安提诺斯依然被埃及人和希腊人的神圣光环包围着，这使他处于天、地和冥界之间，这一点我们可以从基督教作家的大声斥责中推断出来。在埃及和希腊，从对他的崇拜信仰中产生了相应的神秘活动。那些被引入神秘活动——也就是进入宗教神秘——的人，其灵魂在此过程中通过仪式得以净化，为步入天国的生活做好准备。在其他地方，安提诺斯神为治愈疾病提供神谕。正如献给他的诅咒碑上所示，他可以将一个女人与她的爱人"捆绑"在一起。在公元 2 世纪，个人的精神体验以及期待从新的神祇那里获得针对个体的安慰，是一种典型的宗教生活。

有趣的是，与文学文本不同，在官方铭文中，安提诺斯从未作为皇帝的爱人出现过，只是简单地提及他的名字。除了令人印象深刻的形象，这至少部分解释了他在埃及以外的成功。一个来自小亚细亚腹地的无名小卒，人们对他的出身一无所知，他却成功地成为皇帝固定的伴侣和爱人。他的神秘死亡、创建以他的名字命名的城市以及对他的神化，最终导致对他的崇拜达到如此程度。在这一时期，任何罗马英雄都未能享有与之相提并论的崇拜信仰。

哈德良本人也避免以他对这个年轻人的爱作为主题。所谓的安提诺斯方尖碑如今矗立在罗马的品奇欧（Pincio），最初可能位于尼罗河畔，上面用埃及象形文字记载着对安提诺斯崇拜信仰的组织与执行。这位曾经的爱人完全就是一尊神，他甚至拥有一位女神妻子，但没有任何迹象表明，安提诺斯的存在具有可以参照的相应的现实生活。从中可以看出，其本质是俗套的。在阿尔弗雷德·格林（Alfred Grimm）

的译文中提到"他深爱着的伟大皇后，二者所拥有的土地和城市的女主人——萨比娜（Sabina）"，他祝愿她健康和永生，但她仍然是一个空洞的形象。

由于这块方尖碑上象形文字的特殊性，它应该是被放置在埃及的宗教世界中的。因此，迄今为止，人们明确排除了这块方尖碑是为罗马所准备，或者安提诺斯甚至被重新安葬过。目前在蒂沃利（Tivoli）附近挖掘哈德良宏伟别墅的人士对这件事的看法则不同。他们深信不疑：哈德良不仅在别墅里放置了安提诺斯的雕像，而且这尊从前位于埃及卡诺波斯（Kanopos）运河畔的雕像，后来甚至在这栋别墅中获得了光荣的席位。更确切地说，他们相信，哈德良在别墅的前庭修建了安提诺斯的陵墓——一处为他所爱的人提供崇拜的地方。他们还希望确定方尖碑在别墅中的位置。他们认为，哈德良在安提诺斯去世几年后，将他的木乃伊带回了罗马，以便爱人留在身边。据说，曾经为安提诺波里斯的安提诺斯神庙制作的宏伟的方尖碑，令人印象深刻地强调了这一点。但这一切仍未确定。我们在本书中已经一再了解到，现代的热情与迷恋沦为了一厢情愿，影响了这些原本就不可能找到的神秘遗址的考古位置。

罗马的夫妻祭坛

北纬 41° 53' 26.76"；东经 12° 29' 24.46"

在罗马和希腊，婚礼庆典既是私人的，同时也是公开的。街坊邻居都参与其中，自古风时期以来，他们的参与都是受欢迎的。婚礼仪式包括给各路神明的私人献祭，如果新郎和新娘已经就缔结婚姻关系达成一致意见，并且也许已经起草了一份婚约，在庆典开始时，就会向这些神明祈求庇佑。罗马的婚姻女神朱诺（Iuno）、特勒斯（Tellus）、刻瑞斯（Ceres）和其他女神都应该支持这对夫妇。维纳斯作为婚礼女神，人们也向她祈求庇佑，例如，女子将她孩童时期以及少女时期的衣物以及旧玩具敬献给女神。这属于典型的成年仪式，即一种过渡仪式，人们用这种方式从一种身份转换到另一种身份。这是为了减轻新娘对婚礼庆典仪式的恐惧，因为这些新娘通常相当年轻，几乎不超过15岁，甚至往往更年轻，结婚对她们而言意味着恐惧。这些举措在希腊并无不同，只是那里的女神被称为阿佛洛狄忒（Aphrodite）或阿耳忒弥斯（Artemis）。

自希腊化时期起——即公元前336年亚历山大大帝统治伊始——这一地区典型的统治者崇拜也被纳入地中海东部世界的宗教仪式。这方面的一个例证：塞琉古王朝的国王安条克三世（Antiochos III，公元前222年—公元前187年在位）及王后劳迪科（Laodike）给予特欧斯城（Teos，离现在的伊兹密尔不远）一笔重要的捐赠，其中包括一笔现金，赤贫的女孩可以从中获得嫁妆。特欧斯城为了向王后表示感谢，从而规定，今后所有的新娘都要从广场上的一口井中汲水进行沐浴，这也是一种崇拜行为——为了纪念被称为阿佛洛狄忒的尊敬的王后。在集市广场上，私人庆祝活动、统治者崇拜以及城市对捐赠的喜悦以这种整个地区都可见的方式交织在一起。

与这种传统相联结（当然是在无意识中）的举措发生在公元140年，彼时，皇帝安东尼·庇护（Antoninus Pius，公元138年—161年在位）和罗马元老院耗费巨大财力，在罗马为已婚夫妇创造了一处独特的场所。这个发现要归功于基尔大学的古代史学家彼得·魏斯（Peter Weiß），他的研究展示了这处场所的方方面面。他的研究出发点是罗马奥斯提亚港（Hafen Ostia）的一篇官方铭文。它涉及这座城市的一项议会决议，其中记录了在皇帝安东尼·庇护及其妻子大福斯蒂娜（Faustina，公元 140 年去世，死后被封为女神）统治期间，在这座港口城市的广场上修建了一座祭坛。此后，所有"在奥斯提亚这片居住区结婚的少女及其丈夫都要在此献上请愿的祭品"[拉丁语铭文语料库第十四卷（Corpus Inscriptionum Latinarum XIV）5326，彼得·魏斯译]。我们从历史学家卡西乌斯·狄奥那里获悉，在皇帝马可·奥勒留（Mark Aurel，公元 161 年—180 年在位）及其妻子小福斯蒂娜统治时期，根据元老院一项措辞相同的决议，于 176 年也在罗马修建了这样一座祭坛。同年，小福斯蒂娜去世，同样被封为女神。现在有一些证据表明，马可·奥勒留的这种神圣化举措在罗马已经有了模板。安东尼·庇护为了纪念自己的亡妻，可能不仅在奥斯提亚修建了这样一座祭坛，而且在罗马修建了另一座。如果这是真的，那么这位更年轻的皇帝扩充了他的前任的捐赠，这是一件值得注意的事。

罗马的所有夫妇都被要求在皇室夫妇的祭坛上献上由熏香和葡萄酒组成的祈福祭品，即所谓的"祈愿"（supplicatio），这一要求自 140 年开始实施，于 176 年再次恢复。根据元老院的两项决议，人们应该祈求皇室夫妇来帮助自己的婚姻。因此，皇室夫妇代表并体现了理想的婚姻，被视为所有罗马新郎和新娘的光辉榜样，这其实与帝国宫廷的实际情况相悖。

元老院的这种决定在许多方面似乎都令人瞩目。在当时像罗马这样的大城市里，已婚夫妇们为了献上上述祭品，应当如何去祭坛进行朝拜？我们不清楚，是所有罗马人都遵守了元老院的这一决议，还是只有上层阶级的已婚夫妇在较大型的公开场合才参与？但这终究是无关紧要的。更有趣的是为已婚夫妇在罗马设立祭坛这个举措。与崇拜制度化相关的地点与措施让我们能够眺望一个遥远的世界，目光从罗马人个人的婚姻穿越伟大的帝国政治，直至罗马君主的自我表现。

我们从历史学家卡西乌斯·狄奥那里得知，祭坛与皇帝的荣誉纪念碑相关，祭坛的基座上安放着皇帝马可·奥勒留和他的妻子小福斯蒂娜的银质雕像，据说尺寸超过了真人大小（卡西乌斯·狄奥，《罗马史》72，31，1及以下）。估计前任皇帝夫妇（安东尼·庇护和大福斯蒂娜）也可以享受类似的殊荣。这组雕像和祭坛可能在新的罗马和维纳斯神庙（Tempel der Roma und der Venus）里。这座不同寻常的神庙是在哈德良皇帝的倡议下，在罗马广场附近的维利亚（Velia）开始修建，在哈德良的继任者安东尼·庇护统治的前几年里最终完工的。

这座神庙对于罗马城而言是一个真正的巨型建筑。这座梯田式建筑群的面积为14500平方米（145米×100米），比整个奥古斯都广场（Augustusforum）还要大。的确，在整个罗马，没有任何一座神庙能与这座新建筑相提并论。这座神庙超越了以往所有皇室建筑群的标准，包含位于罗马广场和大斗兽场之间的众多大型建筑，以一己之力轰轰烈烈地推动了市中心的新型城市特色建设。

这也适用于两位女神——罗马女神和维纳斯女神，哈德良皇帝选择为她们修建神庙，他下令按照希腊模式在神庙内部为她们竖立了特别巨大的崇拜雕像。自共和国时期以来，罗马女神一直只在行省受到崇拜，现在第一次在罗马获得了一处圣地。由于她在行省城市中主要是作为罗马优越性的化身（有时与皇帝组合在一起）受到崇拜，随着新神庙的建立，现在，她可以被视为一位帝国统一的女神，接受帝国内所有居民的崇拜。就这样，在罗马享有盛誉的维纳斯女神与之前只在行省受人尊敬的女神第一次展开了对话。

这座神庙在公元 137 年举行过落成典礼，但安东尼·庇护为它投入了额外的建设经费，它于公元 140 年不久之后最终完工。考虑到维纳斯·菲利克斯（Venus Felix，幸福的维纳斯）的重要性，为已婚夫妇设立的两座祭坛似乎也应该在她的神庙范围内。安东尼·庇护肯定在这座建筑完工之前就已经想到了搭建这样一个祭坛。按照一个婚礼梦的提示，我们确实可以认为那里就是祭坛的独特位置。据说后来的皇帝塞普蒂米乌斯·塞维鲁（公元 193 年—公元 211 年在位）曾做过一个婚礼梦，他将之作为自己统治的预兆：在一个夜里，他梦见被封为女神的福斯蒂娜在维纳斯神庙中为自己与妻子尤利娅（Iulia）准备洞房——这无疑暗示出前两任皇帝的两座祭坛，也是在承认维纳斯神庙对于罗马人婚姻持续的影响力。

与这个爱情之地紧密相关的体系，或者我们更应说，与实际的婚姻生活相联系的体系，借助另外的见证，将更为形象生动。最后，让我们看一下相关皇帝的硬币图像。安东尼·庇护的碑文显示，皇室夫妇的两尊雕像站立在基座上，被描摹成通常的婚礼姿态——右手交叠。在他们面前的一个小祭坛上站着两对新婚夫妇，表现出同样的姿态。皇帝左手拿着康科迪亚（Concordia）的小雕像，康科迪亚是"和睦"的拟人化形象——这是时至今日也不能被断然拒绝的婚姻属性。

因此，在哈德良去世后不久，皇帝和睦的婚姻就成为这个王朝成功统治的新象征。安东尼在元老院使用了大量的游说技巧，最终使他的养父、为许多元老所厌恶的哈德良被封为神，而他自己也被赋予了不寻常的"庇护"称号，即"虔敬者"。他虔诚地对父亲履行儿子应尽的义务，这在罗马是每个子孙都应该承担的，因此，尽管从元老院的角度来看，他的父亲在政治上是有争议的，却获得了积极的评价与奖励。这也可能是由于安东尼·庇护明确地表达了模范的皇帝婚姻对他的重要性。然而，与此同时，他虽然没有明说，却与他的养父哈德良的同性恋行为拉开了距离，与他同时代的人完全不会误解这一点。对安东尼·庇护而言，良好的古罗马"家父"（pater familia）精神——不仅没有像安提诺斯那样的希腊娈童，而且拥有自己的妻子和他们共同的孩子——应当是评判君主的准则。这是他在捐赠祭坛和这组雕像时，向元老院和全体人民发出的明确信息。

没有任何文献可以证明，事实上曾经有多少对新婚夫妇登上了模范的皇室夫妇雕像前的这两个祭坛。然而，我们可以认为，这种宣传至少在统治阶级内部获得了很大的回应。这无疑可以从以下事实中推断出来：这个时期的上层社会喜欢为他们的豪华石棺选择一种浮雕作为装饰，其上镌刻的新郎与新娘是前面已经提及的右手相握的姿态，这是同意缔结婚姻的声明，还镌刻着具有象征意义的康科迪亚；新郎的左手拿着婚约。这幅画面的构成直到公元4世纪仍是一个深受喜爱的主题。从这个视角出发，我们大概可以认为，在罗马市中心可能经常能看到新郎与新娘走在前往维纳斯神庙的路上，他们在那儿向皇帝的祭坛庄严地献上祈福祭品，可能还在与婚姻紧密相关的宏伟圣殿里缔结他们的婚约。

第 5 章

不同寻常的生活场所

有一些古代场所是不同寻常的。它们在某种程度上属于现实生活，但又与人们每天去往或经过的普通场所不同。接下来要讲的是一些特殊的场所，但它们各有其特征。有些被认为具有威胁性，有些是非常不稳定和短暂的，有些则被构建为普通生活的替代品，或者压根不是真实的所在，而只是人们为了特定情形而创造的形象。

在这些场所中有执行死刑的地方。在希腊，它们位于城外，是令人感到最好绕道而行的所在。罗马则与之相反，在所谓的看守所内执行死刑，这是黑暗的地牢，位于罗马广场下，不久前再次开放以供游客参观。关押的犯人通常是被判刑的罪犯或被征服的敌人，他们在凯旋式中被展示，然后在不公开的情况下在那儿被刽子手行刑，通常是被勒死。当刽子手宣布他们的死讯时，大家反应激动，热烈欢呼。在希腊和罗马，这些行刑之地象征着外部（Außen），即不属于公民社会的敌人的世界。

但是，譬如共和国时期的罗马剧院也是特殊的空间。希腊拥有可以追溯几个世纪的伟大剧院建筑的古老传统——我们只需想想雅典的狄俄尼索斯剧院或宏伟的埃皮道鲁斯剧院（Theater von Epidauros）。而在台伯河畔的这座城市，直到公元前55年，才有一座石制剧院在庞培的授意下建造完成，并首次得到允许继续存在下去；而在此之前，只允许使用木制看台。曾经，于公元前154年建造的罗马第一座石制剧院破坏了这一规则，到了公元前151年，元老院决定将其拆除，并重申了对石制剧院的禁令。因此，公众不得不再等上近百年，直到希腊的建筑文化也能在台伯河畔占据一席之地。这种限制性态度的原因是，罗马人想防止希腊的集会文化在罗马扎根，或者为了防止个别执政者通过建设剧院的行为突出自己在统治者集体中的地位。在公共空间方面没有民主辩论，不能由个人赢得声誉！与希腊不同的是，罗马的剧院——这是基本的想法——仍然是特殊的空间，为了特定的活动而建造，活动结束后则再次被拆除。

但特殊的空间也是讲述故事的地方，就像我们如今从希尔达或东弗里斯兰人那里了解到的那样。精心编造的故事不具有真正的历史真实发生地，只是为了制造社会良好秩序的反面形象，或者为世界各地人们普遍存在的愚蠢行为提供一个归宿。因此，色雷斯的阿布德拉城（Abdera）被认为是"所有头脑简单和愚蠢的人的母亲"。把某人称为"阿布德拉人"，就是在说他是一个地地道道的傻瓜和笨蛋。正如卢西恩所知的那样，医生们将当地蔓延的愚昧归咎于在阿布德拉常见的脑损伤疾病，而罗马诗人尤维纳尔（Iuvenal）则谈到了城市中质量不佳的空气对智力的影响。

人们对小亚细亚城市库米的居民也有类似说法，据说那里只住着傻瓜。譬如人们讲述了以下故事：库米人借了钱，并将广场上的长廊抵押给了对方——即在一定程度上，把它作为抵押品提供给出借人。由于他们没有还上贷款，出借人向居民们关闭了这个长廊。只有下雨的时候，在一名传令官公开宣布降雨之后，他们才可以在长廊上避雨。传到外界的只有这个结果：必须告诉那些愚蠢的库米人下雨了，否则他们自己不会注意到这一点。还有一个故事：库米直到很晚才租赁港口以充实公共财政，人们对此的解释是——因为库米人迟迟没有意识到，他们的城市位于海边。在公元 3 世纪至公元 5 世纪期间编纂的古代笑话集《爱笑者》（*Philogelos*）中，库米独占一章，与同样被嘲笑的阿布德拉及西顿并列。大多数笑话的格式如下："当一个库米人在游泳池里游泳的时候，开始下雨了，他于是潜入水下，以免被淋湿。"（《爱笑者》§164）

基本上，人们只不过是通过这种方式给予愚蠢——所有人或多或少都以这样或那样的方式具有这一弱点——一个臆想中的具体地方。这个地方因此被提升为一处特殊之地，人们同时也可以通过这种方式为自己开脱，因为自己并非来自这个特殊的地方。1781 年，杰出的古典语言学家克里斯托夫·马丁·维兰德（Christoph Martin Wieland）以其小说《阿布德拉人》（*Die Abderiten*）在当时的图书市场上为这个弱点树立了一座极其成功的丰碑，甚至把这种头脑简单变成了一种积极性。维兰德说，创作这本小说的想法产生在"恼怒的时刻，当时我从阁楼的窗户往下俯瞰，看到整个世界充满了烂泥与污秽，于是决定对它进行报复"。由此产生了他的观点："整个人类是愚蠢和愚昧的理想化组合"，"阿布德拉无处不在，而且在某种程度上，我们所有人都以此为家"。维兰德以此反击了那些人，他们想揭露他书中引用内容的现实性和区域性问题。

商旅之船

"在大海的巨浪间和法庭上，你被上帝掌握在手中。"这句经常被引用的话语仍然显露出一丝古老的不安全感，当我们的祖先不得不暂时离开脚下坚实的土地，站在一艘颠簸船只的舱板上时，这种不安全感就会笼罩着他们。显然，我们的文化记忆中保存着与此相关的一些恐惧，否则不可能每个人都能如此直接地明白这句谚语。虽然如今的海上航行在大多数情况下是安全的，但在危险区域，仍然存在着巨大的海盗抢劫风险或不负责任的例外行为，譬如，2012 年科斯塔·康科迪亚号游轮就是这种行为的受害者。

然而在古代，危险不是用来证实规则的例外情形，而是一种常态。对于那些专门从事航海业的船长和水手等粗糙的男人而言，情况并非如此，但对那些预订了商船进行长途旅行的乘客来说，情况便是如此。他们带着极其复杂的心情，在这个对他们来说陌生的特殊场所逗留，而且只逗留尽可能短暂的时间。这艘船首先是一处令人恐惧的场所。

因此，让我们陪伴一位旅行者进行这样的冒险吧！他来到港口，在码头询问是否有即将起航的船只驶向他的目的地，或至少朝着那个方向行驶。尽管在古代也有当地的轮渡服务，但没有固定班次的客轮来完成较长行程的旅行。此外，主要运送士兵等乘客的船只（称为phaselus）只是相当零星地被投入使用。当我们的旅行者找到一艘合适的商船之后，他不得不做一些准备工作。他首先在船上的官员或船长那里预订航程并支付费用，然后他得给自己准备饮食，因为尽管船上有一个小型的烹饪设施，但除了水，既没有食物，也不提供任何形式的服务。旅行者还必须自带餐具、夜晚的住宿用品、帐篷和衣物。

与如今不同的是，当时甚至无法确定确切的出发日期，以至于我们的商船乘客不得不在港口安顿下来，关注着传达员预告的信息，一旦外部条件有利——尤其是天气好时，预订的船只就会启程。但还有另一些因素共同决定着出发的日期。在节假日还有不吉利的日子，譬如既是 13 号又是星期五的日期以及月末出海，都是不可想象的。此外，还必须给神明献上祭品，神圣仪式中的不规范行为也会延误出发时间。除了这些，还有一系列被解释为不祥的预兆。即使这一切都很顺利，但如果乘客做了不好的梦，梦中出现钥匙或锚、乌鸦停在船帆上、在舷梯上打喷嚏等，也可能被解释为坏兆头。在这种情况下，人们不得不放弃已经预订的船只和将要实施的航行计划。

如果这些不祥的预兆都未出现，船只即将启程，船员会为乘客分派甲板上的位置，他们可以在那儿安排自己的生活。也有些人被安置在船体中，那是最便宜的地方，因此也是最糟糕的地方。有腐烂气味的底舱水，黑暗、闷热、狭窄的货舱环境，高温使甲板下的通道变得令人心烦。由于大多数的航行在夏季进行，乘客只要付钱，就一定可以在甲板上逗留，晚上在那儿搭一个小帐篷过夜。人们之所以主要在地中海的宜人夏季旅行，其原因与航海术有关。人们在白天非常依赖太阳，而夜晚则依赖星星来确定方向，毕竟当时磁性罗盘还未问世。夏天的云朵较少，所以天文学的方位更有保障，并且风稳定地从一个可靠的方向吹来。冬天是旅行的高风险时期，被称为"闭海时期"（mare clausum），因为彼时的大海对于那个时代的人而言似乎就处于名副其实的"封闭"（geschlossen）状态。

根据不同的目的地有不同类型的船舶通道。我们从西塞罗那里得知，从雅典穿过爱琴海到小亚细亚南岸的旅程需要极大的耐心。绝大多数海上航行是沿着海岸线航行的，因为对船员来说，这比在公海上航行要安全许多。发生紧急情况或天气恶劣时，他们能够迅速到达一个港口。当然，傍晚时分，他们也会向最近的港口驶去。他们在那儿出售货物，装载新的商品，补充储水。而乘客们不得不上岸寻找夜晚的住宿以及食物。对于距离遥远的目的地，旅行者可能不得不多次换船，因此必须在不同的港口一次又一次从船员那儿打听消息，寻找他们可以换乘的船只。

真正的长途旅行更为简单、舒适，特别是重要的旅行路线，比如从罗马的奥斯提亚港出发到亚历山大城的路线。举例来说，一位旅行者可以在一艘大型的粮食运输船上预订他的旅程，在有利的风向条件下，这种船只凭借强大的风帆以及特别富有经验的船员，可以中途不停靠，在几天之内走完整个航程。部分船只体形庞大，可以为富裕的乘客和他们的仆人提供客舱。甚至连皇室成员与他们的随行人员也使用这种船只来进行长途旅行。公元 2 世纪时，一艘这样的船只在返回罗马的途中遭遇风暴，临时停靠在比雷埃夫斯（Piräus），正如卢西恩告诉我们的那样，他自己以及半个雅典城的人都跑去观看这艘巨轮，并为之深深惊叹。这艘以海员的守护女神伊西斯命名的货船，船身可能长约 50 多米，宽约 13 米，吃水深度 12 米，可以装载远超 1000 吨的粮食。这些船只可容纳数量相当惊人的乘客，特别是当它们仅负载压舱物——替代货物来稳定船只的重量——航行时。历史学家弗拉维奥·约瑟夫斯（Flavius Josephus，公元 1 世纪）曾经与不少于 600 名其他乘客一起从黎凡特海岸出发；耶稣使徒保罗（Paulus）记述，他曾经与 276 名其他旅客共同乘坐一艘运载粮食的船。

这样的旅行条件对于绝大多数乘客而言应该是不舒适的。但至少在这些大型货船上，乘客不用承担被犯罪的船员抢劫甚至被售卖为奴隶的风险。然而，这种风险似乎一直存在于沿着海岸线航行的小型船只上，甚至到了罗马时代依然如此。因此，我们完全可以想象，我们的旅行者会如何打量这些水手，或许在出发前就能从他们的脸上读出这种邪恶的意图。我可以信任他们吗？他们会不会抢劫我，甚至把我当作奴隶卖掉？他或许还记得上学时读过的荷马《奥德赛》中的相应诗句，这些诗句把海员对旅行者的奴役描述成一种常见行为。此外，还有一个著名的神话故事，或者说是童话故事（希罗多德，《历史》1，23-24）：公元前 6 世纪，莱斯沃斯的歌手阿里翁（Arion）想从下意大利的塔兰托（Tarent）航行到他的第二故乡科林斯（Korinth）。所以他选择了一艘科林斯的船，他认为自己可以信任这些船员。但全体船员决定抢劫他并把他扔进大海。这位歌手请求他们允许自己戴着珠宝最后演唱一次，然后再跳进大海。在他跳下之后，一只海豚奇迹般地将他载到了位于伯罗奔尼撒半岛南端的泰纳隆(Tainaron)。阿里翁上岸后，从那里出发前往科林斯，那里的专制统治者佩里安德（Periander）已经在热切地期待着这位贵客的莅临。在阿里翁曾经乘坐的那艘船稍后抵达后，佩里安德让这些肆无忌惮的船员与活生生的歌手当面对峙，他们被揭露罪行并受到了惩罚。

在这些诗句和戏剧性的故事中，也许还包括神奇的海豚救援，日常经历被乔装打扮，人们在港口的小酒馆里讲述这些故事，或者作为旅行者，在自己的黑暗幻想中把它们描绘成恐怖场景。海难同样恐怖，并且根据推测，这是更频繁地发生在海船乘客身上的灾难。有一些古代文献描述了这种灾难。但令人印象更为深刻的是，这些灾难的考古学证据——沉船及其货物，至今仍在海床上等待着被发现和打捞。

得州农工大学的航海考古研究所不无自豪地成为沉船研究的领导者。该研究所在土耳其的博德鲁姆（Bodrum）有一个著名的分所，还有一家博物馆，研究者在那儿探索重要的沉船残骸。在研究船维拉松一号（Virazon I）、二号以及一艘特殊的潜艇［它被赋予了友好的名字"卡罗琳"（Carolyn）］的帮助下，科学家们主要探索小亚细亚和爱琴海的近海区域。他们仅在"卡罗琳"工作区域的无数次潜水中，就发现了数以百计的沉船残骸，并绘制成地图。目前，地中海的沉船总数远远超过 1000 艘，而且新发现的沉船数量每年都在增加。公元前 3 世纪以来的沉船数量显著增加，这是海上贸易迅速增长的证据，这令人印象深刻，但随后也导致了海难事故数量的增长。

虽然沉船数量众多，但也比不上顺利完成的海上航行的数量，尽管如此，也难以让恐惧的古代旅行者感到安心，即使到了中世纪晚期和近代早期也一样。比如犹太历史学家弗拉维奥·约瑟夫斯或耶稣使徒保罗所经历的那些灾难，都证明了这种不幸的恐怖性。约瑟夫斯乘坐的船只在亚得里亚海沉没，600 名乘客不得不整夜游泳求生。救生艇和浮力装置在当时几乎无人知晓。第二天早上，只有 80 名乘客被一艘来自北非昔兰尼、碰巧途经此处的船只救起。其余的乘客估计在那个可怕的夜晚都被淹死了。约瑟夫斯仅用短短几句话提到自己被救了，这种随意性证明了读者对此类经常发生的悲剧的熟悉程度。在许多关于罗马供应危机的文献背后隐藏着粮食运输船沉没这个原因。按照悲观的计算，据说每五艘船中就有一艘未能抵达目的地。丢脸的是，今天的地中海再次成为难以言喻的灾难现场，成千上万的难民在此死去，他们的命运比关于古代沉船的文献更能打动这个时代的人，因为文献很容易从记忆中抹去。

在公元前 1 世纪之前，威胁船舶旅行者和船员的另一个危险是海盗的袭击。海盗夺取船只，劫掠战利品，抢劫人口，将绑架的人口作为奴隶出售，或向重要的乘客勒索赎金。恺撒就是这样一个受害者，正如我们在海盗之城奥林博斯那一节所了解到的情况。在掠夺和人口抢劫之后，被袭击的船只通常被直接击沉。鉴于罗马人奴隶贸易的兴盛，这种海盗行为是一桩有利可图的生意，只有庞培才知道应该如何持续遏制这一行为。

但是，尽管存在形形色色的危险和随之而来的恐惧，海上航行仍然是与古代文化完美连接的元素。它简直是最便宜和最快捷的旅行方式。伴随海上旅行而诞生的固定的信息传递是古代最快的通信媒介。船只可说是古代的电报杆，当然，它的传输速度在今天的我们看来很慢，但鉴于当时陆地旅行无限长的耗时，与之相比，海上航行已经快得无可比拟了。根据风向条件，用航运方式从地中海东部向西部送信需要几个星期的时间,但相反的方向则耗时不到两周。这条传输路线，即使是国家邮政部门速度最快的骑手也需要几个月的时间。"有什么新闻吗？"我们从希腊人普鲁塔克那儿得知，这是当时的人们在港口常问的问题，而不会在市中心如此询问。

值得注意的是，自早期希腊文化时期以降，在那个时代的人看来，那些没有参与这种信息传递的人不属于文明世界。在公元前 6 世纪晚期最早的希腊地理文献中，地中海已经是"欧伊库曼"（Oikumene，即已知的有人居住的世界）的核心，似乎也是他们自己文化的基本条件。没有大海，就没有希腊文明！我们从比它们还早 150 年的《奥德赛》中了解到，诗人荷马将独眼巨人描述为一个被排除在海洋世界之外的反文明群体。他们没有集会，没有议会，没有法律，他们不懂农业，居住在山洞里。所有的文明成就对他们来说都是未知的，在诗人看来，其原因显而易见。荷马写道，独眼巨人"没有涂抹了红铅色的船只可供使用，也没有工匠会建造性能良好的船只，让他们航行到人类的城市，就像人类经常做的那样，驾船穿越大海彼此联系"（荷马，《奥德赛》9，125-130）。希腊人与腓尼基人（Phöniker）一样，把地中海称为"梅格乐·塔拉萨"（megale thalassa），即巨大的海洋。这片海洋是交流和沟通的媒介，只有它才能保证文明的进步。海洋没有分开彼此，而是把彼此联合起来。罗马人的看法也是如此。对他们来说，控制海洋最终是他们统治世界的起源和保证。

海洋带来的所有这些福祉都可能出现在我们这位在港口要求乘船的旅行者眼前。然而，对他以及与他同时代的热爱陆地的人而言，船只代表了一处奇异之地，面对不可否认的潜在危险，他更愿意避开这处奇异之地。而且相当肯定的是，当他从一艘询问到另一艘并最终找到可以搭乘的船只时，他一定考虑到了献给神明的祭品的大小，如果神明准许他顺利归来，他可能会在未来很长一段时间内，将自己所忍受的恐怖以及所获得的新印象作为谈资。

柏拉图旧学园

北纬 37° 59' 32.84"；东经 23° 42' 20.73"

早在公元前 6 世纪，在雅典城外的北边有一个地方，男青年在那里举行体育比赛和锻炼。如果人们朝着市中心以北行走，穿过狄斐隆门（Dipylontor）离开这座城市，穿过制陶工业区凯拉米克斯（Kerameikos），在一刻钟后走过延伸到那里的大墓园，然后再行走 1.5 公里，这时将抵达一个面积更大、布满灰尘的广场。它的名字是"阿卡德米"（Akademia，此为音译，后文按照惯例译为"学园"），是以当地英雄阿卡德莫斯［Akademos，或者叫作赫卡德莫斯（Hekademos）］以及他的崇拜场所命名的。早在公元前 6 世纪就已设置了界石来标记它的范围。年轻男子在那里接受训练，以便在竞技运动比赛中——譬如葬礼仪式——或者在军事活动中证明自己身体的能力。他们从 18 岁开始就用这种方式为服兵役做准备。可想而知，当这些年轻男子年满 20 岁并正式成为公民时，他们会在同一个地方继续接受训练，因为民间生活和军事领域中肯定会有继续需要他们的场合。由于这些年轻男子在比赛中赤裸身体，雅典人又将学园称为"居姆纳西翁"（Gymnasion，来自希腊语"gymnos"，德语"nackt"，意思是裸体的，此为音译，后文按照惯例译为"体育场"）。穿越狄斐隆门的那条道路如同一种仪式，连接着体育场与雅典的中心。此外，学园里还有一个为普罗米修斯设立的祭坛，每年，当雅典娜女神的大庆典仪式在雅典卫城举行时，年轻男子都会从这里开始火炬接力赛跑。

这个广场对男青年，即这座城市未来的正式公民而言如此重要，以至于公元前 5 世纪，雅典的伟大政治家基蒙（Kimon，约公元前 510

年—公元前 449 年）决定动用私人资金，大刀阔斧地重新改造这个地方。据说早在公元前 6 世纪，雅典重要的专制统治者裴西斯特拉托斯（Peisistratos）的儿子希庇亚斯（Hippias）已经命人用墙将广场围了起来，但没有任何考古发现能证实这一点。直到基蒙出资改造，这个城外的准军事训练广场才变成了一个相聚与交流的场所。他令人浇灌这处干燥荒凉的土地，后来在这儿诞生了一座真正的公园，密集的菩提树和梧桐树下出现了一条"阴凉的散步道"[普鲁塔克，《基蒙》（Kimon）13]。此外，他为跑步者和马匹铺设了草地，开辟了正式跑道。据推测，几乎与这些园林景观的革新同一时期，那里还种植了 12 棵神圣的雅典娜橄榄树，它们受宙斯·莫里奥斯（Zeus Morios）的保护。它们是雅典卫城上那株神圣的橄榄树的扦插分枝，这株橄榄树令人回忆起波塞冬和雅典娜争夺雅典控制权的那场神话之战。古老的学园因此发展成一个受男性欢迎的地方，他们在这里散步、锻炼、展示他们的体能，以及进行力量测试或者只是相聚交谈。在一个深受竞争理念和自我证明的理想所影响的社会中，这个地方成为公民身份的中心。正如法国同行玛丽-弗朗索瓦丝·比洛特（Marie-Françoise Billot）所表达的那样，这个地方曾经是"古希腊城邦公民培训的场所"。

学园、体育场和公园因此形成一个统一体，并且据说在公元前 4 世纪拥有了额外的全新意义。在这一重要的传统背景之下，哲学家柏拉图在学园建立了他的学校。公元前 390 年之后，他首先在繁荣茂盛的公园东部为艺术女神缪斯建立了一座神庙。此外，他还以 3000 德拉克马（Drachmen）的价格在体育场边上朝着科洛诺斯山（Kolonoshügel）的方向购买了一块花园地皮，并在上面建了一所小房子。他以及他后来的继任者，作为哲学学校的学者居住在那里。他去世后，也安葬在了那里。

学生们的课程在公共体育场的场地上进行，柏拉图让人在缪斯祭坛旁边修建了一个小型的"埃克塞德拉"（Exedra），即半圆形室外坐椅。后来，师生也在"帕勒斯特拉"（Palästra，即广场）上展开对话，这是一个被建筑物封闭起来的环形广场。讲座在露天进行，方便对其他雅典人畅通无阻地开放。不久之后，亚里士多德和芝诺（Zenon）也采取了类似的方法，前者创立了逍遥学派（die Philosophenschule des Peripatos），后者创立了斯多葛学派（Stoa）。亚里士多德利用雅典东部的吕克昂（Lykeion）体育场发表演讲，而斯多葛学者则在露天市集边上的一个绘画厅［斯多葛柱廊（Stoa Poikile）］里授课。所以，公共空间是三位哲学家希望找到新的追随者和学生的场所。

然而，柏拉图选择在城外的阿卡德莫斯树林（Hain des Akademos）进行他的哲学学校项目，这也显示了他和他的学生们既希望与雅典的公民社会相隔离，同时又想继续成为这个集体的一部分的心理。他们在此找到了与城市中心保持空间距离的理想位置。他们不想过公民生活，只想过符合哲学原则的生活。柏拉图以及追随他的学生领袖，比如从学生中选出的克塞诺克拉底（Xenokrates，始于公元前 339 年）或帕勒蒙（Polemon，始于公元前 314 年），都在体育场以及柏拉图的地产上度过了一生。在柏拉图管理学园的时代，学生们还在花园地块建造了小木屋。他们整天聚在一起听讲座，在公园里或花园地块的走廊上散步。他们一起给缪斯女神的祭坛献上祭品，共同用餐，以前的学生和朋友们也会参加，这些活动是他们日常生活的一部分。

但是，这些学者的生活方式在其他方面也与雅典公民的日常世界不同，他们奉行苦行主义，放弃性生活和引人注目的昂贵服饰，他们的外貌和举止都能令人一眼认出他们的哲学家身份。保证这些哲学家远离公民生活的经济基础起初是柏拉图的财富，后来是富裕的捐助者的捐款和礼物。希腊作家普鲁塔克在关于流放的文章中写到过这种自我选择的生活方式的特点，上文提到的克塞诺克拉底参加了城市中为狄俄尼索斯神举办的庆典，因为庆典中有悲剧比赛。他像一个流亡者一样来到这个城市，在庆典之后则返回学园，再次回归自我流放。

有几个围绕哲学怪人的故事。譬如，为了说明学园领导者克塞诺克拉底在哲学禁欲主义方面的坚定性，他们讲述了芙里尼（Phryne）的逸事，她是当时容颜最美丽、名声最响亮、身价最昂贵的妓女。她的名声贯穿古今，她的传奇之美激发了画家让 – 莱昂·席罗姆（Jean-Léon Gérôme）的灵感，使其创作出了《最高法庭前的芙里尼》（*Phryne vor dem Areopag*，1861）。在古代，她获得了可以塑像的荣誉，并且一定引发了一些人绮丽的念头。据说，她一个晚上的价格相当于一名普通手工艺人十年的工资。但可以确定的是，虽然克塞诺克拉底可以免费获得她能给予的所有感官享受——正如传说中的那样，但这位哲学家仍然不为所动。普通的雅典人即使对此不以为然，也会对这些学者完全放弃娶妻及建立自己的家庭（oiko）感到深深地惊讶。一位合格的公民必须结婚并养育合法的后代，毕竟这对维护城市的发展是必不可少的。尽管女性以及奴隶被允许进入他们的圈子，然而这却加深了这些思想家与社会的疏离。两位女性的名字广为人知：来自弗莱乌斯（Phleius）的阿克塞奥提亚（Axiothea）和来自曼蒂尼亚（Mantineia）的拉斯特内伊亚（Lastheneia），两者可能都曾经——为了不引起反感而身着男子服装——在通常属于男性领域的公共体育场上倾听演讲。

柏拉图学园没有法律或宗教框架，只是作为一个学生组成的自由协会而存在，但至少有固定的公共就餐书面规则。我们了解到的教学，除了可以在柏拉图对话录中找到的教学对话，还有辩论、讲座和讨论练习等形式，在这些课程中，学生们操练定义和分类。这些教学形式在体育场和柏拉图的花园住宅之间交替进行，可能没有固定的教学计划。显然，在学生的义务这个意义上，不怎么存在"柏拉图式的正统观念"，不需要学生把备受尊敬的柏拉图的教学内容作为信条。重点似乎在于理论教育，而政治实践方面则退居其次。无论如何，古代文献中声称的柏拉图哲学对政治实践的影响都无法真正得到证实。与之相反，远离政治生活，"脱离不公正和不神圣的行为"，转向纯粹的生活，这是集体的目标（柏拉图，《理想国》496CD）。

柏拉图学园是一处特殊的地方，只是由于哲学家们的存在以及他们的日常实践而变成了这样的一个所在。他们在聚精会神的讲座与对话之余，会漫无目的地在公园里溜达。如果我们相信传说，他们在这个时候通常会表现出奇特的姿势和特有的面部表情。譬如众人皆知的"扬起眉毛"，还有那难以接近的、经常闷闷不乐的举止。公园里的其他游客认为柏拉图的个性傲慢乖张。

然而，与他们相比，还有学者以更加毫不掩饰的实践形式来表达哲学家的与世隔离，他们也因此比同时代的人更加惊世骇俗。例如，犬儒学派（Kyniker）是由贫穷的乞丐学者组成的另一个哲学家学派，在某种意义上是古代的"朋克"。他们穿特别肮脏的衣服，讲话令人讨厌，甚至公开手淫，试图以此来羞辱和震惊公民们。来自西诺普（Sinope）的第欧根尼（Diogenes）住在木桶里，是犬儒学派最著名的代表之一。据普鲁塔克说，第欧根尼向谦和地靠近他的亚历山大大帝提出了最微小的要求，请他别妨碍自己晒太阳——除此之外，别无所求，这让这位世界征服者感到震惊，但也感到钦佩。

雅典人感受到了蔑视，他们以尖刻的嘲笑回应学者们的举止。有机会时，他们前往学者们的体育场——一处古老的学术场所，一边听着哲学家们难以理解的辩论或演讲，一边摇着头。当时的喜剧作家埃皮克拉特斯（Epikrates）在一部戏剧中以对话形式讽刺了哲学讨论。一位目击者在剧中讲述了柏拉图的学生之间的辩论，主题是"什么是南瓜"。南瓜是如何与动物的生活、树木的性质或者蔬菜的种类相适应的？辩论者对此提出了各种建议，但是，尽管对话小组反反复复折腾，也未能就解决方案达成一致意见。这位目击者"听到了难以言表的、无意义的废话"[阿特纳奥斯（Athenaios），《学者的盛宴》（*Gelehrtenmahl*）2，59]。

但是，柏拉图与他的哲学影响不仅仅在雅典不被那时的人理解。据说，当他前往塔兰托（Tarent）时，那儿的公民开始布置沙场，以便在沙地上不断地画几何图形——结果就是在做毫无意义的事。据说，他们知道学园里培养的数学兴趣，因此也为将来在意大利南部深入研究几何学做了准备。所以，如果人们愿意，那么每一个哲学家聚集的地方都会成为那个时代的人眼中的奇异之地。他们直截了当地表达了这一点：在柏拉图对话录《高尔吉亚篇》（*Gorgias*）中，高尔吉亚的对话伙伴卡利克勒斯（Kallikles）强调，哲学应该是年轻人的学习对象。如果有人继续以成年男性的身份研究哲学，而不是作为一个完整的公民去面对生活的要求，"那个人活该挨打。正如我刚才所说，从这个人身上可以看出，即使他天赋极高，也不配称作人，因为他避开了城市中心和集市，诗人说这些地方是崭露头角之处，他躲在某个角落里度过余生，与三四个半大小子一起窃窃私语，在任何时候都不能以自由、通透、精明的风格说话"［柏拉图，《高尔吉亚篇》(*Gorgias*) 484D-485D］。一个在成年后仍在研究哲学的人对政治生活一无所知。与之相应，伟大的演说家伊索克拉底（Isokrates）的评价也很严厉：哲学家们教导他们的学生，"乞丐和被流放者的生活比其他人的生活更令人羡慕"［伊索克拉底，《反对诡辩家》(*Gegen die Sophisten*) 7］。

虽然如此，哲学家们为那个时代的人做出了生活的榜样，即除了公民的生活方式，还有其他选择。但要经过几代人的努力，哲学才成为希腊青年教育的一个常规组成部分。另一方面，罗马不想了解这种发展的任何情况，甚至在希腊被纳入罗马的统治范围后也是如此。罗马人的政治实用主义不可能为哲学生活——一种不受约束的生活形式——留下任何融入的余地。公元前 2 世纪初，当希腊的哲学家来到意大利时，元老院很快做出决定：驱逐他们出境。他们就像在希腊一样利用公共空间，以引人入胜的演讲以及不同寻常的举止吸引罗马青年。很快就在罗马流传起这样的说法：哲学家们对世界和自然现象本质的讨论使年轻人远离了他们的公民责任。必须不惜一切代价防止这种情况的发生！

节庆帐篷

如果有谁认为慕尼黑草地（die Münchner Wiesn）或坎斯塔特大草坪（der Canstatter Wasen）是富有创造性的近代发明，那他就大错特错了。古代也有这种相当特殊的地方，它们只存在一段时间，却充满了非凡的生命力。我们首先听到的是出于某种原因而建造的暂时性的节日庆典场所，它们随着节庆的结束而消失。其中之一是亚历山大大帝于公元前324年在苏萨（Susa）为他的集体婚礼建造的设施，面积大约为40000平方米（200米×200米）。彼时，他本人及马其顿统治阶级的许多人与来自波斯精英家庭的女性缔结婚姻，以便在征服波斯帝国后稳定此处的政治局势。一个中央庭院用来招待普通客人，庭院四周支起精致的帐篷，大约100间卧室用来安置新婚夫妇们。男性躺在一种名为"克莱恩"（Kline）的卧榻上，他们的妻子则端坐在提前准备好的宝座之上。一顶带卧榻的主帐篷构成了这片庆典设施的中心，新人们与国王在此共进晚餐。

亚历山大大帝当然为这样的庆祝活动设定了标准，而这种标准在以前的希腊世界并不为人所知。特别是后来的埃及法老们——以第一任法老、亚历山大大帝前将军托勒密（Ptolemaios）的名字命名的所谓托勒密王朝——遵循这些标准，但又试图超越它们。托勒密时代的庆典现场同样是帝国的首都，即亚历山大城。因为这是托勒密王朝的统治者自我定义的职责之一，即所谓的"特里菲"（tryphe）职责，统治者有责任向公众展示，在他的统治下，这个城市是多么欣欣向荣。伟大的节日庆典特别适合用来代表这种职责，在这些节庆中，法老公开展示他那几乎无限的财富并允许惠及所有人。观众们简直被各种善行给淹没了。现代研究称之为炫耀性消费（Conspicious consumption）——统治者过度消费奢侈品的一种表现。行善者有能力向在场的人赠送丰厚的礼物，这样的消息四处散播。

古代作家卡利克赛诺斯（Kallixeinos）作为亲眼见证者，将这样的事件生动地展现在了读者眼前。希腊人主要生活在小城镇里，在他们眼中，这些事件的规模就如同上演的童话。卡利克赛诺斯本人实际上来自当时的重要海港罗得岛，但在公元前 3 世纪下半叶搬到了亚历山大城。该城在这个世纪经历了巨大的繁荣，毫无疑问是地中海地区最重要和最辉煌的城市。亚历山大图书馆及博物馆令它成为学者们的另一个圣地。在一本名为《论亚历山大城》的书中，卡利克赛诺斯生动地描述了他在这座城市中观察到的令他大开眼界的情况。他尤其被王室宫廷的辉煌所吸引，因为他从未见过如此无与伦比的财富。罗得岛人的这本书没有被保存下来，但另一位作者，来自埃及城市瑙克拉提斯（Naukratis）的阿特纳奥斯，在公元 200 年左右创作了《学者的盛宴》，这本书引人入胜地引用了这位年长他 400 岁的同行的作品。

阿特纳奥斯在定居罗马之前也曾在亚历山大城生活过。即使到了罗马帝国时代，这座城市也是一个重要的大都市，一如既往地给人留下非常深刻的印象。当然，在节庆时展示王室财富这种做法早已成为了历史。克利奥帕特拉七世是托勒密王朝的最后一位统治者，她的统治直至公元前 30 年，前文已经描述过她离世的故事，托勒密王朝的庆典文化也随着她的离去戛然而止。当阿特纳奥斯在亚历山大图书馆研究载有卡利克赛诺斯作品的莎草纸书卷时，他惊讶地读到这位罗得岛学者本人摘录的内容，这些内容来自五十年前托勒密四世斐拉佩特（Philopator，公元前 222 年—公元前 204 年在位）在位期间的文献记载。阿特纳奥斯在他的《学者的盛宴》中描述了两次节庆，其中一次是为了纪念托勒密一世索特（Soter）——托勒密王朝的建立者。

这次节庆大约发生在公元前 270 年前不久，包括一场令人相当难以置信的节日游行，对它的描述在阿特纳奥斯的这本书（阿特纳奥斯，《学者的盛宴》5，25-35）里占据了许多页。因此，本书只能从几个方面来说明，古代世界地图上的一个小镇是如何在很短的时间内变成了一个特殊的地方：在几天时间里，这儿不仅举行了游行，而且举办了无数场比赛，数以千计的参与者从大受震撼的观众身边经过。游行者首先装扮成祭祀狄俄尼索斯的人物，比如羊人萨提耳（Satyrn）和西勒涅（Silene）。无数男子拉着装饰绚丽的巡游花车，可以看见车身上绘制着神话人物（最重要的是首先展示狄俄尼索斯的不同生活场景）以及王室成员充满典故的场景。希腊各城市也被拟人化展示，以象征托勒密统治的范围，或者至少象征着其所占据的广泛领土。我们完全可以把这些花车想象成莱茵河畔狂欢节的花车，只是没有讽刺漫画——当然，它们外观上的每一个细节都呈现出最高程度的尽善尽美。畜力车由各种来自异国的动物牵引着，它们被拴在皮带上，就像成千上万只来自已知世界不同地区的犬，象征着托勒密王朝的法老对权力的普遍要求。总共 420 辆（！）花车上载着数千吨金银器皿和贵重的成套装备，其数量和重量几乎无法估量，可以说是令人叹为观止。大约 6 万名步兵和 2.4 万名骑兵组成游行队伍，令观众对法老军队的战斗力毫不怀疑。如果谁想详细了解游行中所展示的王室权力和辉煌，建议他去阅读阿特纳奥斯对此进行的全部描述。

卡利克赛诺斯还描述了托勒密二世在王宫区域为大约 200 名受邀的贵宾所搭建的节庆帐篷，但其描述难以理解。不过，一百多年前，莱比锡考古学家弗朗茨·斯图尼茨卡（Franz Studniczka，1860 年—1929 年）在第一次世界大战初期发表了一份研究报告，他富有创造性地对卡利克赛诺斯的描述进行了解释，其观察和结论至今只需在细节上进行完善。

据他所说，帐篷的核心是一间宴会厅，四周矗立着棕榈树形状以及狄俄尼索斯酒神杖形状的柱子，还有巨型茴香形状的柱子，上面缠绕着常春藤叶。这个房间高约 29 米，比一座七层的现代住宅楼还高。帐篷顶上覆盖着不同颜色和图案的地毯和织物，非常具有艺术性。顶冠是高达数米的镀金雄鹰，它们互相凝视。这个大宴会厅的三面环绕着两层楼高的圆柱式大厅，它们比宴会厅大约矮 10 米，但仍有 18 米高，内部大约分为 40 个房间，里面住着贵客的仆人。仆人们根据需要进入主房间，帮忙进行接待。这些房间的背面挂满了织物和珍贵的动物毛皮。上层楼的外立面可以看到石窟，展示了戏剧和神话中所描写的狂饮的酒宴。在这些房间前面的底层矗立着 47 根柱子，每根柱子前都摆放着两尊由重要的雕塑家创作的大理石雕像。带有狮身人面像脚、装饰华丽的金色卧榻将主厅大致划分为七个就餐区域，每个区域分别有 15 个卧榻，每个卧榻可容纳两名客人。这些隔间彼此可见，令其他参加宴会的人从外面就可以瞥见壮观的盛宴——他们也理应看到这些。卧榻前面的银色台面是放置最珍贵的餐具的桌子，上面摆放着 200 个金色三足鼎。背面还有放置洗手盆和金水壶的桌子。

主入口处的对面是第二座帐篷，用于存放宴请时抬入餐厅的珍贵餐具。卡利克赛诺斯写道，宴会厅的金银餐具上镶嵌着宝石，其价值（或重量）为 250 吨白银。这意味着，主人在每位客人身上花费超过 1 吨的贵重金属！这是一个解释何为"特里菲"的最佳例子，这个规模真的离谱！与之相比，哈布斯堡家族的全套镀金银质餐具总重量不过 850 千克。

这个巨大的节庆大厅的周围被设计成一片花草地。虽然庆典在冬季举行，然而不计其数的鲜花铺满地面，事实上形成了一个巨大的花海。以这种方式创造了一片"真正神圣的草地景象"，正如卡利克赛诺斯所描写的那样。色彩艳丽的帐篷、周围环境、金银器皿以及部分镀金的建筑光泽一定令人叹为观止。我们可以假设，这200名被邀请的客人拥有强大的经济实力，他们的住宅或宫殿同样装饰得极为华美，他们习惯于最昂贵的设施。他们的衣着和习惯将很完美地与这种魅力相互辉映。然而，即使是他们，在面对节庆帐篷里集聚的奢华以及游行时展示的财富数量时，亦感到震惊。

帐篷的建筑设计也与这一总体印象相吻合。在古代建筑中，它第一次选择了引人瞩目的巴斯利卡式（Basilika）结构类型——即三拱门（dreischiffig）式大厅模式：中央空间明显高于两侧空间，这也是后来在巴斯利卡式教堂建筑中实施的模式。我们如今在三拱门教堂建筑中很熟悉这种外观，然而，这是很晚的时候，在巴斯利卡式教堂的基础上才发展起来的。

我们不知道托勒密二世的帐篷变成了什么样。它是为游行设计的，节庆结束后就被拆除了。那些设计精致的建筑部件是否像后来的慕尼黑十月节那样被储存起来，每四年举办节庆时再拿出来重新搭建？在两代人之后，卡利克赛诺斯找到了记录帐篷和游行队伍构成的清单。贵重金属制成的器皿自然被保存在皇宫里。当然，如果法老把这些暂时性的建筑赠送他人、扔掉或销毁，那么也是符合"特里菲"原则的。毕竟，他有财力负担昂贵的设计，让他的建筑师和工匠们在下一次节庆中搭建更奢华的帐篷。

但是，法老们究竟想通过这种华丽的展示表达什么？我们现在只会把这种对黄金和白银的狂热与反社会的独裁者联系在一起，比如齐奥塞斯库（Ceaușescu）、博卡萨皇帝（Kaiser Bokassa），或者联想到最近唐纳德·特朗普（Donald Trump）在特朗普大厦或土耳其总统埃尔多安（Erdoğan）在伊斯坦布尔总统府里金碧辉煌的私人套房。但是，托勒密王朝的法老邀请他的臣民到如此奢华的一顶帐篷中去，这是那个时代典型的沟通形式，并体现了统治者对臣民的期望。当他亲自在亚历山大城的宫廷里接待使者团时，使者往往会给他带来几千克重的黄金花环作为礼物，然后，当他为来自世界各地的客人以及自己的帝国精英举办宴会时，他在一定程度上用同等的钱币来支付费用。渴望黄金，并且一切都取决于黄金。哦，贫穷的我们！

木制动物笼子

北纬 41° 53' 24.76"；东经 12° 29' 32.03"

然而，罗马人也知道如何庆祝节日。虽然他们批评希腊化时期的国王们炫耀财富，但所有的精英成员都想表明自己不属于三教九流——在古代帝国时代或古风时期的雅典便已如此，因此他们通过公开展示自己的财富来区分社会阶层，从而也使自己阶层内部的等级划分更为明晰。有时，这种倾向表现得如此毫无节制，以至于自公元前 2 世纪以降——随着罗马帝国开始扩张——屡次颁布法律来反对这种展示。譬如要减少节庆活动的普遍支出。对客人数量、食物支出以及餐具档次的限制是为了确保庆祝活动在小规模、适度的范围内进行，而不是超出正常限度。各位元老以及他们在众人眼前展示的经济力量和狂妄成性不再是这座城市的话题。

但这些尝试——阻止贵族阶层的瓦解以及富裕程度不同的元老们的日益分化——最终均以失败告终。自公元前 2 世纪以降，如果人们可以举办角斗士比赛以及职业选手与野生动物之间的战斗（据研究，最早出现于公元前 186 年），就可以大大增加个人的声望。这些所谓的"狩猎"（venationes）成为当时公共节庆活动的一个受欢迎的组成部分，因为随着罗马在北非的统治，除了来自意大利半岛的动物（熊、鹿、野猪、公牛），大型猫科动物也可以更大规模地运送至罗马。公元前 169 年，元老西庇阿·纳西卡（Scipio Nasica）和 P. 伦图卢斯（P. Lentulus）已经购买了 63 只黑豹和花豹以及 40 头熊和大象，用来举办"狩猎"比赛。到了公元前 1 世纪，越来越多的异国动物被运送到台伯河畔，这也同时象征着罗马帝国在世界上某些地区的军事成功。鳄鱼、河马和长颈鹿被带到罗马，在公元前 11 年，甚至还运来了一头老虎。

但动物角斗只是比赛日的一个组成部分。"狩猎"在上午举行，除了少数例外情况，下午的时间一般留给角斗士。专业的动物角斗士与野生动物进行"狩猎"比赛，或者举办方把比赛办成一项大众娱乐活动，让这些动物相互搏斗。在第一任罗马皇帝奥古斯都掌权后，这种血腥场面达到难以想象的程度。庞培和恺撒为了博得公众的青睐，已经用几十头大象和几百头狮子向罗马人展示了他们作为优秀的政治家和军事统帅的后勤能力。奥古斯都（公元前 27 年—公元 14 年在位）在他去世前不久所写的功业录（res gestae）中吹嘘说，他为自己组织的"狩猎"比赛自费购买了 3500 头动物。提图斯皇帝（公元 79 年—公元 81 年在位）在罗马大斗兽场的落成典礼上，下令在比赛场地上杀死了总共 9000 只动物。图拉真皇帝在一场盛大的凯旋式之后，又立刻组织了一场庆祝活动，庆典持续了 123 天，杀死了不少于 1.1 万只动物。这些数字可能被夸大了，但即使我们把它们减少至一半，罗马人对野生动物的屠杀仍然令人难以置信。此外，这种动物角斗的举办地并不局限于罗马，大量行省城市同样举行。此举所导致的生态后果显而易见。猎人不得不去往更偏远的地方捕猎野生动物。罗马人却把北非以及其他地方整片地区野生动物的灭绝当作皇帝对世界和荒原的征服来庆祝，认为他们的皇帝推动了文明与农耕。

罗马人为了满足对野生动物非同寻常的需求，不仅部署了整支部队的军事力量，比如在日耳曼的森林中捕捉熊、狼和欧洲野牛，而且在北非和帝国的其他地区，私人组织"秘密会社"（sodalitates）也专门负责捕捉动物并将它们用船运送到罗马。熟悉这些动物的当地人被雇用为猎人。来自北非希波勒吉斯（Hippo Regius）的古代晚期马赛克画以及罗马纳松伊（Nasonii）家族墓里的壁画显示了这些狩猎活动是如何进行的。猎人包围了动物，把捕猎网扔到它们身上，或者把它们逼进树木之间的封锁装置处。拿着长矛和剑的猎人用大盾牌组成路障，把狮子、黑豹和花豹驱赶进笼子里——因为笼子和木箱始终是猎物的最终目的地，然后用它们把这些猎物用船运往罗马。纳松伊家族墓中的两幅图画令人印象深刻，它描绘了狮子和豹子对猎人扣人心弦的攻击，这证明了动物们对这种命运的反抗。

然而，不仅是狩猎本身，对这些代理人而言，运输过程也蕴含着风险。诗人克劳迪安（Claudian）在公元400年左右创作的诗篇中，生动地描述了拖车的牡牛和船员面对他们必须搬运的危险货物时产生的恐惧［克劳迪安，《斯提利科》（*Stilicho*）3，325-327］。这些箱子用车辆送到北非最近的港口，在那里装载上船，运往目的地。有时，暴风雨会耽误行程，甚至在"狩猎"游戏结束后，为这场活动准备的动物才抵达目的地［普林尼，《书信集》（*Briefe*）4，34］。我们还了解到，有的船舶遭遇了海难，损失了全部的活物。有时，这些动物经过长达数月的运输，劳累程度难以言喻，状态十分可怜，疲惫而虚弱，以至于再也不能用于动物角斗［叙马库斯（Symmachus），《书信集》（Briefe）2，76，2］。我们大多数人是从阿普莱乌斯的小说《金驴》（Der goldene Esel）中知道这一情况的，他生动地描述道：小说主人公来到了希腊一个名叫普拉泰艾（Plataiai）的地方，在那儿，一个富有的捐助者资助了动物角斗，并大规模地购买野生动物："这些动物由于被长期监禁而疲惫不堪，同时又因为夏日炎炎而精神脆弱，也由于无所事事而身体羸弱，一场突如其来的流行病就把它们都带走了。"运动会被取消后，为了避免浪费肉食，贫穷的居民"享用着到处摆放的丰盛肉食"［阿普莱乌斯，《变形记》（Metamorphosen）4，14］。

如果这些可怜的生物是用牛车在陆地上进行运送的，它们遭受的磨难就会更加漫长。因为受限于过去的运输条件，承运人要耗费很长的时间。确凿无疑的是，无论他们带着这些货物停留在哪里，都会吸引来惊奇的目光。他们在城市之间中转停留，在那里喂养动物，有时还会更换笼子，当地居民则聚集在一起，惊讶地欣赏这些猫科动物、熊以及其他动物。据推测，有些城市可能会因为这样的运输队伍而承担额外支出，如果他们在一座城市停留的时间过长，就会为了这些帝国的货物而勒索免费的食物。反正，古代晚期颁布了一项法律规定，把动物们在一座城市逗留的时间限制在七至八天。

目的地的公众热切期盼着这些动物的到来。我们完全可以想象，当装载着笼子的车辆到达时，这个消息会如何流传开来，儿童和好奇的成年人会怎样跑着去迎接这支车队。当车队抵达后，自然立刻产生一个问题，即在角斗中使用这些动物之前，应该在哪里储存这些笼子。

由此产生了一处特别的地方。这对于好奇的观众而言完全是一件令人着迷的事，但如果动物逃出了笼子，也可能是非常危险的事，并且这种情况绝对会一再发生。这处特别的地方就是木笼子的聚集地。

古代文献中关于这处奇异之地的信息十分贫乏。让我们专注于罗马吧！古代作者记述道，野生动物冲出笼子，咬死了人，在城市中引发了恐慌，这种事情并不仅仅发生在罗马。个别木笼子的聚集地似乎可以随便进入。老普林尼在他的《自然史》中写道：雕塑家帕西特勒斯（Pasiteles，公元前 1 世纪）前往台伯河畔的造船厂，因为那里安置着许多非洲动物，这位艺术家想研究它们。他正在观察笼子里的一头狮子，想为它塑造一尊雕像，这时，一只黑豹破笼而出，严重威胁着这位大师的生命。他也许没有出什么事，但我们可以从这个故事中了解到，平民也曾近距离地靠近笼子，惊奇地观察这些动物。

在帝国时期，罗马这座城市的畜牧业和运输业一定是完善的。仅仅是这些角斗所需的动物数量就说明了这一点。当然，很大一部分活物在台伯河码头卸载，并被安置在那里，直到——猜测是在夜晚——它们被带到斗兽场，第二天上午要在那里进行动物角斗。当计划举行大型比赛时——譬如斗兽场的落成典礼，为此需要几千只动物——那么，这些动物必定会在几个月内到达，并不得不被安置在不同的地方。出于安全考虑，它们肯定被安置在远离市中心的地方，即所谓的"维瓦里亚"（vivaria）——被严格守卫的动物围栏。

也许那个时候，在弗拉米尼亚大街（Via Flaminia）的普拉纳斯特门（Porta Praenestina）附近已经存在这样的一个动物围栏。至少从这个地方前往斗兽场的交通特别便利。我们已经知道，在古代晚期，那里有这样一处维瓦里亚。

如果我们详细地想象从维瓦里亚到比赛地点的交通，最好选择以罗马大斗兽场作为起点来进行描述。位于罗马的德国考古研究所的建筑研究员及考古学家海因茨－于尔根·贝斯特（Heinz - Jürgen Beste）自 1997 年以来进行的研究几乎令人惊叹，他检查了斗兽场木制比赛场地下面的组装部件，现在每年有数以百万计的游客将其视为墙壁的骨架，但他们从未想象过这些结构曾经的功能。贝斯特可以证明，地下室里并没有存放动物。大多数时候，一部分笼子可以暂时存放在外墙与每一条走廊的壁龛中，而大多数笼子必须放在比赛场地外。猛兽在任何情况下都必须关在笼子里，这些笼子要能精准契合竞技场木质地板下方的升降装置，以便通过通道进行运送。这些笼子被悬挂起来，并用绞盘吊到木质地板的下方。在角斗比赛的导演发布指令之后，一个或多个挡板可以同时打开，动物们从一小段倾斜的楼梯上跳到竞技场内。准备表演的男人们精心设计了越来越精彩且带有许多惊喜效果的舞台环节，不仅包括不同的动物从不同的地方同时现身，而且包括用特殊的舞台技术设置的乔木和灌木群，对观众而言，它们应该在一定程度上代表着野生的自然。

比赛场地地下墓穴中的这些技术装置使场地之外的组织工作变得容易理解。由于在大型比赛中，一个上午就有数百只动物在罗马斗兽场被展示并被杀死，这些笼子必须在夜间运到竞技场附近，并存放在那里，直至开始角斗。考虑到准备工作的紧张和忙乱，动物们一定是惶惶不安的。狮子和熊的咆哮，黑豹和花豹的吼叫，以及大量其他动物的叫声，在附近的苏布拉（Subura）——罗马租借的营房驻地——都能听到。人们被这种噪声吸引，前往斗兽场观看准备工作，并为第二天的角斗做好情绪上的准备。

普通市民有时在那里喧闹一整夜。譬如，那个时代的人曾听说，叙利亚城市安提阿的市民因为动物角斗，甚至在露天忍受了一整晚，"对他们而言，似乎石头比他们的床更柔软"［利巴尼奥斯（Libanios），《书信集》（*Briefe*）1399，2-3］。他们当然也关心能在早上的竞技场开幕式上争取到最好的位置。这在罗马也不会有什么不同。除了事先为骑士、元老和祭司们保留的位置，并没有座位号，只有针对不同入口的不同等级的票，如今在罗马圆形露天剧场的拱门上方仍然可以看到这些罗马编号。在一百万居民中只有几万人能进入斗兽场，这必定会引发争夺门票和最佳座位的竞赛。这些古代作家全部属于统治阶级，他们自然占据前排最好的、理所当然被保留下来的座位，没有只言片语提及普通观众遇到的这些问题。

角斗比赛之前的那些夜晚可能是怎样的呢？或许有人试图激怒这些动物，朝它们扔东西，并模仿动物乱吼乱叫。保卫人员可能会努力维持秩序，不让人们太靠近这些笼子。但我们并没有可靠的信息来源。

要想大概了解这种情况，我们必须深入罗马的各个行省。迄今为止，有两个地方保存了与角斗有关的动物笼子的浮雕图像，即在小亚细亚的米利都以及同样位于亚洲行省的基比拉（Kibyra）城附近。在基比拉，一个重要人物——也许是一位元老——的大型坟墓上的浮雕揭示了众多细节。所雕刻的木头笼子由几个较大的房间组成，每个房间里都有一头熊。它们似乎是被推进竞技场的，到了那儿之后再打开笼子开始角斗比赛。此外，在竞技场中央，人们还可以看到一个只能装下一头动物的木笼。当一头熊仍在它的笼子里朝外张望时，其他的熊已经被放了出来。它可以看到正在战斗的熊用嘴叼着死去的动物或攻击其他的对手，还可以看到人们搬走死去的动物。

在罗马，当角斗比赛结束后，空笼子被带到内河港口或动物围栏，人们在那儿为下一次"狩猎"做好准备，在此之前可能还会事先进行修理。但是，人们是如何处置那些数以百计，有时甚至是数以千计的动物尸体的呢？在研究中偶见这样的说法：助手们将它们扔到城外的死人坑里（carnaria，德语：Totengruben），奴隶以及被处决者的尸体也被扔入其中。我们已经听说过的阿普莱乌斯，他知道在希腊的一个小城市，贫穷的居民会把病弱的，或者在"狩猎"中被杀死的野生动物作为丰盛的肉食分而食之。对于罗马这个拥有百万人口的城市而言，其穷人队伍极其庞大，他们反正都得靠国家的食物配给生活，这样做似乎也相当可以理解。因为那时肉食非常昂贵，贫民绝非每天都能吃上，"狩猎"游戏以及定期举行的祭祀庆典是这些人获得廉价甚至免费肉类的好机会。罗马人阿皮修斯（Apicius）——一个声名远播的美食家，但可以肯定的是，贫民不会阅读他的烹饪书——则提供了野生动物的食谱，甚至包括一种酱汁的调制说明，据说可与令人恶心的肉一起食用。然而，不仅是贫民中最贫穷的人，而且连罗马皇帝本人也对这种异国菜肴感兴趣。古代医生盖伦（Galen）写道，他和一群医生一起解剖了一头在竞技场上被杀死的体形特别巨大的大象。皇帝的厨师们匆匆赶到现场取走了心脏，准备为他们的主人烹饪［盖伦，《作品集》（Werke）2，619及以下］。基督教作家特图良（Tertullian）提醒我们注意"狩猎"游戏之后的这种肉类供应的一个特别恐怖的方面。他指责竞技场上的参观者如果以这种方式养活自己，就是犯了间接食用罪。因为即使这些动物基本上最终都是角斗表演的牺牲品，但它们被猎杀以供公众取乐的情况并不鲜见［特图良，《护教学》（Apologeticum）9，11］。因此，当我们看到浮雕上对木制动物笼子的刻画，以及当我们的脑海中浮现出这些古代文献时，我们不仅可以想象这些被囚禁的生物的绝望，而且可以清楚地看到一种完全令人不安的古代文化的陌生之地，有时，它又似乎令我们感到如此熟悉。

第 6 章

战争之地

命运之战的所在地特别强大，并且是加载了意识形态的地方，那里经常竖立着胜利纪念碑。从我们已经了解的特洛帕伊翁开始，到城市的创建为止，可用"形形色色"这个词来标记这些决定了战争走向，并且持续地影响了历史的地方。譬如，奥古斯都在阿克提姆（Actium）附近建立了尼科波利斯城（Nicopolis），即胜利之城，并在那里竖立起一座巨大的纪念碑，因为他的军队在那里击败了克利奥帕特拉和他的对手马克·安东尼的部队。然而，也有一些地方生动地提醒着我们战争的可怕后果。比如翁布里亚（Umbrien）的特拉西梅诺湖（der Trasimenische See）就属于其中之一。公元前 217 年春天，数以千计的罗马人在湖的北面被汉尼拔的士兵杀死，或者在逃亡过程中溺死湖中。如今，在风景如画的特拉西梅诺湖畔托罗村（Tuoro sul Trasimeno）的博物馆里，我们可以获得一本小小的旅游指南，它给游客指出了穿越狭窄的桑吉内托山谷（Sanguineto）的方法，该山谷位于托罗村西部。它同时以一种沉重的方式向读者展示了，当时在山谷中扎营的罗马人如何被布匿人的军队突然袭击：布匿人从四周环绕的山丘上冲下来，罗马士兵仓皇逃窜，掉到湖里悲惨丧命。坎尼（Cannae）附近的村庄也是如此，与汉尼拔的战斗于公元前 216 年 8 月 2 日结束后，不计其数的伤员以及饱受心灵创伤的罗马人在这些村庄里寻求庇护并重新集结。

　　但本章内容并不涉及古代战场，而是介绍那些与战争仪式、战争的基础设施以及士兵的日常生活相关的奇异之地。

罗马的敌方领土

北纬 41° 53' 32.20"；东经 12° 28' 47.66"

　　这样的一处奇异之地位于罗马贝罗娜（Bellona）神庙的神圣区域内，贝罗娜是狂热的战争暴力女神。如今，来到这座古城的游客几乎无人留意这个神庙的遗迹。考古学家在阿波罗·索西亚努斯（Apollon Sosianus）神庙附近发现了该遗迹，它临近马采鲁斯剧场，通过重建的柱子得以识别。阿波罗神庙最初建于公元前 431 年，供奉着阿波罗·梅迪库斯（Apollon Medicus），即康复之神阿波罗。当时，罗马曾暴发严重的流行病，在此之后，罗马人想让神灵保佑这座城市远离瘟疫。公元前 296 年，罗马执政官阿皮乌斯·克劳狄乌斯·凯库斯（Appius Claudius Caecus）在与定居于罗马东南方向的古意大利部落萨姆尼特人（Samniten）战斗之前，称赞了邻近的贝罗娜神庙。我们不知道他为什么正好选择了此处作为建筑地点，可能出于某种务实的原因，比如这块建筑用地可被征用。在那个时代，这种战争前的誓言很常见，所以在罗马成功扩张的进程中，有几十座新神庙被建在战神广场之上。公元前293年，贝罗娜神庙可能已经完工。

阿波罗和贝罗娜的神庙被特意建在战神广场上，位于罗马城界（Pomerium），即神圣的城市区域之外。两者都是外来的新神祇。他们的神庙离凯旋门不远，而不远处的弗拉米尼乌斯竞技场是在两代人之后建成的。因此，所有凯旋式都要经过这两座神庙。出于这个原因，位于神圣的城市区域之外的贝罗娜神庙，也被元老院用来与不被允许进入罗马城界的将军们会面，讨论与协商他们凯旋式的细节。贝罗娜神庙还被元老院用于其他场合，作为未被邀请进城的外国使团的聚集与接待场所。在奥古斯都的许多新建项目中，这两座相邻的神庙被奢华地修复，还被装饰一新，这些项目包括邻近的屋大维娅柱廊以及马采鲁斯剧场。阿波罗神庙由元老盖乌斯·索修斯（Gaius Sosius）负责（因此这座祭祀建筑有了新的别名），而贝罗娜神庙则由奥古斯都亲自监督修缮。这两座神庙一起被一条长廊包围，在构造上与邻近的建筑分开。

贝罗娜神庙前有一根柱子，它的名字很特别，叫战争之柱（Columna bellica）。罗马人在这根柱子上举行一种奇特的仪式，诗人奥维德（公元前43年—公元17年左右）在作品《岁时记》（Fasti）中用诗句进行了描述："神庙前面的广场很小，向外眺望可看到竞技场（指弗拉米尼乌斯竞技场）的边缘；/ 那里矗立着一根石柱，它虽小但声名卓著：/ 因为从那里掷出的长矛是战争的使者，/ 我们用武器向统治者和老百姓宣战。"（奥维德，《岁时记》6，205-208）

我们可以把这些诗句与历史学家李维（公元前59年—公元17年）

所描述的一种仪式联系在一起。在一场战争开始的时候，宣战祭司团中的一位祭司将一支淡红色的山茱萸木长矛投掷到敌国土地上。奥维德将他那个时代的这片敌方领土定位在贝罗娜神殿的神圣区域。为了理解在这根战争之柱上发生的事情，以及为何在神庙中出现敌方领土，我们必须了解宣战祭司团神职人员的情况。

这是一个古老的神职，其所管辖的宗教仪式与宣战及开战有关。这个神职起源于罗马早期，在当时的意大利半岛上，应对敌人的侵犯或进攻敌人都还没有受到国际法的制约。正如《荷马史诗》中的世界（公元前 8 世纪），有人带着要么众多要么少量的追随者去搞突然袭击，他们所在的部落或城市并未参与其中，甚至毫不知情。我们如今将这些人称为军阀（warlords），他们是在组织外充当军事领袖的人。他们将缴获的东西，包括人、牲畜和贵重物品，分给参与袭击的部下。

与古风时期的希腊一样，处理这种情况的唯一途径是制定正式的程序，使军阀所属的组织对其队伍中个人的滥用行为负全部责任。在希腊，这样的城市（城邦）被要求进行赔偿，如果它拒绝，就会受到战争威胁。在罗马，要求赔偿的角色由宣战祭司团接管。在突然袭击之后，他们会获得战利品（rerum repetitio）作为回报。宣战祭司团由二十多人组成，其中的几个人，通常是四名祭司，会深入敌人的领地，反复呼唤最高神祇朱庇特（Jupiter）作为见证，从而宣布自己的阵营在法律上的正确性。如果没有达到目的，他们甚至会咒骂自己。这一宣告的实质是必要的公开宣传，以对个人私自开战进行警告。有关的政治集体现在可以在规定期限内归还财产、移交犯罪者，或作为一个组织承担赞成此次突袭行为的责任。针对后一种情况，随之而来的是正式宣战，然后通过向敌方领土投掷长矛这种形式来开战——至少历史学家李维是这么告诉我们的。

这一复杂行动的各个组成序列难以重新建构。当罗马人开始对宣战祭司团的全体成员进行书面记录，从而使其成为集体记忆中的一个确定部分时，这种仪式中较为古老的、部分需要追溯至几个世纪前的发展阶段，即便是罗马人自己也搞不懂了。特别是投掷长矛这个行为，自公元前 3 世纪起就不再起作用，因为军团作战的战场远离罗马，有时甚至位于海外，不可能派一个宣战祭司团前往希腊或小亚细亚之类的地方去举行所谓的古老仪式，也没有任何文献记录过这种行动。是的，连罗马人自己也不知道该如何按照固定和可重复的模式进行标准化宣战。每个个案的具体做法均有不同。

学者塞尔维乌斯是公元 4 世纪时的维吉尔评论家，他处理过许多较古老的文献资料，从他那里流传下来一个方案，据说这是罗马人为如何继承古老仪式这个问题找到的解决方法：他们在贝罗娜神庙的这根胜利柱上标记出一个经精确测量而得出的位置，从此之后，此处就被视为一片虚构的敌方领土。据说早在公元前 3 世纪时就已经标记出这个位置了，当时罗马人对来自意大利半岛南部伊庇鲁斯（Epirus）的国王皮洛士（Pyrrhus）发动战争。值得注意的是，贝罗娜神庙的建造者阿皮乌斯·克劳狄乌斯·凯库斯也参加了这些战争。据塞尔维乌斯的记载，如果罗马人强迫一名被俘的敌国士兵在神庙中获得土地，这里从此就可被认为是敌方的领土，而祭司团向此处投掷长矛，就代表着向遥远的敌方领土投掷长矛。

从各方面看，"罗马战神广场上的敌方领土"这一构思都显得非常奇特，以至于宗教历史学家出于各种完全不同的理由，对这一解决方案的传统正确性抱持重大怀疑。所有记录了投掷长矛这件事的权威人士，乍一看似乎都生活在奥古斯都统治时期，这进一步加深了这些疑虑。除了奥维德和李维，当时还有一位名叫辛西乌斯（Cincius）的古玩商人也提到过祭司团投掷长矛的情况。

据说，这种投掷长矛的仪式在奥古斯都统治的时代就已经非常古老了，一些专家也对此表示严重质疑；他们认为，倒不如说这是奥古斯都本人的发明。在这场不应继续进行下去的讨论中，我们再次发现自己毫无防备地陷入了学术来源批评的旋涡中，对于非专业科学工作者而言，这件事相当复杂。在我看来，把李维、辛西乌斯和奥维德对投掷长矛的评论仅仅解释为轻率的宣传手段，以此支持奥古斯都的新观念——他们如何对远方的敌人宣战，这是不能令人信服的。而其他作者，比如历史学家狄奥多提到这个仪式时，处理的是公元前 100 年左右的文献资料。

无论如何，贝罗娜神庙战争之柱上的这处奇异之地，可以让人或频繁或偶尔地定期看到奇特的仪式：头上戴着羊毛呢帽、衣着怪异的祭司聚集于此。在场的还有重要的元老，自奥古斯都时代以降，当时在位的皇帝也会到场。其中一位是"负责的父亲"（Pater patratus, 充当首领），他来自宣战祭司团，通过触摸一种香料植物而获得神圣的力量。一位祭司连根挖出为此目的而种植的迷迭香，并用它来触碰他的同事，以便给予他必要的神圣力量。这位"负责的父亲"的任务是提出归还的要求并举行相关仪式。他是否也投掷出淡红色的山茱萸木长矛？这一点仍不确定。这项仪式也可能由另一位祭司完成。无论如何，大约在公元 200 年，历史学家卡西乌斯·狄奥曾听目击者称，他们仍然看到马可·奥勒留皇帝亲自在贝罗娜神庙的祭坛上将所谓的"血色长矛"（因其木料为红色而得名）投掷到敌方领土上。

公元 4 世纪，历史学家阿米亚努斯·马塞林努斯（Ammianus Marcellinus, 约公元 330 年—公元 395 年）最后一次提到了宣战祭司团的神职人员。他在皇帝狄奥多西一世（Kaiser Theodosius I）统治时期发表了他的史学作品的结尾部分，基督教徒狄奥多西一世在公元 391 年或 392 年禁止了异教崇拜。贝罗娜神庙与其他许多神庙一样，很可能逐渐失修，并在某个时刻成为石头窃贼下手的对象——毕竟，那些打磨极好的石头为他们提供了理想的建筑材料。那里曾经是庄严虚构出的敌方领土，这可能引发了基督教徒的不理解或者辛辣嘲讽。不是这位狂热的战争女神帮助了他们，而是一位全能的唯一真神帮助了他们，这位神掌控一切，并且不接受用山茱萸木制成奇特的长矛这种异教徒的习俗。

阿克肖斯河畔的阿帕梅亚——大象之城

北纬 35° 25' 10.90"；东经 36° 24' 6.58"

亚洲数千年来都有将大象作为工作动物的传统，该传统延续至今。在古代，印度国王的威望是以其拥有的大象数量来衡量的。这种动物被投放到战场，在游行中展示，作为贡品呈献，并作为外交礼物敬献给身居高位者。它们在训象者（象夫）手中至少经过为期十二年的训练，才可以用于上述目的。来自印度的古代文献表明，年龄在 40 岁以上的大象最适合承担这些任务，象夫和大象因此要保持数十年的联系。以动物的数量来衡量统治者的威望，这也与饲养动物的成本极高有关。这些动物每天需要大约 150 千克的植物性食物和多达 90 升的饮用水。在古代，野生动物还无法在饲养中进行繁殖，通常需要一次又一次地捕获与驯服。由于它们没有失去对自由生活的记忆，它们身上仍然保留着危险性，因此也被它们的饲养员不断地照顾与驯服。尽管存在诸如此类的挑战，有些国王还是饲养了数百头大象。

早在公元前 1000 年，即在所谓的印度吠陀文明时代晚期之前，就已经完善了对大象的饲养，这也最终导致大象成为战争中的重要战略武器。公元前 5 世纪和公元前 4 世纪是其军事用途的高峰期。就在那时，西方的古代文明通过在波斯王室待过一段时间的医生克特西亚斯，首次了解到这种动物的存在与用途。克特西亚斯描述道，自公元前 6 世纪国王居鲁士二世统治的时代起，波斯人已经开始使用印度战象了。亚历山大大帝——克特西亚斯之后的第二代人——于公元前 331 年在高加米拉（Gaugamela）击败了大流士三世（Dareios III）领导的波斯军队，亚历山大大帝的希腊和马其顿士兵第一次与这些令人印象深刻的野兽作战，它们的巨大体形以及凶猛程度让人感到恐惧。从古代文献中我们获悉，印度人与波斯人用包括酒精在内的各种物品使巨兽特别具有攻击性，以便在战斗中把它们作为可怕的武器使用。尽管如此，亚历山大还是取得了胜利，并且把大象连同它们的印度象夫纳入了自己的权力范围。

在随后征战印度的过程中，亚历山大大帝的象队数量得以继续增长。印度各部落将大象及其饲养员一起作为礼物或贡品赠送给他。在随后的两个世纪，亚历山大大帝去世后，希腊化时期的统治者建立了自己的帝国并相互争斗，他们的战象也得到了印度孔雀王朝（das Maurya-Reich，约公元前 320 年—公元前 185 年）国王们的支持。彼时，汉尼拔领导的北非迦太基人也为了军事目的而饲养非洲大象，这位将军还用跨越阿尔卑斯山的壮举证明了这一点，他当时的队伍中有30多头大象。

当我们把注意力投向叙利亚西北部的一处奇异之地时，西边的地中海地区的这段战象历史就具有了特殊的轮廓。这个地方离今天的黎巴嫩和土耳其边界不远，以奥伦特河（Orontes）为标志。在我们这个时代，这座小城被称作穆迪克堡（Qala'at al-Mudiq），位于加布平原（al-Ghab-Ebene）。时至今日，这个地方的定居格局仍然受到伊斯兰与奥斯曼时期的要塞设施的影响，这些要塞在当前的战争中被交战各方激烈争夺、反复蹂躏。我们当前可以在互联网上获悉，这给如今生活在此地的逾一万名居民造成了可怕的后果。

从这座小城可以回溯一段悠久的定居历史。这片地区看起来像平原上被奥伦特河冲刷出来的一座半岛。考古学家在20世纪70年代发现，自公元前6千纪中期以降，这个地方就已经有人居住了，直至公元前2千纪中期都显示出定居的连续性。埃及法老图特摩斯三世（Thutmosis III，约公元前1479年—公元前1425年在位）与他的前任图特摩西一世（Thutmoses I，约公元前1496年—公元前1482年在位）一样，为了在北方发动战争，从埃及前往此处，并借此机会在叙利亚猎象。图特摩西在三篇铭文中夸耀了自己的伟大成就。譬如，他在竖立于苏丹博尔戈尔山（Gebel Barkal）的一篇铭文中说自己在叙利亚杀死了120头动物。这位法老自夸，之前没有任何一位国王可与他相提并论。西班牙上一任国王胡安·卡洛斯（Juan Carlos）几年前曾前往博茨瓦纳狩猎，杀死了一头老公象，他是否在竭力效仿一个杰出的历史榜样？当然，当这位白发苍苍的君主在狩猎派对上从楼梯上摔下来，折断了他的髋骨时，这个类比随即崩塌了。

在古代，猎象就像猎狮一样，是一件非常有声望的事。在古代近东的宫殿中出土的大象骨头就证明了这一点。几年前，考古学家在卡特纳宫殿（Qatna）发现了保存非常完好的大象骨头。卡特纳位于奥伦特河中段平原不远处，距离大约 55 公里，因此这座城市的国王像法老们一样在加布山谷中狩猎。据考古人员所说，狩猎的证据被非常仔细地保存了下来，这对国王而言具有重要的作用，因为它们记录着他的勇气与力量。带入王宫的骨头与象牙对统治者来说无疑具有经济价值，但同样也具有意识形态、政治与仪式上的价值。此外，亚述国王也在奥伦特河与幼发拉底河河谷中猎杀大象。阿苏纳西尔帕尔二世（Assurnasirpal II，公元前 883 年—公元前 859 年在位）在一篇铭文中自我夸耀，说自己是一个极其成功的大型猛兽猎人。他声称自己一生中猎杀了 30 头大象、257 头野牛和 370 头狮子。然而，最后的证据可以追溯至亚述国王萨尔玛那萨尔三世（Shalmaneser III，公元前 858 年—公元前 825 年在位）的时代。此后就再也没有在奥伦特河或幼发拉底河畔猎杀大象的记录了。可以推测，这种动物数量已经急剧减少，也许除了少数群体，甚至已经灭绝了。到了公元前 4 世纪末，国王塞琉古一世（Seleukos I）重拾这一传统，但其意图与亚述国王们所关注的排场完全不同。他对待大象的态度遵循的是印度文化，当他还是亚历山大大帝身边的一名将军时，对印度文化已经相当熟悉。

尽管如此，他仍然处于那些已逝国王的阴影之下。亚历山大大帝是第一个饲养大象的希腊统治者。特别是在印度国王波洛斯（Poros）与亚历山大达成协议后，据说赠送给他许多动物。因此，亚历山大大帝最终在巴比伦——他想把这座古老的大都市作为自己的世界帝国的首都——饲养了 200 头大象。在他去世后，我们听说，继承者们——他的将军们以及摇摇欲坠的帝国各个地区的新统治者——也拥有战象。其中，尤德摩斯（Eudemos）可能在公元前317年饲养了120头动物。据说，那个时代其他的权力者，譬如独眼安提戈努（Antigonos）或埃及的托勒密一世，也对这种庞然大物感兴趣。

然而，塞琉古一世的起点最高，他统治着叙利亚、土耳其东部大部分地区、中亚，今天的伊朗、伊拉克、阿富汗以及远至印度河流域的民族［阿皮安（Appian），《罗马史》11，55］。他在印度河流域与前文已经提及的孔雀王朝开国之君开战，这位君主的名字在印度语中是"旃陀罗笈多"（Chandragupta），希腊人则称他为"桑德拉科托斯"（Sandrakottos）。在停战谈判中，孔雀王朝约定赠予塞琉古500头战象。在当时的印度文学中，"500"这个数字是"大量"的标志，不是一个绝对数字。但数量一定庞大，因为在塞琉古与安提戈努的战争中，他的战象数量明显多于安提戈努的75头。有的作者认为塞琉古拥有480头大象，而有的作者则认为他有400头。无论如何，这些古代作家认为，在公元前301年的伊普索斯（Ipsos）战役——这两个对头的伟大决战——中，这些战象起到了决定性作用。

在希腊作家普鲁塔克撰写的独眼安提戈努之子德米特里奥斯的传记中，塞琉古一世因此被挪揄为"大象统治者"（普鲁塔克，《德米特里奥斯》25）。从一位印度国王那里得到这么多动物及其象夫是一回事，但鉴于文中所描述的高昂费用，饲养它们又是另一回事了。塞琉古一世在伊普索斯战役后找到了一个极其巧妙的解决方案，他把这些厚皮动物分派到叙利亚。这一计划的背景是，他在今天的黎巴嫩、土耳其西南部以及叙利亚等地开始统治时，创建了几座城市，据说这些城市被赋予了不同的功能。

在塞琉古的这些城市中，阿克肖斯河畔的阿帕梅亚（Apameia-am-Axios）值得我们特别关注。创建它的目的是作为军事司令部、王室养马场、大象储备地，以及预防埃及人从南边进攻的监视点。因此，它是一处特殊的战争之地。这座城市建立在前文已经提及的加布平原上的穆迪克堡附近。当时，那儿已经有一片小型的马其顿士兵据点，它统一了此前一直定居在那里的居民，并把其在公元前4世纪时使用的波斯地名"法尔纳克"（Pharnake）更改为"阿克肖斯河畔的佩拉"（Pella-am-Axios）。也就是说，军官们以马其顿王宫所在地佩拉为该定居点命名，亚历山大大帝及其父亲腓力二世（Philipp II）曾在佩拉居住过；同样，士兵们也以马其顿的河流名称"阿克肖斯"来称呼奥伦特河——从而将马其顿的一块故土移植到了叙利亚东部。塞琉古一世接受了这条河流的马其顿名字，但他在公元前301年至公元前299年期间的全面重建中，以他那来自中亚粟特（Sogdien）的妻子阿帕玛（Apama）的名义对该地重新命名。马其顿与新的塞琉古王朝就这样以地名的形式联结到了一起。

正如我们已经看到的公元前2千纪以及公元前1千纪早期的状况，阿克肖斯河畔的阿帕梅亚具备突出的自然条件来饲养大量的大象和马匹，为它们提供食物与水。斯特拉波（约公元前63年—公元26年）非常形象地描述了这些自然条件。他借鉴了作家波塞冬奥斯（Poseidonios，公元前135年—公元前51年）的作品，波塞冬奥斯本人就来自阿帕梅亚，因此非常熟悉当地的情况："阿帕梅亚首先是一座大多数时候防御力都很强的城市：它是一个壁垒森严的山丘，耸立在群山包围的平原上，奥伦特河流向环绕它四周的一个大湖，把它变成了一座半岛，其上有广阔的沼泽地和宽广的牛马牧场。"（斯特拉波，

《地理书》14，2，10）

    在当时的山谷沼泽地里，可能还一直有独自生存的野象，这促使印度象夫向他们的国王推荐这个地方来饲养他的象群。无论如何，地理学家斯特拉波叙述道，塞琉古一世把他的 500 头大象送到了那里。此外，这位统治者还在水源丰沛、草场肥沃的平原上饲养了 3 万匹母马和 300 匹公马。这个军事行政中心安顿着"驯马师、剑术教师和所有领取薪水的战斗教官"。因此，这座新城市既是塞琉古骑兵队的军事训练营、驻防地和补给中心，也是战象的禁猎区。

    如今，由于缺乏相关的文献资料，我们很难想象他们是如何有组织地饲养成千上万的马匹以及数百头大象的。肯定有不少居民参与了这项任务。迄今为止，还没有任何关于这项畜牧业的考古发现，这可能与挖掘人员未在河床寻找线索有关，而且鉴于当前的战争态势，可能也无法继续寻找了。

    自法老时代以降，如今的穆迪克堡周边地区被当地史以及军事史背景下的动物及其历史塑造得如此深刻，没有第二个地区能与之相提并论。塞琉古王朝的阿帕梅亚依然如此，它是在亚历山大大帝去世后建立起来的。即使在塞琉古王朝灭亡后，这片奇异之地的居民在很长一段时间内，仍然铭记着这个时代和这些灰色的庞然大物，公元前 1世纪，当他们处于罗马帝国的统治之下时，仍然在所铸造的硬币背面自豪地镌刻大象的形象。

马萨卡——一座军营之城?

北纬 38° 42' 17.90"；东经 35° 29' 28.64"

让我们将目光转向崎岖的卡帕多奇亚，那个位于安纳托利亚中部的地区。如今，这座以其早期基督教的洞穴式建筑而闻名的土耳其省份，其主要城镇为格雷梅（Göreme）以及现在的卡伊马克勒（Kaymakle）和代林库尤（Derinkuyu）附近的地下城市。游客们目眩神迷地走进这个从柔软的凝灰岩中挖掘而出的隐秘世界——荒芜的山地内部隐藏着几千间教堂。

在基督教早期传播以及密集传播之前，这个世界经历了漫长而多变的历史。这可以以一个地方为例，对这个地方的描述，要归功于前文已经提及的历史学家波塞冬奥斯。地理学家斯特拉波在波塞冬奥斯作品的基础上，在自己的著作有关卡帕多奇亚的一章中也提到了马萨卡城（Mazaka），该城已被并入今天的土耳其开塞利市（Kayseri）。在斯特拉波的这本书中，他对马萨卡的城市规划表达出完全的不理解，而他在描述任何别的地方时从未如此，是的——即使我们最终听到波塞冬奥斯的声音响彻云霄——斯特拉波却将之几乎上升到完全负面的评价。值得注意的是，他没有只言片语提及该定居点及其居民。他们消失在城市创建者所谓的纯粹战略考量的背景之后，这些城市创建者主要将该地的规划与军事目标联系起来，只将其片面地理解为一处战略要地，而不是一处文明之地。

马萨卡这个地方——引用这位古代地理学家的长篇大论——"不适合创建城市：它没有水，没有天然的防御工事，由于统治者的疏忽，它甚至连城墙也没有（……）。城市周围的地区也完全是贫瘠的，尽管是平地，却不适合耕种；土壤含沙，地基多岩石。如果人们再往前走一段，会遇到因火山爆发而形成的布满火山坑的平原，该平原延伸许多个斯特迪亚，因此食物必须从远处运来"。斯特拉波继续描述道，这个地区丰富的森林资源原本是一个优点，但在马萨卡，人们在砍伐树木时，就像动物一样经常面临掉入火山坑的危险。尽管有一条名为梅拉斯（Melas）的河流，但它距离这座城市太远而无法为其供水。一位当地的国王试图在这条河上筑坝，结果造成了灾难性的堤坝决口，导致下游村庄被淹没。据称，经过罗马人的仲裁判决，这位国王不得不向村民支付了300泰伦特 [2]（Talent）——至少相当于7.5吨银子——作为这次洪水的补偿。此外，这条河"分开了沼泽与湖泊，因此在夏季破坏了城市周围的氛围"。斯特拉波总结道，"尽管马萨卡这个地方由于诸多原因不适合居住"，国王们还是选择在此创建城市，"主要是因为那里不仅出产建造房屋的木材和石头，而且出产供给养殖业的饲料（作为养殖业者，他们需要大量的饲料），这个地方位于整个国家的中心：这座城市在一定程度上就如同他们的营地"（斯特拉波，《地理书》12，2，7-9）。因此，我们把马萨卡看作一处仅仅为战争目的而诞生的地方。

在斯特拉波看来，位于接近4000米的土耳其最高峰之一——埃尔吉耶斯山（Erciyes Dağı）山脚下的定居点，自身海拔也超过1000米，即使在卡帕多奇亚的恶劣地貌条件下，这个选址也是不合适的。斯特拉波描述了一个地处偏僻的所在，它远离所有对每一个希腊人而言都重要的希腊文明。这是一个按照古代王室结构以及神庙制国家的原则组织起来的小镇。在这些统治者身上显然缺乏任何继承了希腊传统的

---

[2] 泰伦特：古希腊的重量及货币单位。

城市规划理性。据这位地理学家猜测，之所以没有城墙，是因为他们一点儿也不相信自己的臣民，他们显然在担心，这个地方的居民会在王室城墙的保护下打劫。

如今，对于一位接受希腊化社会的地理学家而言，卡帕多奇亚可能完全是遥远而土气的。现在的开塞利这个地区，以及位于此处的古代王宫所在地马萨卡，它们在古代具有特殊的含义，斯特拉波却只字未提。他本人以及向他提供消息的人显然对这个地区早期的辉煌历史一无所知，而这最终却成为马萨卡这座城市非常成功的历史之核。这段历史基于一处极好的地理交通位置。自古以来，所有来自富饶的美索不达米亚平原的商队都沿着奇里乞亚山口途经马萨卡的道路，穿过河谷继续向北和向西。这些贸易路线可以回溯至至少四千年前的经济史和定居史，其中，希腊化时期的卡帕多奇亚国王们在埃尔吉耶斯山制造的战争之地充其量只是一个插曲。

距离开塞利几分钟的车程，有一处古代安纳托利亚城市卡尼什（Kaneš）的遗迹。这座城市的科学发展非常进步，这也是我们无法从考古学家那里了解到马萨卡古代遗迹的原因之一。除了马萨卡的古代建筑自古代经中世纪和近代已遭摧毁，在现代学者看来，卡尼什是一处更有趣的定居点，这无疑是事实。19 世纪时，旅行学者首次注意到，在一个名为库尔泰普（Kültepe）的土丘上，农民用他们的犁挖出了大量刻着楔形文字的陶土圆柱，他们四处展示，间或在古董市场上出售。因此，在欧内斯特·尚特雷（Ernest Chantre）的倡议下，于 1893 年开展了第一次较小型的考古发掘。今天，我们知道那儿有数以万计的楔形文字，并知道它们来自一个令人印象深刻的青铜时代的城市，其定居点直径为 2 公里。它分为拥有神庙和宫殿的上城区以及面积广大的下城区。

通过阅读这些楔形文字文本，我们发现卡尼什王国不仅仅是赫梯帝国（Hethiterreich）的一个核心，其首都名为哈图沙（Hattuša）。绝大多数文本属于所谓的"卡尔姆"（karum）——一个亚述人的贸易据点，其中的好几百号人居住在下城区。对这些楔形文字的分析表明，自 1000 年至 1250 年，卡尼什是整个安纳托利亚地区最重要的贸易中心。生活在这里的亚述商人不仅确保大量货物的进一步交易，向西直达爱琴海，向北直至黑海，尤其在锡和铜的贸易方面发挥了核心作用。亚述国王更是规定，卡尼什的据点是其在安纳托利亚所有十来个亚述贸易据点的管理与司法中心。

在那个时代的人看来，来自卡尼什的亚述商人群体以及他们的商品往来仿佛形成了一个古代世界贸易中心。来自幼发拉底河谷的驴子商队定期抵达这儿，然后他们的货物被长途转运到黑海沿岸的西部和北部进行贸易。如果进一步加工，每年从那里转运交易的锡可以生产出重达 800 吨的青铜。仅仅是贸易收入以及对锡交易征收的税，就给亚述帝国带来了可观的收入，这还根本未提及纺织品、羊毛、黄金和白银贸易的税收。

斯特拉波以及他的信息来源波塞冬奥斯对马萨卡的一切往事了解甚少。他们对这一贸易地区令人印象深刻的早期经历一无所知。

但是，他们显然也不知道卡尼什在希腊化时期的定居点。在当时的希腊语中，卡尼什被称为"哈尼萨"（Hanisa），那里的人们依旧以金属贸易为生。一块来自公元前 2 世纪下半叶的青铜板上镌刻着希腊铭文，它告诉我们，在此期间，混合了庞特人、卡帕多奇亚人、弗里吉亚人和伊朗人血统的居民已经在那里定居。在希腊化晚期，他们的表现显示已经全然希腊化。这块现存于柏林国家博物馆的青铜板，以完美的希腊公文体讲述了为宙斯和赫拉克勒斯准备的希腊节日，并记录了已经有议会这个机构的希腊城市宪法以及人民大会。然而，与此同时，这篇文本还显示，这些地方性崇拜已经是可追溯的古代东方世界传统背景的一部分。城市发展以及不同文化都影响了这个偏远山区，它们的复杂性被如此生动地呈现在同一份文件中。

诚然，还没有铭文可以告知我们在马萨卡是否也存在这样的混合人口以及类似的城邦结构。不过，这可以进行假设，因为哈尼萨隶属于王室所在地马萨卡。这块青铜板上还记录了马萨卡附近领地的法律纠纷，其中提到了希腊法律。可以肯定的是，自公元前 2 世纪以降，居住在马萨卡的卡帕多奇亚国王们也试图找到与希腊世界的连接。譬如，卡帕多奇亚的国王阿里阿拉特五世尤赛比斯·斐拉佩特（Ariarathes V. Eusebes Philopator，约公元前 168 年—公元前 130 年在位）将马萨卡更名为希腊语中美好的单词"尤赛贝亚"（Eusebeia，意为"虔诚"），他还引入了希腊的运动会。这还不够，他本人甚至作为裁判员（agonothet）出现在纪念雅典娜的伟大节日"帕纳特纳恩"（Panathenäen）上。他曾在柏拉图学园学习，并认识了帕加马的阿塔罗斯二世（Attalos II）。两人都向他们的老师、哲学家卡尔内阿德斯（Karneades），捐赠了一座雕像。公元前 130 年，阿里阿拉特五世因为自己与小亚细亚西部的这座大都市兼王室所在地以及与罗马人的密切关系而付出了生命的代价。当一个名叫阿里斯东尼克（Aristonikos）的人在帕加马王朝最后一位国王去世后，在帕加马附近煽动对罗马的叛乱时，阿里阿拉特五世出于忠诚，与他的士兵从马萨卡 / 尤赛贝亚向西移动。在反对这个篡位者的战争中，这位卡帕多奇亚国王阵亡。

这个戏剧性的插曲表明，这些卡帕多奇亚的统治者作为附属国王，早已卷入由罗马主导的外交旋涡中。元老院定期确认他们的统治继承权，并插手宫廷争端。随着公元18年卡帕多奇亚行省的建立，马萨卡／尤赛贝亚更名为恺撒利亚（Caesareia），成为行省首都。与地理学家斯特拉波不同的是，这些罗马的行政精英无论如何都很清楚，马萨卡早已不再是落后地区国王之间的战争之地了。这座城市随后蓬勃发展，尽管在它的文物被摧毁之后，我们已无法详细重建。到了公元3世纪，马萨卡／尤赛贝亚／恺撒利亚的人口达到40万，这个数字可能包含了周边地区的居民。公元4世纪，著名的基督教神职人员在那里传教，譬如恺撒利亚的巴赛勒乌斯（Basileus von Caesarea），他在这座城市建立了名为巴西莱亚（Basileia）的社会救济中心（救济院、医院和避难所）。由于规模较大，人们也将这个建筑群称为"新城"。卡帕多奇亚密集的基督教化以及该地区的早期基督教教区与"巴赛勒乌斯"这个名字联系在一起。卡帕多奇亚的其他地区被改造成了开头提到的景观，基督教徒生活在地下的基督教城市和凝灰岩洞穴中。在随后的十几个世纪里，这座城市不断变换着统治者，历经拜占庭人、阿拉伯人、土耳其人、塞尔柱人、蒙古人和奥斯曼人的统治直至今日，这是一段虽然变化多端，但总体来说非常成功的历史。如今有120多万人居住在开塞利，这个数字还在不断上升。目前，所谓的"白色土耳其人"，即在执政党正义与发展党之下产生的政治—社会新团体，由成功的商人组成，他们利用这座城市优越的地理位置，从事利润极为丰厚的商贸活动。

这座城市的考古博物馆虽然规模不大，但热情地介绍了该地区的悠久历史，并自豪地回顾了其自公元前2千纪以来作为安纳托利亚商业和贸易中心的传统。就本身的城市形象而言，这个始终处于变化中的贸易中心虽然历史悠久，其古代却已经被完全抹去。波塞冬奥斯和斯特拉波认为这个地区完全不适合建造城市，充其量只适合作为一处战争之地，正如我们所见，他们这种怪异的观点无论如何已使古老的马萨卡变成了一处仅存在于传说中的奇异之地。

文多兰达——士兵们的日常生活

北纬 54° 59' 28.12"；西经 2° 21' 39.05"

这听上去可能会令人感到惊讶，罗马帝国的士兵们，无论是在军团营地中还是在规模小得多的辅助部队营地中，生活一般不会过于艰苦。从纯粹的统计学角度来看，每位军团成员在其大约二十年的服役期间，最多只需要参加两次战斗。其余时间他们就住在营地里，参与市民管理工作，修建道路等基础设施，或进行垦荒以改善帝国的文化景观。遗憾的是，我们对营地生活以及士兵们的日常生活了解甚少。不过，在与苏格兰交界的哈德良长城旁有一个小型军营，它是古典学者真正的幸运物。那儿保存下来的文书提供了独特的见解，令我们得以了解公元 90 年至公元 125 年期间，在罗马有人居住的世界边缘——一处奇异的战争之地——各种辅助部队的情况。

考古学家和古代历史学家证实，古罗马要塞文多兰达（Vindolanda）位于今天的切斯特霍尔姆（Chesterholm）附近，距离罗马帝国的不列颠行省北部边界不远。它坐落在一个平坦的小山丘上，周围是缓缓起伏的绿色牧场与田野。早在 1829 年，安东尼·赫德利牧师（Reverend Anthony Hedley）就进行了首次挖掘：他在那里购置了一座庄园和一处名为切斯特霍尔姆的村舍，这座庄园从此被称作小切斯特斯。当考古学家埃里克·伯利（Eric Birley）于1929年收购该庄园时，从某种意义上来说，对文多兰达的挖掘成为了考古学研究中的一桩家族事务，因为他的儿子罗宾（Robin）和安东尼（Anthony）均在这座庄园里长大，日后也成为了考古学家，并且与这个地方保持着密切的联系。在第二次世界大战之前，埃里克·伯利亲自进行了第一次发掘。1945年后，当这座庄园重新归属前主人托马斯·哈丁（Thomas Harding）时，出现了一个困难的局面。哈丁是考古学的坚定反对者，不希望在自己的土地上进行任何挖掘。罗宾·伯利——起初只是一名中学生，后来成为了一名大学生——继续了他父亲的工作，耐心地尝试赢得哈丁的信任。伯利说，哈丁是一个"老派的、闷闷不乐的诺森伯兰郡人"，后者最终同意前者在庄园里开展挖掘工作。罗宾·伯利的兄弟安东尼是一位古代历史学家，曾在杜塞尔多夫任教多年，他也参与了这个要塞的挖掘及历史研究工作。

这座要塞始建于公元85年左右，罗马皇帝哈德良（公元117年—公元138年在位）后来对其进行了修复。它在125年至163年间被废弃，后来军队再次进驻。营地以北3公里处蜿蜒着所谓的哈德良长城。这座边境防御工事建于120年至130年间，由石墙、土墙、沟渠系统和300多座塔楼组成。它的作用是监督人员以及贸易货物的边境交通。沿着这段将近120公里的长城分布着几十个要塞，里面总共驻扎了大约1.1万名士兵。修建这段长城曾经是后勤保障工作的一项杰作，一定给驻扎的士兵以及当地人留下了同样深刻的印象。

如今的文多兰达周围遍布田野与草地，而过去则全然不同，它的四周曾经是山毛榉、桦树、赤杨、柳树、橡树和榛子树丛混杂的茂密树林。它们给士兵提供了充足的柴火和木材，然而，这个有利条件的代价是必须从遥远的村庄运来食物。公元 2 世纪时，在营地附近产生了一个巨大的平民定居点，由定居点的居民为士兵提供食物与日用品，在此之前，最初只有营地及其典型建筑：在一个由围墙和栅栏组成的长方形围栏中央有一栋军官楼（praetorium）、司令部（principia）、一座粮仓、一个医务室（valetudinarium）、一间厕所以及可容纳约 800 名士兵的团队营房。墙外还有一个澡堂和一间小型神庙。在围栏对面较远处还有手工工场和材料仓库。

文多兰达的军事建筑与其他营地并没有什么不同，它们大致都遵循同一标准。令这个营地区别于其他营地，并使它成为一处奇异之地的是其非同寻常、独一无二的出土文物。自 1973 年以来，在营地中发现了 1000 多块刻有文字的木牍，这些木牍颇有名气，被称为"文多兰达木牍文书"（Vindolanda-Tablets）。

由于通常的书写材料莎草纸价格昂贵且难以获得，那个时代的北欧人开发了一种替代品。他们用桦木与赤杨木刨出厚度在 0.5 毫米至 3 毫米之间的薄木片，木牍的标准长度约为 20 厘米，宽度约为 9 厘米，可以用墨水在上面书写。与莎草纸一样，这是一种不易保存的材料，在不列颠或日耳曼尼亚的大多数罗马营地里都未能存留下来。但文多兰达的情况却不一样：此处，在苏格兰低于地下水位的潮湿泥土中，发现了大量密闭包装的木牍。以这种方式保存下来的文书中，有相当一部分是士兵们在公元 105 年离开时原本应该烧毁的，然而，正如这些木牍上的烧损痕迹所示，一场突如其来的大雨阻止了这一切。由于这场暴雨，我们得以在 1900 年后重构这处营地的生活。

恢复、保存和破译这些文书极其费力。然而，一些英国学者，特别是艾伦·K.鲍曼（Alan K. Bowman）和J.大卫·托马斯（J. David Thomas），已经解码了这些独特的文本。这使目前正在研究伦敦木牍（近年来在伦敦出土）的学者获益匪浅。自2010年以降，彭博公司（Firma Bloomberg）在建造新总部时，于伦敦金融城发现了400多块类似的木牍。它们比文多兰达木牍更厚，边缘略微凸起，表面有一层薄薄的蜡膜，上面刻着文字。刻笔经常会把蜡刻进木头里，所以还能在木头里看到刻字时留下的残余物。伦敦木牍文书（die Londoner Täfelchen）属于公元1世纪下半叶，正如主编罗杰·汤姆林（Roger Tomlin）赋予的标题——《伦敦的罗马初音》（*Roman London's first voices*，2016年出版的关于伦敦木牍文书的第一本出版物）——所揭示的那样，它们提供了罗马人征服不列颠之后的前十年（公元43年—公元53年）对城市生活的早期洞察。

要想获得对文多兰达营地生活的印象，建议首先将目光投向驻扎于此的第一批人，他们在那儿一直驻扎到公元90年。他们是在如今比利时通厄伦（Tongeren，罗马时期称为Aduatuca Tungrorum）附近的莱茵河畔招募的辅助部队。公元83年，罗马指挥官阿格里科拉在蒙斯格劳皮乌斯（Mons Graupius）战役中战胜了苏格兰当地部落，参加这场战役的通厄伦人被调遣至文多兰达修建营地。营地里也发生过几次变化。从90年开始，通厄伦人的部队被来自巴塔维亚（Batavern）的军队所取代，这支军队除了800名步兵，还有250名骑兵。这个营地不得不大大扩建，甚至扩大至一倍规模。巴塔维亚人是通厄伦人所在的罗马帝国下日耳曼尼亚行省（Germania Inferior，位于今天的比利时）的北方邻居，他们在文多兰达一直驻扎至公元105年，才再次被通厄伦人组成的新部队换防。

　　一份日报的日期标注为 5 月 18 日，我们不清楚它的具体撰写年份——可能在公元 85 年至 90 年之间。它列出了在场、缺席和生病的士兵人数。包括 6 名百夫长在内，驻扎在文多兰达的士兵共计 752 名，其中有 46 名抽调为总督的警卫（singulares），包括两名百夫长在内的 337 人抽调至位于科里亚 [Coria，今科布里奇（Corbridge）] 的尤利乌斯·费罗克斯（Iulius Ferox）办事处，5 名士兵和一名百夫长前往伦敦，56 人去往其他地方。总计有 456 人离开了营地。包括一名百夫长在内的 296 人留在营地里，他们中有病人 15 人、伤者 6 人，另外还有 10 人罹患眼部疾病。只有 265 人，即这个营地中大约三分之一的士兵在当地服务。从这份日报我们可以看出，各部队并没有把全部人力投入到这个营地中，主要因为营地的设计实在太小，无法满足最初计划中驻扎两支部队的要求。也许军官们尝试在科里亚附近进行训练以及安置一些士兵，以此来缓解营房的拥挤状况。毕竟，科里亚有一个平民定居点，士兵的日常生活和膳食供给更容易一些。

　　我们可以根据留营士兵的患病数据推断，此处很少发生或根本没有发生过战斗。患有眼疾的士兵多于受伤的士兵。后者不一定因战斗而受伤，也可能是必要的日常修建工作造成的。这样的军队有时更像一个纯粹的建筑团队。据另一份日期为 4 月 25 日的日报记录，有 343 人在作坊里工作。其中一些人是鞋匠，另一些人则干起了泥瓦工的老本行，参与修建澡堂和医务室。他们使用铅、陶土或石膏，站在窑炉旁烧制砖头。我们从另一份文本中可以获悉，这些手工工作并非没有危险性。3 月 7 日的一份日报表明，30 名男子忙着为招待所（hospitium）烧制砖头，19 名男子正在为营地四周的栅栏制作陶土材料。正如备注中特别强调的那样，医生马库斯在旁待命——显然预计到他们从事这项工作时会受伤。

这类清单描述了营地的日常生活。军队会定期检查，以了解确切的士兵人数以及他们是否实际在岗。相关的报告（renuntium）通常只有一句话："每个人都在自己的岗位上，设备正常。"有时会提到缺席者的名字。他们是休假了还是逃跑了？实际上，至少有两块木牍提到了逃兵。逃避服役、与其他士兵产生矛盾、爱上当地女孩等，都可能促使他们迈出这危险的一步。这些日耳曼人或凯尔特人为什么背弃这支驻守不列颠北部的部队？确切原因尚不清楚。

即使是上文已经提及的巴塔维亚人与通厄伦人辅助部队的换防，也几乎没有改变营地的日常工作。关于这两支军队的文书显示出许多相似之处。由于在最初的几十年内，营地附近没有形成平民定居点，更南边的邻近村庄向驻防部队的士兵们出售食品和衣物。虽然泰恩河（Tyne）以北地区的森林和沼泽更适合狩猎，但南部有面积更广阔的耕作区域，在此可以购买农产品。平民定居点的鞋匠和裁缝等手工艺人提供他们的手艺，商贩则提供衣物和其他必需品。

士兵们有时会要求战友在出差以及休假后带回衣物或某些食品，有时甚至会从高卢大陆带回物品。军官们还订购了大量的食物，譬如火腿、鸡蛋、鸡、牡蛎或洋葱，以及大陆上的人们都渴望的橄榄或橄榄油。个别清单给我们留下了很好的印象，这些食物和饮料也许是在军官楼——司令部——准备好，用来招待上至行省总督之类的客人，军官们偶尔会和这些客人一起在森林中狩猎。凯尔特人的啤酒、意大利葡萄酒、鱼露、鹅以及其他家禽在这种场合用来款待客人。营长们通常有几个奴隶，可以指使他们去购买这些食物。譬如，尤利乌斯·韦勒昆杜斯（Iulius Verecundus）给他的奴隶列了一份清单，其中包括17升豆子、20只鸡、100个苹果（"如果它们看上去不错的话"）、100或200只鸡蛋、4升鱼露以及其他物品。

士兵们的基本食品由百夫长提供。在百夫长的宿舍里发现了写有大量订单的信件，这些订单用于供应整个营地。例如，有人订购了5000莫迪乌斯（三分之一舍非尔）粮食，可以满足这支部队几个星期的需求。这些文书读起来像批发商人的信件。可以想象，百夫长受军事首领的委托，实际上承担了这些工作。

士兵们的信件不仅反映了营地里的日常供给，也记录了他们时常表露的休假意愿。它们还显示出士兵之间拉近彼此关系、力图相互熟悉的需求。寄信人称呼收件人为"兄弟"，并且迫切地期待他们的回信："维尔德乌斯兄弟——我很惊讶，你竟然很久没有给我回信了——我想向你打听，你是否知道我们亲戚，或者阔图斯——他现在在哪支军队？（你应该代我问好）——以及老兵维里利斯的一些近况？""再见了，最亲爱的兄弟！""问候埃尔皮斯、泰特利库斯以及你所有的战友，我希望你们都生活幸福！"从表达方式相似的信件结尾可以看出，在共同服役的这些岁月里，士兵们之间形成了亲密的战友［狭义的同事（commilitones）］以及队友（contubernales）关系。根据笔迹，我们了解到有40多人会书写，并为他们的战友提供代写书信的服务。我们甚至可以说出其中200名战士的名字，他们中的大多数人都有简单的凯尔特语以及拉丁语名字。

与之相反的是，信件中没有提及当地人。只有一封信——也许是一份给新任军官的交接记录，里面有一些建议——提到布列塔尼人（Brittones）不穿甲胄，骑兵数量众多，这些"小布列吞人"（Brittunculi）

不投掷长矛。后面这个名称指代"小不列颠人"，显示出这些士兵的傲慢，他们看不起本地的对手。然而，这种轻视亦属于部队自我心理安慰的一部分，尽管他们的日常生活以平静为主，当然偶尔也可能会产生恐惧。因此，军官们试图通过提供良好的物资，包括来自意大利的葡萄酒以及当地酿造的啤酒，来提高整个营地里的精神状态。在营长的提议下，士兵们甚至还庆祝罗马的农神节（Saturnalia）——一种狂欢节——以及其他节日，譬如玛特罗拉利亚节（Matronalia）。

两位军官之妻——文多兰达的苏尔皮西亚·莱皮蒂娜（Sulpicia Lepidina）与布里加（Briga，一处不知名的地方）的克劳迪娅·塞维拉（Claudia Severa）之间的通信非常特别。6月24日，正值女神福斯·福图纳（Fors Fortuna）的节日庆典之际，营长弗拉维乌斯·凯里亚利斯（Flavius Cerialis）及妻子正好逗留在布里加一个名叫布洛克斯（Brocchus）的人家中，不能一起参加这个庆祝活动。这两个女人显然已经成为了朋友。塞维拉称莱皮蒂娜为"姐姐"，并在信中告诉她，自己已向丈夫提出请求，想前往探望她这位朋友，丈夫欣然应允："再见，我最亲爱的姐姐，我如此盼望见到你。"三个月后，塞维拉再次给莱皮蒂娜写信："姐姐，邀请你于9月11日前来参加我的生日聚会，我热切期待你的光临，你的到来将使这一天变得更加欢乐。向你的凯里亚利斯问好。我的埃利乌斯（Aelius）以及我们的小儿子（filiolus）向你们问好。［不同的笔迹：］我期待你的到来，姐姐。再见，姐姐，我最亲爱的灵魂，恭祝幸福，并一切安好。"这封信是由一个书信代写员撰写的。塞维拉只是在信末用笨拙的笔触加上了友好的祝福语。正如这些信件所显示的那样，莱皮蒂娜当然很高兴与塞维拉成为密友，塞维拉与她命运相同，是管理邻近营地数百个男人的军官之妻，同样地孤独寂寞。不难想象，在罗马帝国这个荒凉的边境地区，女性数量很少，她们的日常生活并不轻松。

文多兰达的妻子们比她们的丈夫年轻 15 至 20 岁，这在古罗马时期很普遍，她们的丈夫已经在军队服役多年，并已擢升至高级职位。这些信件证实，丈夫们能理解比他们年轻许多的妻子的艰难生活状况。他们支持她们彼此之间的联系，为她们提供书信代写员，并在妻子们相互拜访时提供军事护送。因为塞维拉提到了她年幼的儿子，她当时可能 20 岁左右，而莱皮蒂娜的年纪也许大一些，因为她也已经有一至两个尚处于婴儿期的儿子。

在莱皮蒂娜家发现了一只非常小的鞋子，只有 10 厘米长。它由最好的皮革制成，像成人的鞋子一样用钉子固定。穿这只鞋的孩子在当时压根还不能站立，更不用说走路了。这种特殊设计让人联想到昂贵的婴儿鞋，如今的大型体育用品公司在商品种类中都有这种作为礼物的婴儿鞋。莱皮蒂娜还支付了她自己的鞋子的费用。她穿的是装饰着藤叶的高级凉鞋。一个名叫卢修斯·艾布提乌斯·泰勒斯（Lucius Aebutius Thales）的鞋匠自豪地将自己的名字刻在了这只优雅的鞋履上。也许他还制作了精致的婴儿鞋。在莱皮蒂娜家还发现了尺寸分别为 20 码、21 至 22 码和 24 码的儿童鞋，这是一个在军营长大的小男孩四年间所穿的尺码。24 码的鞋适合年龄为 2 至 3 岁的儿童，这可能表明，这个孩子是在抵达营地之后不久出生的。那里还有另一个已经在学习写字的孩子；作为教学练习，他在一块小木板上笨拙地用大写字母写下了维吉尔《埃涅阿斯纪》（9，473）中的一句诗行。据推测，一位自由民或父亲的一个奴隶在给这个儿子上课。在这位营长的房子里，他显然有机会接触到维吉尔史诗的一个版本或至少其中一段节选。

这些木牍文书与考古出土物将文多兰达的军营日常生活相当好地呈现在了我们眼前。我们几乎可以听到营地里的喧嚣：锤击声、锯木声，马车、马匹和家畜的声响，学习拉丁语的咿咿呀呀声，还有日耳曼和凯尔特方言。如果我们阅读文多兰达木牍文书，可以获得这样的印象：由于分工合作、精心组织，这个军队已经很好地适应了当地，日常生活也正常化。然而，在诠释这批有些部分非常感人的书信时，我们应该小心谨慎，千万不要产生错觉。虽然士兵们设法使艰苦的服役变得可控，并且考虑到补给情况，他们的军营生活甚至可能是相当舒适的，但他们很难忘记，自己处于随时被征召的状态。公元105年的紧急命令强烈地提醒了他们这一点。当时这支巴塔维亚人的军队令人吃惊地突然接到紧急命令，必须前往多瑙河畔的一处新战场。他们的新营地称为布里达瓦（Buridava），位于如今的罗马尼亚。

我们不知道，这位营长和比他年轻许多的妻子连同年幼的孩子们对这封公函作何反应。但挖掘工作表明，当时留给他们的时间并不多，令他们无暇顾及地点的改变以及数千公里的行军。士兵们没过多久就出发了，甚至来不及等待换防军队的到来。在那些被毫不迟疑遗弃的建筑物中，考古学家们发现了随意丢弃的垃圾、不小心遗留的日用品和精致的鞋履。这些住所一定曾空置了几个月，因为秋天的桦树和橡树叶子被风吹进了室内，鸟儿留下了羽毛，野生动物在房间里排泄了粪便。挖掘人员还在地下发现了松鼠埋在废弃营房里的坚果，但显然，这些小动物在冬季已经无法将它们再挖出来了。由此我们可以得出结论，新的通厄伦人的军队一定最迟是在12月前进驻的，他们铺设了新的地面，致使松鼠再也没有机会去拿回为冬季储备的口粮了。

离开文多兰达的士兵此时也许已经适应了在这个营地的生活。稍后，他们又接到命令，前往多瑙河畔的雷蒂亚（Rätien），并将长期驻扎在那里。他们的营地被命名为"巴塔瓦营垒"（Batava Castra），这个名字一直保留在今天的帕绍（Passau）市名中。据说，埃利乌斯·布洛克斯后来在巴尔干半岛找到了新的故乡——潘诺尼亚（Pannonien）的阿拉博纳（Arrabona）。但目前还不清楚他的年轻妻子塞维拉是否陪同他去了那里，或者，她是否还活着。我们也无法再得知营长弗拉维乌斯·凯里亚利斯及其妻子的命运了。他——一位罗马骑士，罗马上层阶级的成员——及其妻子莱皮蒂娜连同孩子们，只要这些小家伙能熬过长途旅行的艰辛，就能踏上意大利半岛的土地，甚至回到罗马。但对我们而言，他们的足迹在公元 105 年的夏天就消失了。

第 7 章

神话之地与众神

正如前文在介绍一些地方时已经指出的那样，古代世界处处有遗址，这些遗址被认为是神话早期历史的真实发生地，并且古代人在一定程度上将其物质化。不拥有这些的人，就难以宣称自己的起源具有正式的历史，并无权在共同文化中占据一席之地。因此，他们创建了名副其实的早期历史博物馆，特别是像西锡安（Sikyon）的神庙，并在那里展示据说曾经属于某些英雄的物品，他们喜欢将这些英雄纳入自己祖先的行列。虽然这基本上是所有古代文化中众所周知的普遍现象，但也存在一些非常特殊的地方，想象中的世界似乎集中于那些地方。小亚细亚西部的特拉莱斯（Tralleis）就是一个很好的例子。那里的市民展览了玛息阿（Marsyas）的皮肤。这个可怜的羊人曾经在一场远古的比赛中向阿波罗挑战唱歌和吹笛，后来他不得不以自己的生命来承担败北的后果。阿波罗——一个非常缺乏幽默感的神祇——为了惩罚他的傲慢，活活剥下了他的皮肤。这个残酷的惩罚行为经常出现在绘画中，艺术家们总是选择描绘刽子手开始工作前的那个时刻。

特拉莱斯人吹嘘道，他们拥有这位受害者的皮肤，这是用于崇拜与敬仰的遗物——我可能无法想象，他们实际展示的是什么东西以及它究竟从何而来。但是这个例子令人印象深刻，它显示了那个时代的人已经在可视化以及筹措遗物方面走了很远，比基督教徒尊崇圣徒这个行为要早许久。面对不同学者收集到的丰富材料，我将在下文首先介绍一个在相关汇编中仅略微提及的例证。如果我们以较敏锐的目光凝视这样一处奇异之地，可以令神话场所涉及的各种空间、历史与宗教内容重新焕发活力。同样，古代纪念文化的要素及其社会、文化和目的方面的参照性，最好以个案为基础进行阐释。我们必须牢记，那个时代的古人们在城市形象中看到的是早已消逝的上几代人的建筑和遗产，而他们自己也不再能理解这些东西。这些东西没有故事，没有任何一种保存下来的传统，甚至没有可靠的第一手记忆。但是，如果人们不曾拥有某段故事，那么仅凭这些文物的年龄，也至少会令人想去讲述它们的故事，当学术界"重构"自己的历史以及建构自己的身份时，可以用这种方式使遗迹在其中找到一个有意义的位置。

姐妹梁——一个被误解的崇拜场所

北纬 41° 53' 33.27"；东经 12° 29' 23.57"

让我们首先开始寻找线索，找到现在应当成为罗马地志学关注焦点的一个地方。在公元 4 世纪的罗马古代地区的晚期目录中，可以看到四区这个版块有一处奇特的条目。在以"和平神庙"（Templum Pacis）命名的地区，标记着一处名为"姐妹梁"（tigillum sororium）

的遗迹。这个地名，大致位于维利亚（Velia）上方的罗马和维纳斯神庙、大斗兽场以及埃斯奎林（Esquilin）南侧支脉奥皮乌斯山（Mons Oppius）之间。历史学家哈利卡尔纳索斯的狄奥尼修斯（Dionysios von Halikarnassos）在奥古斯都时代撰写的作品中提供了这个地方的精确位置；它从"卡里南（Carinä）通向塞浦路斯小巷（Zyprios-Gasse）"[狄奥尼修斯，《早期罗马史》（Römische Frühgeschichte）3, 22, 8]。卡里南指的是埃斯奎林的西南坡，它朝着大斗兽场和苏布拉（Subura）的山谷方向延伸——这儿是罗马城的主要居民住宅区，人口特别密集。

如果我们把这些模糊的线索结合在一起，那么我们可以将目光投向如今城市地图上的一个区域，它位于帝国大道（Via dei Fori Imperiali），离科洛塞奥（Colosseo）地铁站不远。姐妹梁所在街道的名称意为"小巷子"，它并不是这座城市日常生活中的主要交通路线。它将大斗兽场周围的公共空间与苏布拉及埃斯奎林相连。这条小巷非常狭窄，这也可以从对姐妹梁的描述中推断而出。按照不同作者的描述，姐妹梁由三部分组成——两根垂直的方木固定在小巷的侧墙上，上面还有第三根横跨小巷的方木。此外，还有两个壁龛，里面有祭祀雅努斯·库拉提乌斯（Ianus Curatius）和朱诺·索罗里亚（Iuno Sororia）的祭坛。

我们必须把这条小巷想象成与喧闹城区中的所有其他小巷一样，是一条五彩缤纷、生机勃勃的街道，上面矗立着商店、住宅以及其他建筑，形成了一个历经几世纪发展而来的城市建筑群。行人将那里的姐妹梁看作是一处灰色的遗迹，至少对于普通罗马人而言，它不再是可精确确定年代、有时会在那里举行特殊仪式的史前史。我们可以从一段拉丁文铭文中得知，阿瓦尔兄弟会（Fratres Arvales）的全体成员在每年 10 月 1 日都会庄严列队，前往此处进行祭祀。这个兄弟会是一个历史悠久的神职组织，在奥古斯都的重建政策中得以再生。从那时起，除了皇帝，皇室的其他重要成员也属于这个组织。铭文中说，阿瓦尔兄弟会的祭品是献给这条小巷本身的，祭祀在一个名为康皮图姆的十字路口（Compitum Acili）不远处进行。

这个叫作康皮图姆的十字路口位于小巷的尽头，具有特殊性质。这些十字路口是附近或相邻城区（vici）共同庆祝节日的地方，在此过程中，人们向该区的守护神（lares）献祭。奥古斯都皇帝从公元前 7 年开始，将罗马重新划分为 265 个城区，并赋予这些节日以特殊的意义。每年从该区的自由人中选出治安官，与从奴隶中选出的治安官一起领导庆祝活动，向守护神献祭，并且此后也向奥古斯都的神像献祭。因为在春秋两季的这些节日里，自由人治安官可以穿上紫色条纹绲边的长袍，并由两名执法者——手持荆条的公务员——陪同，所以他们在节日时宛如罗马的裁判官。在任职的这一年中，他们必须照顾这些鲜花饰品，并维护这座小型的组合神庙。他们以前是奴隶，还没有获得完整的罗马公民权，这项公务也令他们有机会通过捐赠建筑物而获得公共声望，并以此表明自己的社会地位。1932 年，贝尼托·墨索里尼下令对大斗兽场附近区域进行重新布局，此时开展的考古发掘显示，治安官们曾经在康皮图姆这个十字路口捐赠了一座装饰丰富的大理石祭祀建筑、大理石隔板以及多个大理石祭坛。奴隶治安官也募集资金，以修建与他们的从属地位相一致的较小型的祭坛。因此，虽然这些大理石建筑、庆典活动以及临时性装饰规模较小，却反映出在神庙和集市附近的公共空间上的宏伟建筑旁所举行的庆祝活动规模之大。

独特的是，阿瓦尔兄弟会在提及附近的姐妹梁祭品时，说到这个城区的小型神龛，并将之作为一个地志学标志。仅仅这根横梁显然不足以成为一个地标，而且从建筑学角度来说，它的设计也不像十字路口那么显眼。但是，这根奇怪的横梁到底是怎么回事，几乎没有一个罗马人知道它的历史，也没有任何一位古代作家解释它的原始功能。相应地，我们这个时代的宗教研究也难以破译这两个小祭坛的含义。在对"索罗里亚"和"库拉提乌斯"这两个别名的语言史研究中（我们在此不必对其复杂的细节感兴趣），学者们已经能够令人相信，在这个地方举行过一种古老的成年礼，即所谓的"成人仪式"（rite de passage）。通过这个仪式，当时进入青春期的男孩和女孩被罗马家族联盟认可为成年人。"朱诺·索罗里亚"这个别名指女性乳房隆起，这个神祇护佑女孩，而雅努斯·库拉提乌斯（curiatius 意为"监护人"）则负责护佑正在长大的男孩。在这个仪式上，青少年在祭坛上献祭，并从这根横梁下走过，这象征着他们步入人生的一个新阶段。根据"朱诺"这个别名，这根横梁被称为"姐妹梁"。

当阿瓦尔兄弟会向这根横梁献祭时，对这一古老成人仪式的记忆可能已经在很大程度上消失了，甚至已经完全被遗忘。这个时候，再没有人能够确切地说出那些曾经与罗马家族联盟——古老的古风时期的组织——交织在一起的仪式。这些协会曾经在早期的集体生活中占据绝对的一席之地，然而，在解释已经被遗忘的内容方面，传说已经取代了它们从前的历史地位。此时，许多罗马人已经不知道自己属于哪个家族联盟了。因此，这种成人仪式几乎不可能再举行——谁会知道，哪个孩子要进入哪个家族联盟呢——就像这些家族联盟的其他庆祝活动也不再拥有高人气一样。

但是，即使在公元前 1 世纪，也没有人知道这条小巷子里的老式横梁建筑最初为何而建，因此他们非常重视这些遗迹。仅仅凭借它们显而易见的高龄，就令它们进入传说中的罗马早期历史，使它们值得被罗马人尊敬。正如罗马历史学家李维书写的那样，它们甚至由于未公开的原因而被定期修复。因此，尽管它们地处偏僻的小巷，并且恰恰由于这个原因，似乎在无形中挑战了那个时代的人，给它们注入了新的意义。无论如何，这座独特的建筑及其受到的难以理解的宗教关注，都需要一个合乎时代的、有说服力的解释。

然后，姐妹梁作为罗马早期历史的遗迹，简直是以戏剧性的方式登上舞台，并载入史册。这段历史是在公元前 2 世纪时稳定形成的，因为当时的罗马诗人昆图斯·恩尼乌斯（Quintus Ennius，公元前 239 年—公元前 169 年）已经了解了这段历史。然而，对它的详细解释首先要归功于奥古斯都时代。来自这个时期的两位历史学家李维（李维，《罗马史》1.24-26）和哈利卡尔纳索斯的狄奥尼修斯（狄奥尼修斯，《早期罗马史》3.12-22）流传下来两个令人印象深刻的故事，都围绕着这个文物，并且这两个版本非常相似。据他们所述，这根横梁的建造与一个据说发生于公元前 7 世纪，但具体时间无法确定的事件有关。那是遥远的罗马史前时期，阿尔巴隆加城（Alba Longa）位于拉丁姆（Latium）地区，在甘多尔福城堡附近，毗邻如今的教皇夏宫。据说它是罗马人的祖先，即特洛伊人埃涅阿斯的儿子阿斯卡尼乌斯（Ascanius）创建的。公元前 7 世纪，罗马在一场令人印象深刻的战争秀中展现了它的霸主地位，其后拉丁姆并入罗马。根据笼罩在传说中的传统，罗马王政时代的第三位国王图卢斯·霍斯蒂利乌斯（Tullus Hostilius）和阿尔巴隆加的最高指挥官梅蒂乌斯·福费提乌斯（Mettius Fufetius）想要避免军事对决，以免削弱彼此力量而被第三方占便宜。因此，两位统治者达成一致，让选定的战士代表双方军队进行决斗。双方各自挑选了三位孪生兄弟，阿尔巴隆加一边来自库里亚提（Curiatier）家族，罗马那边来自荷拉提尔（Horatier）家族，他们被命令进行决斗。在约定的日子里，这六个人——根据传说，他们甚至彼此间有亲戚关系——在一场戏剧性的战斗中相互竞争，以决定放弃两座城市中的哪一座，从而惠及相邻城邦。

两位历史学家都对这场战斗进行了动人的描述，特别是李维将其视为在集结的士兵面前上演的一出戏剧（spectaculum）。阅读他书中描述的人，脑海中几乎可以浮现一个舞台：周围站立着惊诧不已的观众，他们用大声的呼喊来评论这出英雄的戏剧，着迷地关注着事件的发展，并被其中的恐怖所震慑。在荷拉提尔兄弟中的两人被杀后，罗马这一方的情况立刻变得糟糕，甚至可以说是丧失了希望。但三兄弟中剩下的一个设法用诡计扭转了局势。为了使库里亚提兄弟分开，他佯装战败逃走。他已经发现，对方受了不同程度的伤，因此会在他逃跑时以不同的速度追击他。事实也正如此，库里亚提兄弟追击他时，彼此间隔了一段距离。他通过这种方式，成功地与这三个追兵依次搏斗，并杀死了他们，带领罗马人赢得了这场决斗。

罗马人在城内欢呼迎接他们的普布利乌斯·荷拉提乌斯［Publius Horatius，其他资料显示为马尔库斯·荷拉提乌斯（Marcus Horatius）］，他们的城市现在得到了拯救，并且被选中去接管拉丁姆的领导权。他的妹妹荷拉提娅（Horatia）也跑到卡佩纳门（Porta Capena）前去迎接他，但是她满怀焦虑。父亲已将她许配给库里亚提兄弟中的一人。她甚至和母亲一起为她的新郎缝制了一件战袍，现在她惊恐地认出这件衣服已经成为自己哥哥怀中一件鲜血淋漓的战利品。她悲从中来，大声恸哭，散开头发以示哀悼，并大声呼喊未婚夫的名字。这对幸存的英雄来说太过分了——兄弟姐妹又算什么呢——他一剑刺死了她，并高呼：这就是每个哀悼被罗马击败的敌人的罗马女人应有的下场，她忘掉了她死去的兄弟，忘掉了她出生的城市！

在这种情况下对一位罗马女性施加可怕的暴力被独特地理解为叛逆罪（perduellio）。按照罗马律法，这种行为无论如何不能逍遥法外。因此，凭借想象，两对三胞胎决斗以及谋杀妹妹这个传说，进一步丰富了罗马法律概念在公元前 7 世纪已经形成的形式。在这个传说中，国王任命的负责审理此案的预审法官（duumviri）最初得出的结论是，杀害妹妹的凶手有罪，应该在大量鞭刑后蒙面吊死在"灾难之树"（infelix arbor）上。但据称，罗马在古风时期就可能已经将死刑的判决权交到了公民手中（provocatio ad populum）。为了启动这一程序上的步骤，被告必须向公民议会呼吁提供法律援助。荷拉提乌斯也如此操作。案件被再次审理，据称，与他同名的父亲的发言起到了决定性作用。他用儿子的伟大事迹提醒罗马公民，他的儿子战胜了库里亚提三兄弟，为罗马人民取得了胜利。与之相比较，谋杀妹妹这个案件的分量要轻得多，因此，相较于被告的罪行，必须给予他比带来的荣誉更高的评价。作为一位父亲，他没有对儿子采取行动，并认为女儿被杀是正当的。然后，"更多出于对他的勇敢的钦佩，而不是基于法律"，荷拉提尔家族中的这一位被无罪释放，但他得赎罪，否则他的名声会因为谋杀而受到玷污。因此，由国家承担费用，这位父亲进行了赎罪祭祀。为了达到赎罪的目的，据说这位儿子被要求蒙面在一条木头横梁下方走过，这两位历史学家一致认为，这条横梁就是如今在罗马仍然可以看到的姐妹梁。

李维宣称，两对三胞胎争夺拉丁姆的统治权是罗马早期最著名，也是最广为人知的故事（李维，《罗马史》1，24）。无论如何，通过各地的纪念物，这一不同寻常的事件，或曰这一虚构的故事，也在罗马人的意识中获得了实质性的提升。在阿尔巴隆加附近有阵亡的荷拉提尔兄弟的坟冢，朝着罗马的方向则有库里亚提三兄弟的坟墓——这些原本无疑是无名氏的荒坟，在几个世纪后，却被认为属于以前的英雄。在卡佩纳门附近，据说还有被杀死的妹妹的墓穴——当然也是一个来自共和时代的枯坟野冢，可以充当所谓的虚构历史的遗迹。在市中心的罗马广场附近还有一处称为"荷拉提尔之矛"（pila Horatia）的地方，据说被缴获的库里亚提兄弟的武器曾经被挂在一个特洛帕伊翁上。到了奥古斯都统治时期，这些东西都已经看不到了，但是明确了艾米利亚巴斯利卡（Basilika Aemilia）或尤利亚巴斯利卡（Basilika Iulia）的位置。从这一皇皇巨著中我们可以获悉，罗马在早期获得了对该地区的统治权，叙事作品以这种方式反映了地志学，以及整体被虚构重新构建的王政时代。

我们以姐妹梁为例，可以研究那些原本嵌入特定仪式语境的古代纪念物是如何被重新诠释的。荷拉提尔家族在公元前5世纪就已经灭绝了，因此后来讲述这个故事的主体不可能是这个家族。这个故事之所以形成，是因为它属于罗马历史传统的共同财产。一个仿佛是为剧院——如今的我们更愿意说是为电影——而创作的故事，传达了各种各样的信息：罗马对拉丁姆的早期统治，罗马男人的勇敢，罗马女性不合时宜的情绪爆发，最后还有挑衅权的古代传统，这些都汇集在一个巧妙的故事里。此外，国家利益至上原则与个体非常私人的利益之间不可解决的对立体现在悲恸的荷拉提娅身上，从而引发大众的共鸣。

这个信息想传达的是：家族的荣誉必须排在罗马之后。如果故事本身能提供足够的戏剧性和命运的转折，并最终能为罗马带来积极的影响，那么细节上的不一致也会被作者及读者接受。

即使姐妹梁直到古代晚期仍保持完好，即使在历史作品中可以读到关于这场战斗的故事，但在接下来的几个世纪，荷拉提尔家族的痕迹还是逐渐消失了。但这个故事太美好了，不会完全消失。因此这并不会令人感到惊讶——近代早期，皮埃尔·高乃依（Pierre Corneille）通过戏剧《荷拉斯》（*Horace*，1640 年）对古代遗产展开回忆，从而开启了一段更广泛的接受史。这主要是由于高乃依安排角色卡米尔（即荷拉提娅）、荷拉斯虚构的妻子萨皮娜以及对手居里亚斯以一种全新的方式展开行动，将家庭的社会性内部空间、私人关系与战争伦理、基于履行国家义务的英雄式自我放弃相互对照。雅克－路易·大卫（Jacques-Louis David）的画作《荷拉提尔兄弟之誓》（*Der Schwur der Horatier*，1784 年）的效果——在宝剑下宣誓的兄弟与悲恸的妇女形成鲜明对照——也来自这种紧张的关系。他们做出参战的决定是为服务于集体，这帮助此画成为法国大革命的标志，并因其形式上的一致性促进了法国古典主义绘画的发展。此外，在同时代的文学中，冲突产生于主人公过于单方面地决定要么支持社会，要么支持政治行动。18 世纪和 19 世纪的各种歌剧甚至突出卡米拉和库里亚齐奥之间的亲密爱情，而奥拉齐奥也与未来妹夫库里亚齐奥关系密切。直到 20 世纪，特别是海纳·穆勒（Heiner Müller）用他的戏剧作品《荷拉提尔》（*Der Horatier*，1968 年）展示了一个别具一格的集体，它摆脱了荷拉提乌斯的专横，最终因为他违反了法律而判处其死刑。

伊辛的古拉之犬

北纬 31° 53' 6"；东经 45° 16' 7"

尼普尔古城（Nippur）东南约 30 公里处，在看似一望无际的平原上，有一座高约 8 米、直径约 1.3 公里的小山丘。它承载着伊辛古城（今天的 Iān āal-Bahrīyāt）遗址，1973 年至 1989 年间，慕尼黑大学考古学家巴特尔·赫鲁达（Barthel Hrouda）领衔对其进行了勘探。与其他的许多遗址一样，1990 年爆发的第一次伊拉克战争中止了这里所有的考古工作。如今，这座山丘成为劫掠者的目标，他们继续破坏这个已经被洗劫了几个世纪的台型土墩，可以推测，未来的考古研究即便不是完全不可能进行，也会非常困难。

科学发掘的重点是当地主神古拉女神（Gula）的神庙区域。到 1990 年中断挖掘时，这座神庙的部分基本结构已经得以重见天日，神庙占地面积为 300 平方米（60 米×50 米），拥有多个房间，相当宽敞。此外，此次挖掘还成功地证明，神庙在公元前 1400 年左右位于一个平台之上，当时的人通过一段数米高的台阶走进神庙。与埃利都不同，这里没有金字塔，但是有不同的建筑层，逐层增高，使之成为耸立在平原之上、远处可见的一座纪念碑。它最古老的几层建筑可以追溯到公元前 3 千纪。

从这时开始，人们在楔形文字中将古拉女神尊崇为"伟大的治疗女神"，她"赋予生命""保护生命"以及"复活死者"。公元前 2000 年左右，各地都有古拉的神庙，譬如乌玛（Umma），特别是伊辛的神庙尤为出名，古拉成为最重要的治疗女神。一首著名的赞美诗，即《布卢萨－拉比赞美诗》（*Bulussa-rabi-Hymnus*，写于公元前 1400 年至公元前 700 年间），借女神之口自述："我是医生，我知晓如何医治。我拥有所有的药用植物，我驱除疾病。我携带一只口袋，里面装着赋予生命的符咒，应有尽有。我有一把治病的手术刀。我给人们提供药物……我凝视病人，令他们痊愈，我的话语复活死者……我把病人从彼岸带回……我是生命的主宰。我是医生，我是先知，我是驱魔者。"

在这个文本中，女神用极具时代特色的神秘实践活动与具体的医疗行为相结合来进行自我宣传，其中还提到了使用药用植物和医疗工具。古拉的医疗范围包罗万象，除此之外，她在生育和妊娠方面还具有特别的意义。她必须抵御女性恶魔拉玛什图（Lamaštu）的邪恶影响，这个恶魔威胁着母亲和新生儿的安全。婴幼儿的各种疾病都归咎于拉玛什图的邪恶影响。正如其他文本所揭示的那样，古拉能够在她的犬的帮助下赶走这位女魔头。女神借此在那个时代以及现代研究中为自己争取到一个特殊的位置。那么，犬在这位女神的医疗崇拜中起到何种突出的作用呢？

无论如何，犬在古拉的神庙中占据重要地位。犬在古埃及崇拜体系中拥有稳固的地位，是一种备受尊崇的动物木乃伊——只要想想狗头以及胡狼头的阿努比斯（Anubis），与古埃及相比，它们在两河流域的帝国中并没有发挥特殊的崇拜作用。无论如何，这个地区饲养犬，仅仅是把这种活物作为一种食物供给以及作为宠物，它在宗教崇拜中没有留下任何痕迹。在治疗女神古拉这里的情况却不一样。在散布各处、具有大约超过 2000 年历史的各种图像中——譬如滚筒印章或界碑、带铭文的象征性界石以及雕像上——可以看到女神有一条犬相伴左右。在她的神庙里，有许多用青铜、陶土甚至黄金制成的犬的塑像，它们都是献祭给女神的。其他的献祭作品有陶土制作的人体部位，特别是脚、腿和手，以及与之配对的陶土犬爪。

这项研究尝试解释犬在古拉的医疗崇拜中的作用。普遍的看法是，神庙中的动物通过舔舐病人的伤口，直接参与了治疗。据说这些动物的唾液具有特殊的治疗能力。这些化学物质甚至具有与抗生素类似的药用效果。这一假说与以下想象相关：动物通过简单的舔舐治疗溃烂的伤口、损伤以及不同的溃疡。《新约》中拉撒路（Lazarus）的故事经常在这种情况下被提及（《路加福音》16，19 及以下）。这个被集体抛弃的麻风病人，现在只能由犬来舔他渗出的溃疡脓液。

然而，在如今的《新约》注解者中，对于如何理解这段话存在着相当大的争议。作者是真的在暗示动物所谓的治疗能力，还是在表示：这位麻风病人完全无助，任由野犬舔舐？即使从医学的角度来看，也有相当多的人怀疑犬的唾液具有治疗作用；更确切地说，怀疑论在这一点上占据上风，因为犬的唾液里含有许多病原细菌。通过化学分析确定的犬唾液中的物质在医药方面的有效性值得怀疑，其愈合能力也非常有限。

因此，从科学的角度来看，我们不应高估这些声称犬唾液具有治疗能力的证据的可靠性。去接近那个时代的想象——犬类参与治疗过程，一般可以达到何种程度——这似乎更有意义。毕竟，犬的触摸也可以用完全不同的方式来解释：根据这种说法，舌头与唾液对伤口的作用并非决定性的。不如说，舌头的舔舐是一种将疾病的邪恶力量转移到犬身上去的手段，犬接受了病人的疾病，从此不得不承受它。一旦发生了这种转移，参与崇拜仪式的祭司——或者说是负责崇拜仪式成员的人——从此就要负责照顾承担了痛楚的犬。

犬此时开始承受的厄运和疾病是如何被消除的呢？沿着一条涌往

神庙的道路进行挖掘，可能会得到一个答案。挖掘人员在这条路附近的神庙周围发现了共计33座犬墓地，它们被埋葬于此是为了表示对女神的敬重。动物学方面的发现非常有趣——也有些令人毛骨悚然。埋葬在这里的犬，除了一只死胎，还有15只幼犬、8只1岁左右的犬和9只完全成年的犬。令专家们感到震惊是，"严重骨折的犬占比相对较大"，他们在第一份发掘报告中如此写道。即使是非常年幼的犬也有未愈合的骨折以及不同骨骼区域的旧伤。

约阿希姆·伯斯内克（Joachim Boessneck）——一位兽医和研究古代动物世界问题的专家——的解释让我们意识到犬墓地的这些发现是怎么回事：这些被认为是女神的陪伴者的犬类显然在治疗过程中没有被温柔对待。如果说它们作为替罪羊，必须在仪式中承担病人的疾病，以帮助他们疗愈，这就意味着，最残酷的情况是，它们必须承担与那些前来寻求帮助的人同等的痛苦。我们可以据此猜测，这些动物未愈合的骨折以及多处受伤是怎么回事。关于仪式的文本证实，以谨慎的态度治疗饱受痛苦的生物是崇拜信仰的一部分。譬如，一个文本中写道，如果受伤的犬没有得到照顾，或者死去的动物没有被埋葬，女神就会发怒。

古代不仅是另一片异域——它的一些特征对我们而言，似乎出人意料地残酷与令人感到不安。这就是为什么当我们涉及事实时，不能回避以下明确表述：人们显然在很大程度上把折磨犬作为一种治疗手段，令它们承受前来治疗的客人的疾病。譬如，亚述学家芭芭拉·伯克（Barbara Böck）认为，幼犬在治疗女性的某些乳房疾病中起到特殊作用，而女性在分娩或早期哺乳周期中可能会患上这些病。她指导大家参阅一些文本，里面推荐了相应的奇特的治疗措施。这些妇女的孩子应该托付给奶妈，以便疾病远离他们。取而代之的是，年轻的母亲要哺育幼犬，幼犬通过吮吸母亲的乳汁而吸取疾病。墓地里的幼犬尸体表明，这些小动物在用于治疗之后被杀死，就像那些骨折的犬一样，然后被安葬，以此纪念女神。这样一来，婴儿的致命杀手——女性恶魔拉玛什图，以及被描绘成野犬的恶魔萨马纳（Samana）——他同样对小孩子下手，通过给母亲的乳汁投毒来阻止他们进食——都通过这种仪式而被压制。人们把这些用于承受疾病的犬类饲养在寺庙的一栋建筑中，该建筑在这些文本中被称为"e-ur-gi-ra"。这显然是一种犬舍，动物们在其中度过用于治疗前的光阴。

人们显然对神庙提供的治疗方法需求很大，因为那时的人不知道导致疾病的真正原因，更加不了解同样可靠和有效的治疗手段；这一点可以从作为女神陪伴者的犬的雕像和图画中得到证明。此外，病人还可以把神庙当作药房，因为那里提供各种各样的药材。这些也在与犬相关的文献中被提及，因为它们在治疗崇拜中被认为具有特殊的效力。因此，为纪念伊辛的女主人宁－伊辛娜（Nin-Isina）——人们也称之为古拉——而制作的一座雕像，上面有一条犬，它背着一个装着药物"生命药草"的容器。

在治疗中使用的软膏和酊剂是由药草制成的，这些药草除了传统的植物名称，也被称为"古拉之犬"。它们与最优质的啤酒、葡萄酒或油混合，制成了治疗药水。另一种混合物含有一种名为"犬之舌"的药草，它在一定程度上被当作广谱酊剂饮用，用于治疗腹泻、勃起功能障碍、肝炎、妊娠并发症以及其他各种疾病。顺便提一下，在犬类扮演了某种角色的病症治疗中，它们会咬伤人。在地中海东部国家，无主之犬似乎是一种常见的危险，今天依然如此。因此，当我们从其他文献中获悉，人们对古拉神庙外的犬并不那么娇惯时，也就不会感到奇怪了。人们用殴打、投掷石块等方式来击退这种具有攻击性的动物。法庭记录显示，比如在乌鲁克这个国家，动物有时会被杀死。

然而，不仅在古代东方，犬在希腊也出现在治疗崇拜这个语境之下。阿斯克勒庇俄斯——希腊神话中一个重要的医疗之神——在《荷马史诗》中被称为医生及医生之父。有趣的是，他的神话传记的一部分内容是：他从小就有驯犬人陪伴在侧。他的主要神庙之一——伯罗奔尼撒半岛的埃皮道鲁斯——中的硬币肖像上显示，有一条犬相伴在他左右。其他资料——公元前 4 世纪的祭祀石碑上——也证明神圣的犬给病人带来了康复［《希腊铭文集成》(*Inscriptiones Graecae*) IV/1，121 及以下］。一个名叫莱森的盲童在"他的眼睛被神庙里的一条犬医治好"之后，健康地离开了神庙。另一个来自埃吉纳（Ägina）的男孩，脖子后面长了一个肿块，"在他醒着的时候，神圣之犬中的一条用舌头治好了他，令他康复"。人们显然给其他生病的人吃狗肉，并期待这种饮食能够消除他们的疾病。

伊辛的治疗操作与这种情况明显类似。然而，迄今为止，要想更准确地追踪公元前 2 千纪伊辛疗法在希腊世界的传播，这是非常困难的。卡尼什和小亚细亚的其他亚述贸易中心是否扮演着中介的角色？这个问题无法得到确定的回答。腓尼基人的定居点以及希腊人和当地人在地中海东部港口的接触可能也很重要。譬如，在以色列地中海沿岸、加沙以北的古阿什凯隆（Askalon）有一个奇特的考古发现：一个公元前 500 年左右的巨大的犬墓地，里面埋葬了逾 1200 条犬。这些动物不是宠物，全部都是野犬。骨骼上既无伤痕，也无切割痕迹表明它们是被吃掉的。由于这些犬显然受到宗教崇拜，挖掘者在此寻找它与治疗女神古拉之犬的崇拜信仰相关的联系。这很容易理解，因为阿什凯隆的研究结果与伊辛的研究结果非常相似，尽管那里的动物数量要少得多，规模也不那么具有代表性。但与伊辛一样的是，阿什凯隆被埋葬的大多是幼犬（超过一半）或非常年轻的犬。

在新亚述以及新巴比伦帝国(公元前 626 年—公元前 539 年)也可以找到古拉女神的证据。在萨摩斯岛(Samos)的赫拉神庙中放置着源自亚述的同时代的祭品，其中包括有犬陪伴左右的男子铜像，它们与伊辛的铜像一样有名。它们代表的是别名为阿斯格拉塔斯(Asgelatas)的希腊神阿波罗——他也被当作治疗之神来崇拜。"阿斯格拉塔斯"这一概念是由来自东方的词汇"azugallatu"构成的，意为"伟大的医者"，也是古拉的别名。萨摩斯神庙的发掘者据此推测，阿波罗以及最终承担了治疗女神职责的众神之母赫拉接管了古拉的职能。可以想象，希腊化时期的古拉治疗崇拜通过基克拉泽斯群岛（Kykladen）、爱琴海和塞浦路斯，来到希腊城邦阿什凯隆。"阿什凯隆"这个地名是否因此可以像人们假设的那样，追溯到阿斯克勒庇俄斯以及 / 或者"azugallatu"，这尚无定论。

古拉女神在犬的帮助下，即使是疑难杂症也能医治，这些故事至少在近东和中东地区流传。直到公元前 6 世纪，我们在各帝国以及各城市都能与这位女神相遇。然而，她在伊辛的神庙无疑是她最著名的圣地——一处拥有犬墓地以及熟练仪式的真正的古代奇异之地。

萨卡拉（孟斐斯）的塞拉佩翁——隐士和一对双胞胎

北纬 29° 52' 30.05"；东经 31° 12' 42.60"

今天，前往埃及的游客除了要游览伟大的神庙建筑，还要参观壮观的法老墓穴。除了国王谷（公元前 15 世纪至公元前 11 世纪的法老安葬之地）以及吉萨（Gizeh）附近的高地（公元前 2620 年至公元前 2500 年之间在此建造了尼罗河畔最大的金字塔），还建议参观萨卡拉（Saqqara）大型墓地——距离开罗郊区 20 多公里，位于古老王都孟斐斯（Memphis）的西部。长期以来，孟斐斯是除亚历山大城之外尼罗河畔最重要的城市，也是许多法老的统治中心。在 2 公里宽、8 公里长的萨卡拉墓地中，除了无数尚未被完全发掘的墓葬，还有各种死者的神庙和金字塔，其中包括法老左塞尔（Djoser，公元前 2700 年左右）的金字塔。这座阶梯式金字塔是埃及最古老的大型建筑。除了安葬人类，在其地下长廊中还发现了成千上万只动物。朱鹭、猎鹰、狒狒、长尾猴、犬、猫、公羊、绵羊、鳄鱼、蛇、鱼、鼩鼱、甲虫、狮子以及其他动物被制作成神圣的木乃伊，安葬在萨卡拉。

具有特殊意义的是一座相当具体的动物公墓。如果游客向当地导游吐露心声，那么，后者不仅会向这位游客展示一些坟墓，还会将其带到一座奇特的地下建筑群。只有当人们直接站在它面前时，才会注意到它位于广阔沙漠的沙地里：在这座大型墓园的西部，实际上已经在尼罗河谷另一边的沙漠中，人们可以通过一个人工建造的斜坡下到神圣的奥西里斯 - 阿匹斯公牛（Osiris-Apis-Stiere）墓中。一条长长的甬道如今装置了灯光，相当明亮，其左右两边共有 24 间墓室，里面有巨大的花岗岩石棺。从公元前 6 世纪的法老阿玛西斯（Amasis）时期一直到公元前 1 世纪，这些重达 70 吨以上的巨大棺材都是用来安葬神圣公牛的。这些公牛生活在孟斐斯的马厩中，被当作阿匹斯的化身来崇拜，阿匹斯是大神普塔（Ptah）的一种形象。在它们去世后，人们将其制作成木乃伊，并戴上镀金的木质面具，作为神圣的奥西里斯 – 阿匹斯公牛安葬在墓室中。然而，这些墓室很早就被洗劫一空了。当法国学者奥古斯特·马里埃特（Auguste Mariette, 1821 年－1881 年）在 19 世纪中期发掘该遗址时，这些豪华石棺的盖子已经被移开，花岗岩石棺里空空如也。早在 1700 年，学者保罗·卢卡斯（Paul Lucas）就在附近村庄的市场上发现了祭祀物品以及一部分公牛木乃伊。

150 年后，马里埃特的发掘工作的首要任务是：短时间内尽可能多地寻回这些艺术珍品，并将它们带到卢浮宫。因此，他对整座建筑群的描述是混乱和不准确的，其在古代文献中被称为塞拉佩翁（Serapeion）。除了公牛墓室，它迄今仍然隐藏在沙漠下方数米深的地方，还没有被系统地探索过。即使在斯特拉波的时代，这座神庙也位于一处非常多沙的地方，沙漠上的风已经在那里堆起了一座座沙丘，沿着游行之路设置的狮身人面像，已经有一部分被风沙掩埋到了头部，有一部分只能看到一半了。

如果游客沿着斯特拉波提及的两旁矗立着狮身人面像的道路行走，大约走 1 公里后就能到达塞拉佩翁。通往神庙的道路以及神庙本身都装饰着图画，图案混合着埃及和希腊风格。除了狮身人面像，还有狮子、豹子和冥界之犬刻耳柏洛斯（Kerberos）的形象。当游客到达神庙时，会看到入口处有一道半圆形的设施，公元前 2 世纪初，希腊英雄和学者的雕像矗立在此。荷马、泰勒斯（Thales）、品达、柏拉图、普罗塔戈拉（Protagoras）、来自法勒隆的德米特里欧斯（Demetrios von Phaleron）以及其他身份不明的希腊文化人物都在沙漠中央迎接前来埃及塞拉佩翁的游客。这些希腊的思想巨擘是马其顿新法老，即托勒密诸王指定的文化领域的代表。自公元前 4 世纪中期以降，塞拉佩翁左侧矗立着一座纪念埃及最后一位本土法老奈克塔奈波斯二世（Nektanebos II）的神庙。沿着通往塞拉佩翁的道路，右侧矗立着埃及和希腊的神像，还有一座祈祷室，里面有一尊阿匹斯的立式雕像，这尊雕像现存于卢浮宫。

在这座混合了不同文化的奇异神庙中，古埃及的奥西里斯－阿匹斯崇拜与希腊人时而称为萨拉皮斯（Sarapis），时而称为塞拉皮斯（Serapis）的神灵结合在一起。在希腊文本中，萨拉皮斯或塞拉皮斯与狄俄尼索斯、哈迪斯、宙斯和阿斯克勒庇俄斯相提并论。因此，关于彼岸的想象、丰产以及治疗术都与萨拉皮斯／塞拉皮斯有关。死后被尊称为奥西里斯－阿匹斯／塞拉皮斯的阿匹斯公牛对当地人而言如此具有声望，以至于新的统治者接受了这种崇拜，并为马其顿－希腊士兵以及来自他们自己文化圈的新定居者进行了改进。接受这种崇拜的一个显而易见的表现，是在新创建的亚历山大城建立了另一个塞拉佩翁，塞拉皮斯从此成为这座城市的主神。我们以后会在那里与他再次相遇。

埃及人、希腊人以及马其顿人同样前往孟斐斯的塞拉佩翁进行探访。他们希望在沙漠边缘找到治疗疾病的方法，或者只是想在获得梦的解析后为幸福的未来献上供奉。因为塞拉佩翁同样是人们去接受预言的一个地方——换句话说，它也是一处神谕场所。夜晚，人们在各个客栈入睡、做梦，然后去找塞拉皮斯神的神谕专家，请他们解梦。

专家的数量很多，在离入口处很远的地方，已经有一个来自克里特岛的人挂起了提供解梦服务的广告牌，以便与神殿里的同行竞争，抢走他们的客户。希腊治疗之神阿斯克勒庇俄斯的神殿也与奥西里斯－阿匹斯神庙有关，他等同于埃及神祇伊姆霍特普（Imhotep）。

我们对神庙的建筑缺乏可靠的想象。马里埃特先生（Mariette）发布于 1851 年的仿制品似乎纯粹是一种猜测。然而，我们是闻所未闻的幸运儿！因为已经发现了公元前 2 世纪中叶前后约二十年的文本，这些文本为我们提供了对神庙的崇拜生活——同时也是社会生活——的独特见解。重要的莎草纸研究学者乌尔里希·维尔肯（Ulrich Wilcken）在其著作《托勒密时期的证明文书》（*Urkunden der Ptolmäerzeit*，简称为 UPZ，1927）中为这些文件的研究及诠释做出了杰出的贡献。

当时，托勒密王朝的统治家族完全分裂，已经失去了对国家各方面的领导权。外交方面，针对塞琉古国王安条克四世（Antiochos IV）的政策失败；内政方面，尼罗河三角洲爆发了反对马其顿国王的起义，与此同时，还饱受埃及王室灾难性的阴谋所造成的经济困难折磨。只有在伟大的古埃及神庙中，生活似乎尚沿着熟悉的轨道行进，即使时有中断——这显然也是处于危机状态的一个后果。

我们的一份莎草纸文献聚焦于当时的情势，可以阐明围绕塞拉佩翁发生的事件的典型要素。这个故事的中心是一个叫托勒密的人，他是马其顿雇佣兵格拉西亚斯的儿子，是普西奇斯（Psichis）人。他 30 岁左右离开了自己的村庄，作为一个所谓的隐士（katochos）服务于孟斐斯的塞拉皮斯神。这一举措可能是出于经济或纯粹的宗教原因。此外，他的新身份意味着他必须住在神庙里，不允许离开圣所。他住在一间小神殿或小房间里，即所谓的"帕斯托福里翁"（pastophorion），里面供奉着塞拉佩翁的叙利亚女神阿斯塔特（Astarte）。从某种意义上说，这间小神殿是他的隐居之所。他由家中的兄弟们提供最基本的生活用品，此外，每月从神庙获得100德拉克马作为崇拜服务的报酬，以及定量的谷物作为每日食粮，还有蓖麻油作为房间里灯的燃料。

托勒密在莎草纸上大量描述了自己的隐士岁月，这些莎草纸原件以及由他亲自誊抄的副本均得以保存。此外，他还给国王托勒密六世及其妻子克利奥帕特拉二世写了一系列信件，这对执政的夫妇在定期访问塞拉佩翁时，显然通过一个接见窗口亲自收到了这些信件。

托勒密报告的是极其不愉快的事情。譬如，他在呈文中记述了当局对自己位于家乡的祖屋的暴行。托勒密抱怨道，他的三个仍居住于此的兄弟阿波罗尼奥斯、希帕洛斯和萨拉皮奥斯因此定期遭受不公。村长和邻居们抢劫了他的祖屋，甚至试图占有他家的财产。托勒密本人在神庙中多次遭受埃及人的攻击，并"经常处于致命的危险之中……，因为我是希腊人"，他如此写道（UPZ 8）。我们获悉，他在一次事件中，被清洁工和质朴的面包师打得很惨，以至于他以为他们想杀死自己。此外，这些肇事者趁机偷走了信徒们在小神殿中供奉的祭品。正如托勒密记述的那样，他们"在叛乱的早期也曾试图这般行事"。这种说法似乎无力地反映出，在安条克四世突袭埃及时，当地人反对马其顿的统治而造成的骚乱。还有一次，大祭司的一名副手在警察局长以及其他警察的陪同下，公然前来搜查托勒密的房间，声称要寻找藏匿于此的武器。尽管他们什么也没发现，但这个祭司后来又带着不同的人来过两次，殴打托勒密，抢劫他以及其他隐士的财产。因为埃及人迫害希腊人，神的祭祀场所显然并未享有天堂般的和平。托勒密的呈文反映出神庙中的埃及工作者与希腊隐士之间普遍存在的粗暴行为。但是，他不是袭击的唯一受害者。我们从他的另一封信中了解到，塞拉佩翁也是那些正在逃亡和陷入困境的女孩的避难所。此外，托勒密试图帮助一对处于这种境况之下的双胞胎。

托勒密曾以姐妹俩的名义给国王写了一封信，信中讲述了她们的故事：她们的埃及母亲内佛尼斯曾有一个情人，名为菲力珀斯，是一位希腊士兵，这位母亲为了他而抛弃了自己的丈夫。她甚至蛊惑这名士兵去谋杀被她抛弃的男人。这名士兵拔出剑来去追杀她的丈夫。但由于他的房子位于孟斐斯的埃及市场，距离尼罗河不远，这两位女孩的父亲游到了尼罗河的一座小岛上，得以获救，一艘船把他从那儿带到了赫拉克莱奥波利斯（Herakleopolis）。因为无法与女儿们相见，他悲痛欲绝，不久就在那儿去世了。在写这封呈文的时候，他的尸体已经被他的兄弟们在大墓地里做成了木乃伊，但尚未下葬。

母亲在上一段婚姻中还有一个儿子，她因此赶走了这两个女孩，她们逃到了塞拉佩翁，前来寻找父亲的老朋友托勒密。据说，塞拉皮斯神给托勒密托梦，要求他照顾这两个女孩。当现任阿匹斯公牛于公元 164 年 4 月 6 日去世时，姐妹俩被聘任为年轻的女祭司，在孟斐斯为期 70 天的丧期中"向神表示哀悼"（UPZ 18）。这对双胞胎为此装扮成埃及女神伊希斯和奈芙蒂斯（Nephthys）的形象。人们认为这两位女神是姐妹，在神话中，她们收集了奥西里斯被肢解的尸体的各个部分，并将其埋葬，陪伴他进入来世；因此，她们是亡灵世界的女神。在这 70 天的时间里，公牛被制成木乃伊，并在精心设计的仪式中接受崇拜。民众踊跃参与送葬活动，在庞大的送葬队伍的陪伴下，它的木乃伊被送往墓穴，并进行神化仪式与庆典活动。同年 6 月 15 日，公牛被埋葬在塞拉佩翁后，这对双胞胎被委托在墓穴中进行冥神奥西里斯－阿匹斯的崇拜活动。此后，伊姆霍特普－阿斯克勒庇俄斯神庙

（Heiligtum des Imhotep-Asklepios）的日常祭品也掌握在她们手中。于是，她们被牢牢地与神庙的运行绑定在一起，神庙的运行是由大量的崇拜信仰者、清洁与供应人员、王室的行政人员、普通工人——例如在马厩或墓穴中工作的人——以及警察等安全保障人员维持的。

国王向这对双胞胎支付了崇拜服务的酬劳。她们应得的芝麻油和蓖麻油的配给保证了她们在神庙里的生存——或者她们至少被认为获得了保障。然而，每天的面包配给以及定期的油供应在行政管理方面相当复杂；它们被分配到神庙的各个机构以及王室的行政部门，因此为这些主管宗教崇拜的人员提供了操纵与挪用的空间。此外，母亲继续在背后令人恶心地折磨这两个女孩，以至于她们不得不在托勒密的帮助下处理复杂的法律纠纷——其中一些可能取得了成功，这种状况一直持续到公元 161 年。在此期间，托勒密将自己等同于她们的监护人，认为自己必须操心她们的事情。无论如何，姐妹俩甚至在塞拉佩翁受到了法老夫妇的接见，向他们口头陈述自己的遭遇。

托勒密还建议这两个女孩写下她们的梦并进行解释。他还将自己记录的梦存档，并将其中一些资料寄给了一位朋友。例如，他梦见这对双胞胎在某个托特神（Thot）的学校上学，而他自己正与她们一起在城市里散步。最后是向塞拉皮斯神与伊希斯神的祈祷："到我这里来吧，众神中的女神，请怜悯我，满足我的请求。请怜悯这对双胞胎吧……让我获得自由吧，看看我的皑皑白发。我知道，我将命不久矣。但她们是女人；如果她们被玷污，她们将永远无法再纯净。"（UPZ 78）

即使这对双胞胎女孩的故事最终消失在这座重要神庙的阴影之下，但可以明确的是，托勒密与他的两位被守护者——就像其他许多前来参观神庙的朝圣者一样——相信可以把梦境理解为预言，这是一种来自神灵的关照。因此，他们探访这处场所，寻求建议与帮助。在我们听说过的那些困难的、不稳定的时代，情况更是如此。诸神的信息、暴力以及对幸福的承诺，都存在于萨卡拉的这片奇异的预言之地。

阿波诺忒科斯——欺诈的预言者

北纬 41° 58' 32.94"；东经 33° 45' 27.87"

很少有欧洲游客前往罗马尼亚港口城市康斯坦察（Constanţa）参观当地的考古博物馆。康斯坦察的前身是希腊 – 罗马城市托米斯（Tomis），这儿曾是罗马诗人奥维德（约公元前 43 年—公元 17 年）的流放地，并因悲伤而声名大噪，那里有一件出土物特别引人注目。它是一尊大理石蛇像，是 1962 年在此地挖掘而出的一件宝物的一部分。整座建筑群由 24 尊不同神灵的大理石像组成。人们声称，这组雕像是在古代晚期从基督徒手中拯救出来的，免于被他们摧毁。

在古代，蛇的雕像比比皆是，因为这种动物在地中海地区相当常见，它们也出现在许多神话故事中。但康斯坦察的这一雕像令人感到不安，因为这条蛇有一个狗头，此外它还具有人类的特征，有人的耳朵和向后梳理的长发。这条蛇的形象也出现在各个古代城市的硬币上，并附带镌刻着这种动物的名字"格吕肯"（Glykon），意思是"甜蜜的人"。这是一幅独特的崇拜雕像的复制品，这尊雕像将我们带到了一个拥有特殊历史的地方，即如今土耳其北部的伊内博卢（Inebolu）地区。与繁荣的康斯坦察不同，这座大约一万人口的小城具有土耳其沿海地区冷淡的魅力。它远离土耳其地中海沿岸的热门度假胜地，对其居民而言，海边的几张带桌子的木质长椅就足以让人感到愉悦。即使在 8 月，这儿的温度也很少会超过 21 摄氏度。沿海公路两旁是几片小海滩，有一排排的多层公寓楼、几间餐馆或看起来毫无吸引力的小茶馆，其中大部分空无一人。小城后面耸立着覆盖着茂密森林的山峰。在奥斯曼帝国时期，这座小城的重要性体现在它的港口功能上，而今天则是林业和木材工业重新定义了它的生活，这个地方主要加工山毛榉、橡木、桦木和黑杉，因蜂蜜、坚果和栗子而小有名气——它只是一个典型的 21 世纪的黑海沿岸小城。

但在公元 2 世纪的某些年份，这里的生命力曾经非常旺盛！当时，这座城市位于古代的本都与俾提尼亚省（Pontus et Bithynia），靠近帕弗拉戈尼亚地区（Paphlagonien），曾以"阿波诺忒科斯"（Abonuteichos）为名，并变成了名副其实的神谕寻求者的圣地。每年都有成千上万的游客如潮水般涌入这个偏远地区。阿波诺忒科斯远离古代的伟大城市的中心，这一事实本身就注定了它会被一个招摇撞骗者、一个极其熟练的蛊惑人心者所操纵。这个男子名为亚历山大，他将使他的家乡成为一处即使按照古代的标准也属于奇异之地的所在。他相信，同乡的狭隘与无知将为实现他的商业理念提供完全理想的温床，他将利用这个理念使整个地区陷入一场伟大的宗教冒险，并使自己——至少在一段时间内——变成富翁。

发生以下这个故事的小神庙时至今日尚未被发现。但幸运的是，希腊作家卢西恩（约公元 120 年—公元 180 年）作为时代见证人与目击者，在其文章《亚历山大或假先知》（*Alexander oder der falsche Prophet*）中记录了阿波诺忒科斯的亚历山大的故事。其中心思想是控诉那些操纵并不择手段地利用人类的愚蠢的行径，以及对希望与恐惧（希腊语为"elpis"和"phobos")的认识。

据说，亚历山大身材高大，仪表堂堂，简直已经被神化了。他的胡子不太浓密，他的长发符合那个时代的学者和哲学家的发型时尚，一部分是真的头发，一部分是人工加长的，今天的人们会说那是一种"接发术"。他的眼睛里闪耀着热情和激情。他的声音愉快而清晰。他理解力敏捷并且富有学识，学习能力强，好奇心旺盛，能立即适应新环境，富有同情心。他把自己看作第二个毕达哥拉斯，认为自己是这位著名哲学家和学者的继承人。任何一个第一次见到他的人都会不由自主地产生这样的印象：遇见了一个可敬和真诚的人。但是，尽管他看上去是一位完美的学者，他的灵魂却非常堕落，实际上，他是狡诈、阴险与欺骗的化身。

卢西恩讲述了亚历山大在这座黑海海滨小城的活动，其中的许多故事貌似夸大其词，但基于那个时代的其他证据，譬如硬币、雕像和铭文，学者们相信，我们这位信息提供者的叙述是真实可信的。因此我们相信他所写的内容：我们的亚历山大首先和一个名叫科孔纳斯的可疑朋友厮混在一起，科孔纳斯主要靠撰写宗教诗歌赚钱。当他们作为随行人员逗留在马其顿时，一位年龄比较成熟的女士供养着两人。他们在那里了解到许多无毒的大蛇的有趣故事，这个地区的人把蛇作为驯服的动物饲养，据说，甚至喂它们喝马其顿妇女的乳汁。两人买了一条蛇，"于是，战争开始了"（卢西恩，《亚历山大或假先知》§7），卢西恩在此引用了历史学家修昔底德（Thukydides）的话，如此写道。亚历山大与他的朋友当即决定通过创建一个新的神谕地点来发家致富。他们知道德尔斐、德洛斯岛、迪迪玛（Didyma）、帕塔拉（Patara）或克拉罗斯（Klaros）等地的各种阿波罗神谕，埃皮道鲁斯、帕加马以及其他地方的神之子阿斯克勒庇俄斯的神谕都生意兴隆，收入颇丰。公元 2 世纪的人完全迷恋着神谕之地以及那里提供的指导。

亚历山大提议将阿波诺忒科斯作为神谕之地，他终其一生都在研究他的同乡，认为在那里可以利用他们的轻信。两人首先将刻有预言的青铜板埋在海峡边的卡尔克登（Chalkedon）的阿波罗神庙中，这是他们的诡计的一部分。预言中的诗句写道：阿斯克勒庇俄斯将追随父亲阿波罗，在阿波诺忒科斯现身。下一步是确保找出这些青铜板，并将消息传到阿波诺忒科斯。亚历山大的同乡们一定也意识到了一个神谕之地所带来的经济机会，鉴于这些美好的愿景，他们决定立即建造一座神庙来接待神明。在此期间，亚历山大的朋友去世了，他便立即赶去了朋友的家乡。亚历山大现在留着长长的卷发，穿着一件带些彩色的白紫色短袖束腰长袍，外面罩着白色的斗篷。他手里拿着一把镰刀，以此表明自己是珀耳修斯的后裔，珀耳修斯曾经用这样的工具砍掉蛇发女妖戈耳贡（Gorgo）的头。相应的神谕文本的传播为这种登场方式做了铺垫。

一抵达家乡，他就做了进一步的准备工作。他秘密地用亚麻布做了一个蛇头，蛇的口与舌可以用一个装饰着马鬃的装置来控制移动。这个神奇的动物后来以"格吕肯"这个名字而闻名。接下来，他把一条刚孵化出来的小蛇放在一个鹅蛋里，小心翼翼地密封起来，乘着夜色藏在这座神庙的施工现场。第二天早上，他系着一条金色的腰带，尖叫着穿过这座城市跑到市场上。他站在那里的一个祭坛上，用狂热的言语引诱居民们来到建筑工地，并发表难以理解的演讲，语言中混合着希伯来语和腓尼基语，他反复呼唤阿波罗和阿斯克勒庇俄斯的名字。他在这儿"发现"了自己在前一天晚上藏起来的蛋，当场打开它，并向观众们展示了这条小蛇，称它为新生的阿斯克勒庇俄斯。在场的人群发出一阵惊讶的窃窃私语，由于大家不是每天都能目睹一个神祇的诞生，于是开始兴高采烈地庆祝。

亚历山大这时在家里待了几天，然后邀请阿波诺忒科斯的居民来看望这位新的神祇，并向其咨询。在一个昏暗的房间里——黯淡的光线是为了尽量让人不能看清细节——兴奋的人们摩肩接踵地一个接一个参观这个神奇的动物。他们每人停留片刻，看到了奇特的人造蛇头以及真蛇的部分身体，亚历山大将这条爬行动物绕在身上，将它真正的头藏在腋窝之下。他甚至允许这些惊讶的参观者触摸这条动物。据卢西恩说，这一幕很像亚历山大大帝在巴比伦去世时房间里的情形，马其顿士兵排着长队想看生病的国王最后一眼。不久之后，来自比提尼亚、加拉太（Galatien）甚至色雷斯（Thrakien）的人蜂拥而至，在返回家乡后，四处传播他们甚至亲手触摸过的这位新神的消息。

亚历山大相信，在崇拜创建阶段，这是一种特别成功的传播方式。绘画以及银制和铜制的雕像和崇拜图像从侧面印证了这些口头信息，朝圣者可以在迅速建立的虔诚商店和纪念品商店购买这些物品，他们回到家乡后，可以在讲述自己的动人经历时四处展示。阿波诺忒科斯的冒险故事现在从仪式上开始下一阶段。亚历山大广而告之，新神即将预言。然而，如果继续向每个人展示戴着玩偶头套的蛇，这太困难且令人疲惫，亚历山大要求朝圣者必须将他们的诉求写成书面材料。密封的文件要转交过来，由亚历山大本人与传信者以及祭司一起倾听居住在神庙内部的神的回答。然后，那些寻求建议的人将再次收到文件，那里放着他们密封的问题以及添加的答案。

亚历山大显然使用了各种技巧来打开封条，以便阅读这些问题。

他有时候可能只是给出一个难以理解的答案，而顾客们显然对这样的胡言乱语也心怀感激。无论如何，他的预言生意取得了巨大成功，每年要回答 8000 次左右的咨询。亚历山大将每一次预言的费用确定为 1 德拉克马 2 奥卜尔（Obole），这相当于一个普通工人数天的工资。他用这种方式每年可以赚到一大笔钱，如果换算成欧元，将达到数百万元。此外，如果用"原声"进行预言，也就是说，如果蛇用神的声音亲自回答，神谕的费用就要增加。这种神谕是为特别富有的人以及著名人士保留的，譬如罗马总督、元老或行政官员。它通过一种巧妙的细管系统，从玩偶头套的口中发出，而实际上是藏在神殿外的人通过一个话筒说出的。

　　这样一个蓬勃发展的崇拜企业当然需要极其忠诚、行事谨慎的工作人员。因此，亚历山大雇用了助手、仆人、神谕文本作者、卫兵、写手、封印者和神谕解释者，并根据他们的职能给予利润分成——他给出的报酬很高，高到令他们保持缄默。这种商业模式还包括营销专家，他们在帝国的其他地区为神谕做广告，并介绍其服务范围：这位神祇能预测未来，发现逃跑的奴隶，揭开小偷和强盗的面具，揭示可以挖掘宝藏的地方，治愈病人，在个别情况下甚至能使死者复活。这些城市得到承诺，格吕肯还可以预测地震的发生、瘟疫的流行，还能提供避免这些灾难的方法，包括写在每家门上防止灾祸的神谕。"长发的菲博斯（Phoibos，由他长发的儿子格吕肯代表）让瘟疫远离这所房子"被写在门梁上——从某种意义上来说，这是如今天主教地区颂歌歌手在门楣上书写粉笔字的前身，它包含了习惯用语"基督保佑这所房屋"（Christus Mansionem Benedicat）的首字母，以保护房子下一年的平安。亚历山大的一部分崇拜代理人集中在首都罗马和意大利进行宣传，以吸引特别富有的客户群，并达到最大的广告效果。

最后，每年举行的、为期三天的神秘节日为神庙的活动完美地画上了句号。在这个节日里，新的神祇的故事，从阿波罗的诞生开始，以舞台表演的形式被重新讲述。最后一天上演的是亚历山大和月亮女神塞勒涅（Selene）的爱情邂逅，据说他们结合后诞生了一个女儿。最后，亚历山大以祭司的身份现身，高声呼喊："格吕肯万岁！"一群追随他的当地人大声呼应——据卢西恩说，他们"散发着大蒜的味道"——"格吕肯万岁！"（卢西恩，《亚历山大或假先知》§39）

神秘节日将治疗与神谕业务扩展到了一种古老的节日形式，该节日的作用是克服人们对死亡的恐惧。最著名的节日举办地之一是位于雅典附近厄琉息斯（Eleusis）的德墨忒尔神庙。为此，阿波诺忒科斯的市民扮演欧摩尔波斯族人（Eumolpiden）和刻律刻斯族人（Keryken），众所周知，他们是厄琉息斯神庙供奉的德墨忒尔的追随者，并且以食用大蒜而闻名。与神谕一样，这种神秘的崇拜活动也非常流行，尤其是在公元 2 世纪时，吸引了所有阶层，并在其仪式中提供非常个体化的、与来世和死亡有关的精神体验。参加庆祝的区域自认为具有排他性，因为这些神秘的崇拜活动通常具有不同程度的入教秘仪。因此，阿波诺忒科斯的节日也以仪式上的呼喊作为起始，将所有的不信仰者都排除在外："如果一个不信仰者（atheos）或一个基督教徒或一个伊壁鸠鲁的信徒来窥探仪式，要把他赶走！让所有相信神的人在上天的祝福下，庆祝他们的神秘。"然后，亚历山大以仪式性的驱逐形式大声呼喊："把基督教徒赶出去！"民众回答："把伊壁鸠鲁的信徒赶出去！"（卢西恩，《亚历山大或假先知》§38）

这种与基督教徒和无神论者划定界限的仪式是令人瞩目的。亚历山大在一张由各种相互竞争的新型崇拜活动、许多神庙以及哲学流派的竞争所构成的复杂网络中建立了一种新的神秘主义。他认为自己属于新毕达哥拉斯学派，并间接属于来自提亚安那（Tyana）的阿波罗尼奥斯学派，后者也主张毕达哥拉斯的学说。毕达哥拉斯学派认为，人类可以摆脱转生的轮回，与众神共存。亚历山大也可以与柏拉图或克利西波斯（Chrysipp）的信徒一起生活。只有伊壁鸠鲁和他的追随者批评神谕及神秘崇拜活动，因为他们基本上否认神灵对世俗世界产生任何影响，亚历山大几乎是狂热地与他们进行斗争。伊壁鸠鲁的信念当然也有追随者，对商业而言，这简直太糟糕了。因此，亚历山大在神庙附近上演了一场焚烧伊壁鸠鲁主要著作的戏码，而且拒绝向来自小城阿马斯特里斯（Amastris）的居民提供神谕，因为他怀疑那里的伊壁鸠鲁的信徒特别多。

当时的典型情况是：虽然神谕之地之间相互竞争，都想争取尽可能多的来访者，但在神谕解释的权威性或神圣的可靠性方面没有公开的争论。恰恰相反，譬如，在小亚细亚的迪迪玛，在德洛斯岛、帕塔拉或者克拉罗斯，神谕祭司们更关注于让游客不要怀疑个别神谕之神的可信度。当亚历山大为恳请者提供神谕，而神谕并没有回答恳请者的问题时，他也参与到这种崇拜政治中，将恳请者引向迪迪玛和克拉罗斯的阿波罗或马洛斯（Mallos）的安菲洛科斯（Amphilochos）。如今任教于普林斯顿大学的安杰洛·查尼欧提斯（Angelos Chaniotis）几年前在海德堡大学研究古代仪式的推动力时，曾在几项研究中明确指出，在那个时代背景下，亚历山大的表演是如何地娴熟：他将疾病治疗、解释未来以及通过神秘的方式把人们从对死亡的恐惧中解脱出来等结合在一起，将之变成一流的"崇拜服务包"。在仪式的塑造这一方面，他并没有创新，而是结合了其他神庙的知名仪式，并因此夺人眼球。所以，与亚历山大同时代的阿波诺忒科斯人目睹他把自己熟知的其他地方的仪式混合在一起。但是，在建立崇拜信仰的初期，亚历山大也精心设计了新颖、奇特的方式。他系着金色的腰带登场，手里拿着珀耳修斯的镰刀，以及他那让人完全无法理解的演讲，都令阿波诺忒科斯的居民感到震撼。然而，这种脱离了日常生活的做派以及对古典神谕崇拜和治疗崇拜的转向反而使他们信服——毕竟，如前所述，希望和恐惧是他们日常生活的动力。这也不会令人感到惊异，毕竟那时的人日复一日生活在面临更多危险的世界中，而我们如今的生存环境要安全许多！

　　亚历山大取得了巨大的成功，成为一个富翁。他的许多同乡也因出售崇拜物品或为朝圣者提供食宿而发了财。亚历山大极其娴熟的广告策略使他甚至在罗马的最高层圈子里都有了知名度。他不仅成功地将自己的女儿嫁给了罗马元老普布利乌斯·穆米乌斯·西森纳·鲁蒂利安努斯（Publius Mummius Sisenna Rutilianus），而且在鲁蒂利安努斯的举荐下，罗马高层甚至向他请求关于多瑙河一场战役的神谕。他预言，如果把两头狮子以及香料和丰富的祭品扔进河里，就将赢得这场战争。但那些野蛮人把狮子当成了某种类型的狗或者狼，在对岸毫不犹豫地杀死了狮子，并赢得了沿线的胜利。顺带一提，在这场胜利后，他们开始入侵罗马帝国，一直打到意大利北部的拉韦纳（Ravenna，约公元 168 年）——那个时代的人绝对是把这一事件作为戏剧性故事保存在记忆中的。罗马将军塞维利安努斯（Severianus）在公元 161 年对帕提亚人的战斗中得到了肯定的神谕，但他也输掉了这场被预言为结果有利的战斗，并自杀了。尽管如此，亚历山大还是设法将小城阿波诺忒科斯更名为伊翁诺波利斯（Ionopolis），即伊翁（Ion）之城，并获得了帝国的批准。这个名字在土耳其地名伊内博卢（Inebulo）中延续至今。帕弗拉戈尼亚的小城因此成为一座明显具有古希腊渊源的城市。自彼时起，亚历山大甚至铸造了硬币，正面有他的肖像，背面则是格吕肯蛇。公元 3 世纪时铸造的其他硬币的背面是伊翁诺波利斯这座城市的一个女性化身，她正在给格吕肯蛇哺乳。

错误的预言——比如对多瑙河畔或亚美尼亚（Armenien）战争的预言——属于每处神谕之地普遍的商业风险。然而，在卢西恩看来，特别应该受到谴责的是罪恶地利用轻信者，在亚历山大的案例中，这还包括性胁迫。例如，他要求人们给自己提供已婚妇女发生性行为，而丈夫们显然希望妻子与所谓神之子的这些接触能给家庭带来好运。据说亚历山大以这种方式生了一大批后代，从今天的视角去看，这简直是闻所未闻的新闻。著名的法国古代文化研究者路易·罗伯特（Louis Robert）从曾经竖立在小亚细亚西部城市恺撒里亚－特罗克塔（Caesareia Troketta）的铭文中确认了这些孩子中的一个。此人自称梅里托斯（Meiletos），是格吕肯之子，帕弗拉戈尼亚人。照这么说，他的母亲把神明格吕肯——而不是和自己生了这个孩子的先知亚历山大——当作孩子的亲生父亲。但这样的故事还不够：亚历山大让人从小亚细亚的城市送来男孩在仪式上吟唱颂歌，他"像对待买来的奴隶一样"对待他们（卢西恩，同前，§41），并强迫他们发生性行为。他遵循"不亲吻任何超过 18 岁的男孩"这条规则，而 18 岁以下男孩的别名为"获得吻的人"。

当卢西恩的读者读到描述作者与亚历山大的相遇这个段落时，应该会对这一场景留下深刻的印象。这位预言者的行为众所周知，因此我们可以理解，当卢西恩本人与这个讨厌的江湖骗子见面时，其举动会超出文明的界限。卢西恩前往阿波诺忒科斯——在两名士兵的保护下，他们是总督派给他的护卫——去揭穿神庙的欺诈行为。这导致了一次难忘的邂逅。先知采用与往常一样的打招呼方式，向卢西恩伸出手去，邀请他亲吻自己的手。充满仇恨的卢西恩并没有亲吻他的手，而是直接用力咬了下去。尽管遭受了痛苦的攻击，亚历山大还是忍住了，卢西恩从对方的这种反应中意识到，他的冲动将自己置于危险的境地。于是，他对亚历山大表现得很友好，因此后者为他安排了一艘船，让他继续旅行。我们已经在前一章中了解到这样的旅程会蕴藏何种危险。确实，卢西恩在旅途中遭遇了生命危险。亚历山大早就暗中命令水手将同船乘客以及对他的行为批评最激烈的人扔下船。这艘船的船长已经在海上航行了六十年，品行一向端正，他含泪恳求这些水手放弃这次海上谋杀，以免自己不能顺利退休。这些水手于是放弃了这个计划，在阿波诺忒科斯以西的埃吉尔罗斯（Aigialos）放卢西恩上岸。卢西恩从那里出发，乘船前往博斯普鲁斯海峡。

卢西恩试图向法院控告亚历山大，然而由于后者与罗马领导层的关系，卢西恩失败了。他因此只有通过发表小文章，以文学形式来赢得对亚历山大的斗争。他在文章中杜撰了亚历山大的最终结局，给他安排了一个特别可怕的死因。亚历山大本人曾预言自己在150岁时受雷击而死。卢西恩则告诉我们，亚历山大死的时候还不到70岁，死因是令人恶心的感染。他的一条腿被蛆虫腐蚀，已经烂到了腹股沟。由于疾病，他还不得不放弃伪装。医生为了治疗，摘掉了他的假发。对于一个博学的先知而言，光头是最大的惩罚。

害虫侵袭导致临死挣扎、痛苦地死去，这是古代典型的残酷的死亡方式，古代人诅咒特别邪恶的家伙死于这种方式。然而，伊翁诺波利斯在许多代人的心中仍然是一个受欢迎的神谕之地，直至公元 3 世纪中叶，此地仍然一直在铸造带格吕肯图像的硬币。死者亚历山大已经在某种程度上与之融为一体了，因为他作为神人继续在坟墓中预言，而他生前被赋予的职位则一直空缺。此处的神谕活动在经历了一段时间的萧条之后，于公元 200 年左右再次活跃起来。直到公元 4 世纪，该地的崇拜活动才完全消失。在托米斯 / 康斯坦察发现的钱币是亚历山大宗教骗术的最后证据之一，证明他的追随者至少试图保护他的遗像免受基督教徒的破坏。幸运的是，我们今天仍有机会在康斯坦察面对长发、人头的大蛇并对这一事实进行反思：即使这意味着自我牺牲、心理创伤以及——首先——往往是相当大的经济损失，人们仍然愿意追随假先知。

第 8 章

知识之地

古代人熟悉的知识场所几乎具有神话般的特质，至今仍存活在文化记忆中。譬如，可以在位于特拉西梅诺湖畔（der Trasimenische See）的意大利小镇拉戈堡（Castiglione del Lago）的科尔尼亚宫（Palazzo della Corgna）里看到 16 世纪的湿壁画。被称为伊尔·波马兰齐奥（Il Pomarancio）的画家尼科洛·切尔奇格纳尼（Niccolò Circignani，1530 年—1597 年）接受委托，在那里创作来自德拉·科格纳（della Corgna）家族史的场景、城堡周围的战斗场景以及古代的历史场景。城堡周围的战斗场景包括安尼巴尔厅里的特拉西梅诺湖战役，以及所谓恺撒厅中恺撒的生活场景。这些画作再现了这位著名政治家和将军的人生阶段。其中一幅展示的是恺撒在水中游泳，背景是一场肆虐的大火。这个罗马人的右手拿着一本书，他将其高高举起，保护它不被水弄湿。

这幅画暗示了公元前 48 年发生在亚历山大城的一个事件。当时，恺撒和他的士兵们受到年轻的托勒密国王——著名的克利奥帕特拉的一个兄弟——的攻击，陷入危险的境地，因此他决定放火烧掉停泊在港口的埃及舰队。但这场大火也席卷了港口附近的建筑，包括船上的武器库和王室图书馆。然而，埃及人并没有因此放松围困，恺撒只能跳海自救。传记作家普鲁塔克写到这一事件时说，这位罗马将军差点难以逃脱。然而，他"手里拿着很多文件，即使遭遇射杀而不得不经常潜水藏匿，他也没有放手。他固执地用一只手把它们举在水面上，而他需要用另一只手来游泳"（普鲁塔克，《恺撒》49）。

波马兰齐奥在设计宫殿中的绘画时，可能正好参考了普鲁塔克的这个故事。那位传记作家提到了与恺撒的私人文件有关的场景，将恺撒的利己主义与图书馆的损失形成对照。而这位文艺复兴时期的艺术家则选择了一本书作为恺撒手中的物品，他借此可以更直接地指向焚烧图书馆事件。这把火在某种程度上已经成为一个文化事故的符码，为所有接受过一定程度教育的人所熟知：据说，亚历山大图书馆是一座古代知识的宝库，它的毁灭是一种无法弥补的损失。虽然有些人认为恺撒是毁灭这座图书馆的罪魁祸首，但也有些人猜测，实际上应该是几个世纪后的基督教徒对藏书的损失负有责任。意大利古典语言学家卢西亚诺·坎福拉（Luciano Canfora）甚至怀疑这座图书馆到底有没有着火。他猜测，实际上只有准备出口并在港口的仓库中等待运输的书籍被烧毁了。美国的纸莎草学家罗杰·S. 巴格纳尔（Roger S. Bagnall）曾谈及此事与一部涉及许多嫌疑人的《谋杀之谜》（*murder mystery*，一部侦探小说）之间的关联。

亚历山大图书馆是否被烧毁、为什么以及被谁烧毁，我们对这些问题知之甚少，我们同样不知道它确切的外观——遑论库存的数字。

古代的说法是——这可以追溯到公元前 3 世纪——图书馆里收藏了 40 万至 70 万卷书，但这经不起认真的推敲。巴格纳尔计算过公元前 3 世纪时可能的卷轴数目。我们知道大约有 500 名古代作家；如果加上约三分之一（170 名）的匿名作家，并慷慨地假设他们每人写了 50 卷书，我们将得出约 3 万卷书这个数字。另一方面，如果我们只计算实际流传至今的文本，并假设每一卷平均包含 1.5 万字，那么仅能得出大约 300 卷这个数字。如果我们现在接受这个基本假设，即古代文本中只有四十分之一保存下来并为我们所知，那么也只能得到 1 万至 1.5 万卷这样的数字。这些慷慨的计算表明，关于图书馆的藏书数量以及在公元前 48 年遭受的损失，没有一个古代的数字具有丝毫的正确性。我们应当承认，对于曾经存放在那里并出于某种原因而被销毁的书卷，我们不可能获得什么可靠的说法。

这并没有改变如下这个事实，也正因如此，这座图书馆愈加成为了一个神话，或者像巴格纳尔所写的那样，它在古代就可能已经成为一座"梦想中的图书馆"了。然而，当时的环境条件对这样一座梦想中的图书馆的实际藏书有相当大的影响。沙漠的干燥气候有利于埃及莎草纸的保存，然而，亚历山大城并不是沙漠气候。这座城市位于海边，大都市中潮湿的地中海空气不利于卷轴的保存，因此许多文本必须一再复制，以便可以持久地进行研究。霉菌和虫洞肯定会损坏卷轴，促使其腐烂。有鉴于此，我们可以得出结论，公元前 3 世纪购置的大部分莎草纸卷轴到了公元前 48 年已经不复存在了。尽管如此，这座图书馆仍然是吸引文化人的场所。即使在公元前 48 年这一恐怖之年以后，这个公共设施仍然存在——后来在那里写作的作家的参考资料可以证明这一点——并且在罗马帝国时期仍然有人前往。例如，在 1 世纪末，图密善皇帝（公元 81 年—公元 96 年在位）仍然派遣学者前往亚历山大城，在那儿组织复制罗马图书馆中被烧毁的文本。

无论亚历山大图书馆的藏书以何种方式（重新）增长，人们可能都会怀疑普鲁塔克的说法，他声称，马克·安东尼将小亚细亚大都市帕加马整座图书馆的 20 万卷书送给了他心爱的克利奥帕特拉，以替代公元前 48 年在亚历山大城的大灾难中被烧毁的文本（普鲁塔克，《安东尼》58）。一方面，帕加马图书馆的藏书数量似乎被过分夸大了。另一方面，即使这个数字是真的，在当时内战肆虐的情况下，数量如此庞大的书籍是如何转运的？诚然，我们可以从普鲁塔克的注释中看出，亚历山大城的托勒密国王们和帕加马的阿塔罗斯王朝之间存在长达几百年的竞争——关于这两处王室所在地中，哪一座城市拥有更好的图书馆。以前与现在一样，图书馆是相当特殊的地方，王室的威望显然在很大程度上基于拥有一处甚或唯一一处吸引学者的知识之地。为了获得更丰富的捐赠，亚历山大城与帕加马图书馆相互竞争，各种逸事广为流传。譬如，据说托勒密二世（公元前 282 年—公元前 246 年在位）曾暂时限制莎草纸贸易，以阻碍图书贸易（普林尼，《自然史》13，70）。正如罗马的旧书商人瓦罗（Varro）所记述的那样，据说帕加马发明了作为书写材料的羊皮纸。书商和图书馆的所有者害怕来自帕加马的代理人，据说他们把副本藏起来，以便其他有兴趣的购买者有机会获得书籍，以此来保护自己的藏书。在亚历山大城，一再发生船只上的书籍被搜查，然后被没收并以副本代替的事件。托勒密二世下令以 15 泰伦特——在当时这是一笔巨款——作为抵押，将悲剧作家埃斯库罗斯（Aischylos）、索福克勒斯（Sophokles）和欧里庇得斯（Euripides）的所有悲剧剧作都带回亚历山大城制作副本；最后，他留下了原作，送回去的是副本。在古代，这些图书馆之间的竞争究竟有多激烈，旧书交易的繁荣程度如何，可以从公元 2 世纪的医生盖伦的一句话中看出，他说，假书籍借助知名学者的名义出售。只有专家能够揭露这种伪造。

剽窃行为也越来越多地出现在人们的视野中：在亚历山大城，托勒密三世通过组织艺术竞赛并为获奖者悬赏奖金，提升了当地图书馆的声望［维特鲁威（Vitruv），《建筑十书》（*Über Architektur*）序言 7，7］。一个由六位学者组成的评审团将为获奖者颁奖。但评委们以观众的掌声为导向，并没有检查这些文本是否为这些朗诵者自己所写。接着，一位名叫阿里斯托芬（Aristophanes）的候补评委投票反对这一决定。他能够以亚历山大图书馆的莎草纸卷轴为证，只有那个空手而归的诗人是自己写的诗歌，而其他所有人都是抄袭了图书馆里的文本，因此他们只是直接朗诵了剽窃的诗歌。阿里斯托芬说，评委们理应只接受原创作品。阿里斯托芬的干预基于出色的文学知识，并且提供了抄袭的证据，法老因此任命他为图书馆馆长。

即使在古代，教育显然也能提升个人的声望——特别是当一个人赢得了这种奖项。当年，那些怀着作假的野心的人抄袭了别人的诗，就像今天那些自命不凡的野心家为了骗取博士学位而提交抄袭的学术作品一样。奇妙的知识之地在任何时代都以图书馆作为代表，值得庆幸的是，学会在这些地方诚实工作的人，如今仍然可以阻止这种不端行为。

尼尼微的亚述巴尼拔图书馆

北纬 36° 21' 57.4"；东经 43° 09' 32.1"

本节要介绍的这处奇异之地位于距离摩苏尔市几公里远的地方。这个伊拉克北部的大都市在我们这个时代获得了可悲的名声，因为极端恐怖组织"伊斯兰国"在那里建立了恐怖政权，直至 2017 年夏天这座城市被联军夺回。但即使是下文中令我们特别感兴趣的这个遗址的废墟，也没有被这些罪犯放过——毕竟，这些废墟对他们而言代表着异教徒的过去。这是一个伟大的过去，如今，它不仅仅是伊拉克的文化遗产，而且属于全人类。我们指的是亚述城市尼尼微和它的图书馆。亚述国王亚述巴尼拔（Assurbanipal，公元前 669 年—公元前 627 年在位）在他的大宫殿中建造了这座图书馆。然而，公元前 612 年，当这座城市被米底人和巴比伦人的军队征服时，宫殿和图书馆都被摧毁了，并在黏土砖墙残留的瓦砾和灰尘下消失了数千年。

这座图书馆的发现本身就是美索不达米亚平原考古研究的一个有趣的插曲。19 世纪中叶，主要是法国人和英国人试图在美索不达米亚平原北部为自己祖国的大型博物馆和大学，首先是卢浮宫和大英博物馆筹措艺术品和楔形文字泥板。法国驻摩苏尔领事维克多·普拉斯（Victor Place）和英国领事亨利·罗林森（Henry Rawlinson）努力向本国送去这样的藏品，以此提升自己的威望。当时，奥斯丁·亨利·莱亚德（Austen Henry Layard）受大英博物馆的委托，先后在尼姆鲁德（Nimrud）和尼尼微进行考古挖掘，并取得了极大的成功。在 1845 年至 1847 年以及 1849 年至 1851 年的两次挖掘中，他得到了一位名叫霍尔穆兹德·拉萨姆（Hormuzd Rassam，1826 年—1910 年）的当地人的协助。拉萨姆是一名摩苏尔男子和一名阿勒颇（Aleppo）女子的儿子。他的英语非常好，在他们一起工作的几年里，他成为莱亚德的重要助手，直到1894年这位英国人去世，他们一直都是朋友。

霍尔穆兹德·拉萨姆于1897年出版了自传《亚述与尼姆鲁德的土地》（Asshur and the Land of Nimrod），他描述了图书馆的离奇发现过程，令人印象深刻：当莱亚德在伦敦逗留期间，法国人普拉斯和英国人罗林森如同殖民统治者一般，于1852年同意将尼尼微的定居点所在的山丘划分为不同的区域。然而，拉萨姆作为本地人，坚信自己对该遗址拥有更多的所有权，并秘密开始准备进一步挖掘。1853年夏天，他遇到了麻烦，钱已经慢慢用完了，他担心，因为自己夹在罗林森和普拉斯之间，从而失去大英博物馆的持续支持。拉萨姆正是在这种困境中展开了他的夜间挖掘工作。

在第一个夜晚，即1853年12月20日，他和工人们就已经在明亮的月光下发现了一座较大型的建筑物的外墙。在随后的两个夜晚，他们成功地找到许多浮雕，其中包括一幅战车上的亚述巴尼拔，以此确定了这座宫殿的建造者的身份。拉萨姆向罗林森报告了他的发现。关于这项重大发现的传言很快就传到普拉斯耳朵里。普拉斯急忙赶到挖掘现场，对这些发掘物提出了要求。但拉萨姆以莱亚德早先获得的权利为由，将其全部拒绝。

在接下来的几周内，拉萨姆按照当时的惯例，在许多工人的帮助下挖出了这座宫殿的一个又一个房间。其中一个房间里有一块非常特别的浮雕，上面展示了这位国王猎杀狮子的场景；这幅杰作现存于大英博物馆。在这部自传的最后，拉萨姆提到，这个房间的地板上铺满了成千上万的楔形文字泥板。然而，拉萨姆不会阅读，因此他没有注意到，他不仅发现了精美的艺术品，而且发现了公元前 7 世纪最重要的图书馆。但这并不妨碍他继续挖掘至 1854 年春天，他在同年 3 月将所发现的这些宝物交给了大英博物馆。

在这种情况下，有两个人出场搅局，声称是自己发现了浮雕和泥板。一个是威廉·肯尼思·洛夫特斯（William Kenneth Loftus），他私人资助这项挖掘工作直至 1856 年；另一个是罗林森上校，他是一个出版泥板的写作者。罗林森声称，这座宫殿的发现应该归功于他的直觉，而拉萨姆只是个"挖掘者"。出版界支持他的说法。譬如，享有盛誉的《伦敦新闻画报》（*Illustrated London News*）上的一篇文章说，一个厌恶劳动的东方人在受到压力时，实际上表现出了英国人的素质。作为一个为英国服务的东方人，他必须特别努力地工作。但是，公众对本地人拉萨姆的这种种族主义的傲慢，一再激怒他的朋友莱亚德。莱亚德在一封信中表达了自己的不安，因为自己所认识的一个最可敬的人遭受到如此卑鄙的对待："……因为他是一个'黑人'，因为罗林森以他的方式把挖掘工作的功劳归于自己。"

到了 20 世纪，拉萨姆逐渐获得了更大的荣誉，这主要归功于他内容丰富的自传，他作为图书馆的发现者，在这里也应该获得应有的纪念。正是因为他，我们才有了这个奇妙的发现，它让我们了解到拉萨姆挖掘出的是一套真正奇异的文字。

但这一独特的学术宝藏是如何形成的呢？正是国王亚述巴尼拔以极大的热情来装备和发展他的图书馆。他的责任心被记录在各种泥板上，令人印象深刻。这位统治者不仅保存了他的通信伙伴的答复，还要求他们复制文本并寄给他，这也证明了上述结论。而且还有国王自己撰写的楔形文字泥板，他在其中强调了自己的博学。据说是万物之神纳布（Nabû）赋予了他这种能力。根据传说，智者阿达帕在大洪水来临之前就向人类传授了实践与理论知识，并向亚述巴尼拔透露了写作的秘密。"我熟悉天上和地上的预兆，可以在学者的圈子里讨论它们"，另一篇文本如此写道，即使是最复杂的预兆他也能解释。

亚述巴尼拔毫不谦逊地将自己表现为一个博学的国王。他将自己——他非常重视这一点——与他的图书馆中最好的写作者相提并论。国王以学者身份自居，这在美索不达米亚平原有着悠久的传统。这并不仅仅关乎智慧，而且相当具体地涉及阅读和写作能力。亚述巴尼拔有意识地将自己置于与大洪水前的智者阿达帕相关的神话中。然而，历史上第一个这样做的人是统治乌尔城的国王舒勒吉（Šulgi，公元前 2094 年－公元前 2047 年在位）。就像 1400 年后的亚述国王一样，舒勒吉称赞自己是一个像智者阿达帕一样的统治者，他可以在陶土上书写，也对文本内容有必要的了解。

舒勒吉开启了一个传统，这个传统在美索不达米亚平原历史上的各个阶段和不同帝国都有记载，最终也被亚述接纳。当我们在尼尼微看到图书馆房间里的藏品时，这种王室成员的博学以及楔形文字文本收集所呈现出来的惊人的强权政治意义清晰可辨。藏书清单已经让我们对此留下了印象。清单上列出了文本类型、资料以及所保存的每种文本的样本数量。前面提及的那座著名的亚历山大图书馆，我们仅从传说中就知道里面肯定有藏书清单和目录，在尼尼微，尽管这些东西残缺不全，但实际上却被保存了下来，这是一个幸运的巧合。已经确定，一张这样的清单包括大约 2000 个书目，而且这些清单实际上记录了图书馆的大部分内容。这些清单还显示，这座王室图书馆曾经包括巴比伦学者的大量私人图书馆，也包括王室成员的藏书。藏书的完整目录现存放在大英博物馆，仍处于编制中，但已经可以靠谱地说，巴比伦的大部分文本都围绕着神示阐释。此外，还有赞美诗、仪式文本以及医疗食谱。

除了文学作品，收藏品中主要是关于占星、占卜和神圣仪式的楔形文字泥板。这就把我们带到了这座图书馆强权政治意义的核心。斯特凡·M. 莫尔（Stefan M. Maul）在《古代东方的占卜艺术》（*Die Wahrsagekunst im Alten Orient*，2013 年）一书中令人信服地表明，在公元前 2 千纪之初就已经形成了一种高级的祭祀表演艺术，它掌握在维护着自己的专业术语的专家手中。对内脏的解释，特别是对作为牺牲的动物肝脏的解释，不仅有重大的神圣意义，而且与政治决策直接相关。我们必须看到，他们几乎每遇到一个政治问题都要宰杀羊，羊的内脏——尤其是肝脏——都要仔细查看并进行解释。那些对此摇头的今人应该意识到，我们谈论的是那些延续了许多个世纪的帝国，也就是说，就其统治实践而言，它们超过了今天的大多数国家。真正的艺术在于：以如此有区别的方式提出问题，并让所有与政治和军事相关的人都参与到提问的艺术中去，从而出现了一个具有高度共识的、更加完善的解释体系。

然后，政治人物必须遵循祭祀表演者的解释。因此，在早期阶段，参与决策的所有利益团体很自然地就对产生一套成熟的、自成一体的体系发展出浓厚的兴趣，而这套体系声称它具有事实上的约束力。自公元前 2 千纪以降，出现了案例集和预兆（显示未来的有效力的迹象）集，它们具有教科书般的地位，还被用来培训祭品解释者。

巴比伦知识文化的高标准辐射到了埃及、伊朗，并通过叙利亚进入安纳托利亚中部。于是，公元前 2 千纪的所有主要帝国的统治者都想分享这种巴比伦的学问，并认识到其巨大的政治意义和影响力量。因此，令人毫不奇怪的是，在近东、中东和塞浦路斯岛的不同地方都发现了肝脏模型，人们可以用它研究天然肝脏的所有奇怪的病理突发情况，以便对献祭时观察到的情况进行解释。与之相反，在巴比伦王室，受雇于王室的学者试图通过将知识正统化，并将其提升到需要长期研究的水平来确保解释权，甚至引入了新的写作系统和许多新的文字符号，以保护这种特殊知识，使祭祀表演成为一门秘密的科学。

巴比伦在这一地区的优势最终只能通过武力来打破。亚述国王图库尔蒂－尼努尔塔一世（Tukulti-Ninurta I，公元前 1244 年－公元前 1207 年在位）成功地征服了美索不达米亚平原，其统治疆域一直抵达波斯湾。他在占领巴比伦王位的同时，还掠夺了所有的图书馆，无论它属于寺庙、宫殿还是私人宅邸。这位国王甚至成功地让人在一首颂歌中庆祝此事。前面提到的在亚述王室所在地阿苏（Assur）发现的巴比伦楔形文字泥板也可能是这批战利品的一部分。伴随着这一成功，祭祀表演不仅为亚述成为后来世界历史上的第一个伟大帝国奠定了基石，而且在当时发展成为巴比伦和亚述学者共同关注的科学。斯特凡·M. 莫尔谈到过公元前 1 千纪发生的名副其实的人才流失，因为最好的学者离开了巴比伦，向北前往亚述宫廷。

在亚述巴尼拔统治时期，最后一批学者动身前往尼尼微，此后在当时最宏伟的图书馆工作。国王把自己也算在学者群体里，这一事实使亚述巴尼拔的宫廷成为祭祀表演艺术抵达新高度的催化剂。因此，他的奇异图书馆不仅成为了知识的宝库，同时也是权力和统治的中心。学者和祭司令楔形文字学在尼尼微沦陷后的巴比伦、波尔西帕、乌鲁克、尼普尔以及其他地方延续了几个世纪。早在数十年前，我们已经知道，那些信件在公元前 2 世纪时就被复制过，信件中提到亚述巴尼拔当时曾经组织扩建他的图书馆。因此，在小范围的学者圈子的文化记忆中，亚述巴尼拔的伟大图书馆作为一个传奇继续存在。很明显，这种对大型图书馆的记忆传到了希腊化时期的国王们那里。托勒密一世绝对是续写了这个故事，在亚历山大城建立了自己的图书馆。

然而，对我们而言，如果这些文本没有被刻写到泥板上，巴比伦和亚述统治者在图书馆中收集到的所有知识都将永远消失。因此当大火肆虐时，它们只是硬化了，并没有被摧毁。这与我们稍后会看到的古代世界的其他文化区的情况完全不同。

斯凯普舍斯——最杰出思想家的最奇异的图书馆

北纬 39° 49' 31.9"；东经 26° 41' 16.8"

罗马作家维特鲁威（Vitruv, 公元前 1 世纪）在其所著的关于私人住宅布局的建筑手册中写道，在规划和建筑时应注意房间的朝向。冬季餐厅和浴室应朝向南－西南方位，以便利用姗姗来迟的夕阳的光线和温度。与之相反，卧室和图书馆应朝东建造，以便被朝阳照亮。如果图书馆朝南或朝西建造，存放在那里的莎草纸卷轴就会被蛀书虫和湿气损坏。因为潮湿的风会带来蛀书虫，还有利于它们的繁殖，风把它们吹入莎草纸中，于是纸张被它们产生的霉菌毁坏。

有一批古代文献的主题是卷轴的不当储存和损毁。小城斯凯普舍斯的故事特别令人悲伤，这是一个未善待书籍的例子。斯凯普舍斯的遗址位于小亚细亚西部的特罗亚（Troas）地区，靠近土耳其的村庄库尔松特佩（Kurşuntepe）。人们对这座城市的构造一无所知，因为迄今还未在那里进行过考古勘探。在古代，有几百个无足轻重的小城曾经兴盛一时，然后逐渐消失在历史的长河中，斯凯普舍斯属于其中之一。

我们之所以能够了解这座城市的些许情况，要归功于书面文献以及下面这个事实：公元前 4 世纪至公元前 2 世纪期间，曾有几位名声经久不衰的学者居住于此。其中有地理学家德米特里欧斯，他已经失传的作品——正如我们在被认为是古代特洛伊遗址的奇异山丘希萨尔利克那个故事中所了解到的那样——为地理学家斯特拉波所引用。我们从后者那里听说了如下内容：公元前 4 世纪，两位公民埃拉斯托斯（Erastos）和科里斯科斯（Koriskos）来到雅典，在柏拉图学园学习。公元前 347 年，当亚里士多德前往阿塔纽斯——我们在前文已经知道它是一座鬼城——时，这两人和后来（从公元前 322 年开始）领导亚里士多德学园（逍遥学派）的泰奥夫拉斯特（Theophrast）与这位哲学家为伴。他们一起在阿索斯城（Assos）和莱斯沃斯岛的米蒂利尼（Mytilene）研究了几年。然后，亚里士多德于公元前 343 年前往马其顿王宫，成为亚历山大大帝的老师。

而泰奥夫拉斯特，或许还有来自斯凯普舍斯的两人，都去了雅典。来自斯凯普舍斯的科里斯科斯后来将儿子涅琉斯（Neleus）托付给泰奥夫拉斯特。涅琉斯作为一名勤奋的哲学家，显然希望有一天能成为泰奥夫拉斯特的接班人。当泰奥夫拉斯特在遗嘱中把学园的整座图书馆都留给他时，他离这个愿望就更为接近了。于是，原本的故事开始了，它把我们带回斯凯普舍斯，我们可以在斯特拉波的作品中详细阅读到它（斯特拉波，《地理书》13，1，54）。

涅琉斯把泰奥夫拉斯特的整座图书馆，包括亚里士多德的著作，带回了斯凯普舍斯。这个时期，帕加马国王们的代理人走遍整个帝国，购买书籍或查抄书籍充公。正如我们已经听说过的亚历山大图书馆，统治者们都雄心勃勃地想建立一个尽可能大的图书馆，拥有尽可能多的重要作品。帕加马人无论如何都想跟上埃及的大都会亚历山大城的脚步。小城斯凯普舍斯也属于帕加马王国，因此在不久之后，国王的使者也来到那里寻找书籍的宝库。涅琉斯的继承人预感到这对他们的财产意味着什么，于是决定将宝贵的图书馆藏匿到地下坑道或山洞里，不让这些代理人发现。我们很难想象还有什么地方比这些潮湿的储存地更不适合存放书籍，同样也不适合存放莎草纸卷轴。因此，伟大思想家的作品虽然躲过了国王的代理人，却没有躲过蛀洞、霉菌和腐烂。但每位藏书家都知道，对于爱好者而言，即使是品相不佳的原版，仍然具有高昂价值。这个案例也是如此。即使涅琉斯的继承人不知道应该如何存放卷轴，但他们很清楚该如何销售书籍。他们以可观的价格出售了严重损坏的莎草纸，来自特欧斯的某个叫阿佩利孔（Apellikon）的人，一位很有风格的图书买家——一位藏书家，而不是斯特拉波所贬低的哲学家——带着这些莎草纸骄傲而快乐地离开了。

阿佩利孔把这位伟大思想家的图书馆带回了雅典，并对损坏了的原版进行复制。然而，正如我们已经听说过的那样，他是一位伟大的收藏家，但本身并不是一位伟大的思想家，所以他对已损毁的段落进行的补充错误百出。但是，这些书卷的冒险并没有就此结束，因为在公元前 86 年，雅典被罗马将军苏拉征服。阿佩利孔此时已经去世，苏拉将他的图书馆带回了意大利，据推测，苏拉私吞了它，将它安置在位于库迈（Cumae）的私人别墅中。古代作家对苏拉图书馆的记述都揭示了这些作为战利品从希腊东部带来的图书馆藏品所引起的轰动。它们为书商提供了以希腊作家及哲学家的著作副本赚取大量金钱的可能性。然而，错误百出的副本是当代图书贸易的一个基本弊端，因为书商经常派水平不高的抄写员到图书馆抄写副本，也不对照原版进行检查。西塞罗是一个勤奋的读者和图书收藏家，他抱怨道，罗马和亚历山大城商业中心的图书市场充斥着这种糟糕的版本。因此，从当时的通信中不难看出，学者们把这座新图书馆当作原始资料的来源，急切地进行咨询。我们从西塞罗那里得知，在苏拉去世后，他的儿子福斯图斯（Faustus）也允许其他学者使用这座图书馆，甚至出借书籍。与同时代的其他一些杰出人物一样，西塞罗通过一个名叫泰兰尼翁（Tyrannion）的奴隶——他与苏拉家的图书管理员关系很好——了解到，那里有等待着学者们去挖掘的宝藏。由于西塞罗住在附近，他可以偶尔查阅这些著名的作品。当福斯图斯因财务拮据而拍卖藏书时，西塞罗抓住了这个机会。这些著作穿越几个世纪，横跨地中海东部世界，经历了神奇的旅程——这个故事与书卷本身一样传播开来，斯凯普舍斯也因此获得了一点点古代学者世界的光辉，即使它的微薄贡献仅仅在于：为古代精神生活的顶峰形成了一处极其奇异的收藏之地。

亚历山大城塞拉佩翁的金色水位仪

北纬 31° 10' 54.88"；东经 29° 53' 47.46"

宏伟的亚历山大城位于尼罗河三角洲的西部。在其最引人注目的建筑中，除了宫殿区和大型公共建筑，还有这座城市以及托勒密王朝的主神兼保护神塞拉皮斯的神庙。在塞拉皮斯的形象塑造及崇拜方面，托勒密一世索特融合了希腊和古埃及的宗教元素，以便为尼罗河畔的王室——亚历山大大帝去世后（公元前323年），它自分崩离析的世界性帝国中诞生——统治提供精神支柱。塞拉皮斯神庙位于亚历山大城的西南部，以其所崇拜的神祇之名命名为"塞拉佩翁"。这个神圣的区域建在罗哈克提斯（Rhakotis）城区的一座山丘之上，像一座卫城一样雄踞于这个大都市的上方。神庙区域的面积达到13090平方米（170米×77米），至少相当于两个足球场大小。在这个列柱廊厅环绕的长方形广场内，除了塞拉皮斯神庙，还有各种各样的祭祀建筑，其中包括由秘密通道连接的拱顶地下室。神庙经过几个阶段的改建获得了修缮，公元200年左右，在一场大火之后，重新修建了一座中心建筑，塞拉皮斯的旧雕像被放置在其中。从东边的新门楼开始有一条游行路线，经过一个水池，到达通往动物墓地和地下走廊的房间。

希腊风格的塞拉皮斯神庙和地下长廊也反映了古埃及崇拜与公元前300年左右新创造的希腊神祇崇拜在建筑艺术上的成功结合。塞拉皮斯的希腊元素来自冥王和宙斯；埃及元素则来自奥西里斯和阿匹斯。根据埃及神话，奥西里斯被他的兄弟塞特（Seth）杀死并分尸。奥西里斯的妻子伊希斯收集了被谋害之人的肢体，并以一种使其能够在彼岸复活的方式埋葬了他。他们俩共同的儿子荷鲁斯（Horus）杀死了塞特，从而消除了邪恶。当尼罗河水每年上涨时，埃及人在其中辨认出伊希斯为这位死者所流的眼泪，随着水位的进一步上涨，他们将寻获奥西里斯与代表干旱的塞特的死亡联系到了一起。

在借鉴这个神话故事的过程中，当地人将非常不同的想法与帝国时代的塞拉皮斯联系起来。这个神祇确保土地的肥沃；他是一位拯救之神，因为他具有治愈能力，而且发出神谕，并负责彼岸的生活。此外，他还与天堂有关，这一点清楚地体现在神庙的建筑中。

当基督教在埃及兴起时，亚历山大城的基督教团体难以忍受一神教这种异教，鄙视他们把许多观点融合在一尊神身上的行为。由于公元4世纪的逐渐基督教化，新旧教徒之间出现了血腥的街头械斗。对于基督教作家而言，围绕着亚历山大城塞拉佩翁的战争是基督教信仰在埃及以及整个帝国最终确立的一个高潮。摧毁旧神庙实际上是一个象征：新信仰对异教的最后胜利，基督教徒为此举行了庆祝活动。

这个基督教的暴力信号中的一个细节值得我们特别留意：基督教徒从神庙中取出了一把金色的"厄尔"（Elle）码尺，自此之后将其永久保存在一座基督教教堂之中，这也是他们亵渎这个神庙区域的一部分原因。

然而，这把码尺对于古代崇拜以及之前存放它的神庙——当然也包括尼罗河畔的所有土地——都具有很高的象征意义。它在塞拉佩翁的存放地点是一处奇异之地，也是复杂的仪式的起点。在过去的几个世纪中，这把金色的量具在一年一度向尼罗河水表示敬意的庆祝活动中发挥了重要作用。因此，这把码尺代表着塞拉皮斯的力量，它庇佑尼罗河的洪水滋养沿岸土地，给尼罗河两岸带来普遍的繁荣。

我们并不清楚在这一时刻到底举行了什么仪式，但基督教作家对这把码尺的意义十分了解。基督教徒早已从塞拉佩翁取走了它，正如教会历史学家苏格拉底（约公元380年—公元450年）告诉我们的那样，当时人们普遍担心尼罗河的洪水会完全停歇，因为塞拉皮斯会因为这种亵渎行为而拒绝它。当然，按照基督教徒的说法，即便如此，尼罗河水还是像以前一样，每年溢出河岸，因为毕竟是基督教的上帝促成了这一切。

这把神奇的金色码尺与如此宏大的期望相关，却并没有承载测量实际水位的作用。它并不像人们有时读到的那样是一把"尼罗河水位仪"（Nilometer）或"尼罗河测量仪"（Nilmesser）。在亚历山大城使用这样的测量设备是很困难的，因为这座城市虽然位于尼罗河三角洲的最西边，但同时位于地中海边上。一方面，它象征着真正的测量仪器——这些仪器不仅在其他地方被建造和崇拜，而且实际上每年都被用来测量尼罗河水位的高度。另一方面，它象征着完美的、养育沃土的河流洪水。因此，它仿佛一个抽象名词，说明在国王的统治之下——后来是在罗马行省总督的统治之下——对尼罗河每一次洪水的准确了解在国家管理中的重要性，因为埃及人民渴望的福祉维系于此。因此，塞拉佩翁是一处真正的奇异之地，无论统治体系如何——无论是托勒密王朝还是最终的罗马帝国——它作为一个充满神话色彩的码尺存放处，将神圣的责任和帝国的管理实践结合起来，服务于国民福祉。

为了让我们明白，为什么这把金色码尺在古代的各个时期都如此受人尊敬，我们必须简要地考虑尼罗河作为埃及生命线的重要性：由于不了解尼罗河的发源地和它的两个源头，即青尼罗河和白尼罗河的覆盖区域，古代人不知道是埃塞俄比亚高原的季风和非洲内部的热带降雨导致河流在干燥的仲夏突然上涨。因此，他们将这看作是神灵的控制。人们每年都惊奇地看到，水面在 6 月开始上升，并在 8 月达到最高水位，到 10 月底才逐渐恢复成正常的水位。最理想的状况是：尼罗河谷被完全淹没，只有村庄凸出于水面，人们乘船来往其间。尼罗河按照惯例会上升 8 米左右，山谷被淹没，水深大约 2 米。这风景简直如诗如画，在古意大利的马赛克画上已经被描绘出来，比如位于帕勒斯特里娜（Palestrina）的那幅。当水退去后，河流沉积了 1 亿多吨肥沃的淤泥，农民可以在上面播种庄稼，并在第二年春天收获。

古埃及人在每年的 7 月 19 日——按照埃及历，这是托特神之月的第一天——都会以为期五天的节日形式庆祝尼罗河洪水。天狼星（伊希斯之星）在这一天升起，新的神圣的一年开始了。在此之前的 7 月 14 日，猎户座最底下的那颗星首次出现在天空中，它象征着奥西里斯。奥西里斯的再次现身为五天后伊希斯之星的升起做了准备。现在，节日的准备工作已达到顶峰。丰富的酒水、盛大的宴席和大量的音乐，以及夜间乘坐的灯火通明的船只，一切都五彩缤纷、热闹喧嚣。正如小说家阿喀琉斯·塔蒂奥斯（Achilleus Tatios）所描述的那样：不计其数的船只在整条河上航行，看起来就像一支游行队伍（komos）。火把照亮了亚历山大城整晚的夜空。

尼罗河水此时还未达到最高水位，但已经可以相当准确地预测到洪水的结果。这个预测结果可靠，可以向公众宣布，因为已经在不同河段建成了尼罗河测量仪。在菲莱（Philai）附近第一处急流处和埃利潘蒂尼（Elephantine）的尼罗河水位仪尤其重要。它们设计成竖井结构，标注出不同的水位。一方面，它们显示出急流处当地的水位。另一方面，在第二处的水位数据的帮助下，有可能相当精确地计算出上埃及以及其后三角洲的预期水位。井壁上，以厄尔为单位标示出水位的高度，对最低的有效高度进行特殊标记。一旦到达这个标记，骑马的信使就被派遣前往下游发送相应的消息。同时，人们还庆祝"到达标志"（semasia）节。钱币的背面展示了这一事件，一位骑手骑在马背上，右手擎着一根棕榈树枝，他是"到达标志"的化身。法老、托勒密国王以及后来的罗马总督的代表为了纪念这条河流，将金银器皿扔进河里，进行祭祀。一旦尼罗河下游达到适当的水位，沿尼罗河修建的水坝就会被切断，带来丰收的水就会浇灌到田地里。

普林尼在他的《自然史》中写到了水位的理想高度："合适的高度是 16 个厄尔；如果水位低了，不能灌溉一切；如果水位高了，洪水则会泛滥成灾，因为下降太慢（……）。如果水位才 12 个厄尔，埃及人就会遭遇饥荒，13 个厄尔，埃及依然会歉收；14 个厄尔会令人心情喜悦，15 个厄尔会带来安全感，16 个厄尔则会引发埃及人的欢呼。"（普林尼，《自然史》5，58）。8 米的理想水位能确保农业用地被洪水淹没。上升或下降一两个厄尔，这样的偏差可能会产生戏剧性的后果。如果水位太低，会有饥荒的威胁；如果水位过高，可能导致不可预测的洪流和潮水，直接冲走一块块土地，毁坏农田。因此，一旦水被排走，中央行政部门就会派出土地测量员检查土地，有时土地会完全变样。对可耕种的土地进行非常详细的记录和登记是每年设定税收的基础。农民和雇农往往变得很积极，主动上报：洪水没有到达他们的田地，秋天的播种会很困难甚至压根不可能。为了减免税收，土地的损失也被记录在案。几千年来，这一原则一直是征税的基础。直到 15 世纪，旅行家伊本·白图泰（Ibn Battuta）的记述中仍然写着，水位抵达 16 个厄尔时，应该缴纳全部的土地税。

这条河流无疑是这个国家的福音，但自然界的不可计算也非常具有危险性。在洪水开始时，人们尝试通过严格组织的管理去适应这每年反复出现的痛苦。从春天开始，在 4 月和 5 月的收获之前，人们即关注此事，所有负责此事的农民和村民操心着堤坝和运河，珍贵的水和无比肥沃的淤泥将通过这些渠道到达田地。这些设施必须每年进行更新和清洁。从某些莎草纸上我们获悉，维修工作需要五天时间，每人每天必须搬动将近4立方米的泥土。这项工作无报酬并且相当辛苦，显然经常有人拒绝完成。有一篇文章说，检查员偶尔会受到逃避责任者的野蛮攻击和殴打。还有一些人则试图通过贿赂或其他手段来摆脱苦役。鉴于维护这些设施的重要性，令人惊讶的是，这项义务工作制度从未被规定为国家的公共预防措施，直至1889年才发生改变。

尼罗河的洪水被认为是神的标志。根据它泛滥的情况，可以从中看出神的愤怒以及神的仁慈。尼罗河本身被称为"神圣之物"，它的行为就像众神一样不可预测，反复无常。因此，人们把这条河拟人化为一位有大胡子的神祇，用丰富的祭品和游行为它举行节日。诗人们为这条河流撰写赞美诗。

因此，下面这一点就非常容易理解了，当基督教在罗马的世界帝国建立起来的时候，新信仰的工作人员不能把对国家生存至关重要的自然事件的解释权留给老信徒们。因此，基督教徒最大的兴趣就是，从塞拉佩翁偷取厄尔码尺并据为己有。他们向唯一的上帝忏悔，继续歌唱这条极其重要的河流。一篇标题为《最神圣的尼罗河》的基督教文本中含有下列句子："尼罗河啊，河流之王，丰富的雨水，伟大的名字……上升吧，尼罗河，上升到这愉快的第十六个厄尔。"当时的基督教徒可能完全没有意识到，这种掠夺性的行为以及他们的新崇敬，实际上更加确认了所有异教的统治者所发展和培养了千年的传统，他们因此在这片奇异之地的历史上留下了自己的名字。

塞浦路斯萨拉米斯的一间厕所
——为了更好地社交的一处奇异之地

北纬 35° 11' 10.26"；东经 33° 54' 8.82"

厕所是否可以被想象为一处知识的场所？在回答这个问题时，我们可能会想到，有时在自家卫生间里为了打发如厕时间而进行的阅读。但本节涉及的是一间古老的厕所，要把它作为一个奇异之地来介绍。当人们在塞浦路斯最重要的港口城市、位于东海岸的萨拉米斯（Salamis）地区进行考古挖掘时，可以借助出土物的记录深入了解一段长达 2000 年的城市历史。基于在几千年来不断发展的贸易网络中的地位，萨拉米斯在罗马人的统治下继续保持着繁荣的经济状况。毕竟，塞浦路斯岛是地中海东部的一个重要贸易中心，位于连接埃及、黎凡特（Levante）、小亚细亚与地中海西部的海路当中。由此产生的繁荣使萨拉米斯的市民能够负担当时较富裕的城市里常见的城市化奢侈品，并能建造大型公共建筑。其中包括一个别致的温泉浴场，人们可以沉浸在罗马的沐浴文化中；以及一个有吸引力的文法学校，人们可以在希腊教育的精神中培养身体和心灵。如果一个人醉心于在体育场——文法学校的一个广场——上进行体育活动，那么他就会去罗马浴场进行身体护理。

考古学家在挖掘这片体育场时，在其西南角发现了一间宏伟的厕所。它呈半圆形，后墙处安排了 44 个位置，下方有一条水渠。坑位前方有第二条水渠，这儿曾经流淌的水用于清洁。这些座位前面有一组同样建成半圆形的柱子，透过它们之间的空隙可以看到体育场。这样的厕所建筑并不符合我们的风俗习惯。这也是在 20 世纪初，一些考古学家有点难以理解那些厕所的原因，譬如萨拉米斯的这一间。有人曾经对并排建造的座位孔洞进行过有趣的解释。有时将它们解释为蒸汽浴，蒸汽应该从开口处冒出；或者将并排建造的便桶理解为双耳陶瓶容器，把厕所看作储藏室。据说令人钦佩的罗马帝国把排便这一行为作为一项集体活动来培养，这对威廉时代或维多利亚时代的学者们的文化理解与历史理解是一个相当大的挑战。但我得承认，我本人曾于1982年访问列宁格勒，去过一间公共厕所，我惊慌失措地发现，那里的俄罗斯男人在没有间隔墙的厕所里彼此相邻而坐。

如今，我们有时会读到，古代的厕所是非正式互动、交流和讨论的地方。很可能在萨拉米斯的厕所里，文法学校的来访者之间也进行了热烈的交谈，他们一起讨论文法学校的教材，与他人分享自己的知识。

这可能会令人惊讶，但"谁坐在古代的厕所里"这个问题不是一桩平凡小事——"谁在里面，谁就是时髦的"。迄今为止，在罗马帝国发现了大约150个如此奢华的卫生设施。换句话说：这种场所绝不是各地的古代城市居民所能享受的。一些有经济能力的人在家里解决这件事。譬如，在庞贝和奥斯提亚挖掘出大量家庭厕所。然而，通常情况下，家里根本就没有多余的房间，居民们使用的是夜壶和双耳瓶。在庞贝的一家小客栈里发现了一条涂鸦："亲爱的店主，我们在床上解手了……因为你没给我们放一个夜壶！"在多层公寓楼中，底层有粪便收集点，由所委托的承包商（koprologoi，派生自单词"kopros"：粪便）——譬如雅典——或由市政工人或奴隶来管理和清洁——譬如罗马。一项法律允许这些所谓的"与粪便为伍的人"（stercorarii）在白天用他们的车将秽物运走，而其他车辆在此期间则不允许通行。

这些设施很少连接到排污系统。因此，人类的排泄物成了城市里名副其实的日常问题。比较贫困的人直接排泄在街道上。在庞贝的私人房屋的墙上，人们经常可以看到针对这些随地排泄者的诅咒话语：邪恶将降临到他们身上，因为众神将惩罚他们。私人与公共建筑都有可能遭受这样的污染，大墓地也经常被当作厕所使用。赫库兰尼姆古城（Herculaneum）的一面墙上留下了对那些随地排泄者的具体惩罚措施：孩子必须支付第纳尔，奴隶要被殴打。

古代日常生活的这一方面不仅令人讨厌，而且具有危险性，当人们发现政府需要反复颁布公告来保护公共蓄水池免遭污染，尤其是免受粪便污染时，就会迅速明白这一点。我们从文献中获悉，城市周边地区被污染是一个持续不断的问题。斯特拉波写道，在公元前3世纪的雅典，由于受到极度污染，艾瑞丹诺斯河（Eridanos）里的水不能再使用了。羞耻的阈值似乎很低。根据所描述的状况，令人瞩目的是，剧院、竞技场和体育馆都没有配备永久性的厕所，很可能会在比赛期间提供临时设备。此外，我们要把古代最有名的一句俏皮话归功于尿液收集点：因为在公元1世纪，维斯帕先皇帝（Vespasian）想向它们征税，而他的儿子提图斯（Titus）认为这不可行，这位实用主义者则向儿子证明，钱闻上去并不臭［苏尔顿（Sueton），《维斯帕先皇帝》（*Divus Vespasianus*），23］。

因此，像萨拉米斯那样的厕所是一个很大的进步。但是，它们并不是提供给所有人使用的！厕所的等级之分不仅表现在建筑设计方面，而且体现在使用对象方面。譬如，位于蒂沃利（Tivoli）附近的哈德良皇帝的大别墅里，统计出总共有134个厕所。王室成员以及贵客使用单独的隔间。但有许多位置的厕所则表现出明显的差异。它们所在的地方不那么集中，更有可能被设置在巨大别墅的外围区域。譬如，一个有 13 个座位的厕所是较高级的人员专用的，而另一个位于服务区域的有 15 个座位的厕所则是为数百名奴隶提供的。厕所的这种社会等级制度——从简朴的房间到用最高级别的大理石修建——说明了一些非常重要的事情：对于社会地位高的人而言，看到下等人如厕是一种侮辱。反之，如果他们如厕时被下属看到了，对这些高高在上的大老爷来说并没什么问题。奴隶们守候在豪华厕所的前庭，确保自己的主人可以不受打扰地使用专门为他们提供的集体厕所设施，并可以在那里与自己的同类人交流。奢侈的建筑装潢，以及在位于公共空间的厕所里花费数小时进行身体管理，这都是区分社会地位的标志。如果有人想获得重要人物的青睐，也会在这里与他们见面。譬如，诗人马提雅尔（Martial）知道有一个叫丹托的寄生虫，他为了能获得去更好的房子里吃晚餐的邀请，曾在一间厕所里待了好几个小时。

在其他地方也可以看到，厕所是社会差异的一面镜子。例如，以弗所的维迪乌斯浴场（Vedius-Thermen）有一间厕所，里面为不同的职业群体预留了座位。货币兑换商、麻布工人、亚麻织工、编篮工人同业行会以及其他团体被分配到特殊的厕所座位，他们在合适的场合坐在了一起。

考古学家理查德·诺伊德克（Richard Neudecker）令人信服地证明，这些设计特别豪华的厕所是专门为那些每日行程主要是经济和政治活动的男人准备的。这可能也适用于萨拉米斯的这间厕所。毕竟，它与许多豪华厕所一样，与浴场以及文法学校有关。在下午晚些时候，一些被选定的群体在工作之余，经常去往这些设施，一方面为了在晚餐前锻炼身体，另一方面为了彻底清洁身体。帝国时期的医学文献中包含许多建议，教导人们如何以及在一天中的什么时候最有效地排空身体。对身体机能的掌握，对排便的控制，是一种社会地位的标志。这甚至被纳入了马可·奥勒留皇帝的哲学论文，他在其中贬低了不能控制自己排便的人。克劳狄乌斯皇帝甚至考虑制定一项法律，规定在皇帝面前大声放屁是应受惩罚的罪行。

另一方面，人们希望在豪华厕所里的排泄是紧张且能听到声音的。当时，所有知名的医生都致力于研究这个主题，因为人们认为人体是一个由不同质量的体液组成的容器。医生和病人都想让坏的体液通过孔道离开身体。因此，相关文献中有许多建议和提示——例如，如何通过体育运动和泻药排泄过于干硬的大便。以弗所的一间厕所再次嘲讽了这些医疗建议："跺脚挥拳，大声喊叫，发自肺腑地咳嗽，摇动身体，从身体最深处向外排泄，让你的精神欢欣鼓舞，当你走进我的房间时，愿你的肚子永远不会有烦恼。"这句话就写在入口处的门上方。在奥斯提亚的一间厕所里，有七幅带有铭文的哲学家画像。梭伦（Solon）的画像旁写着："为了顺利排便，梭伦抚摸自己的肚子。"在泰勒斯（Thales）旁边的句子是："泰勒斯告诫排便不畅者，要使劲按压。"旁边是："狡猾的奇伦（Chilon）教你要轻声放屁。"另一句涂鸦教导大家："朋友，你忘了这句谚语：排便畅通，不用医生开药方。"

经常拜访此处并留下涂鸦者必然具有一定的教育背景，他们为了纪念梭伦和泰勒斯等古代思想家而来——毕竟，这两人在古代属于众所周知的"希腊七贤"。这证实了我们的观察，即古代的厕所甚至是一处知识的场所，并且是一处重要的知识之地，即对我们来说，这是一处呈现社会地位等级的奇异之地——一处值得一去的地方。

第 9 章

恐怖与死亡之地

古代世界充满幽灵、鬼怪、垂死者、狼人和吸血鬼。这些鬼怪，也许是某位神祇或者英雄，可以出乎意料地现身，突然造访人类。人们相信彼岸的存在，便想象自己不断遭受死者归来的威胁。因此，在安葬和坟墓护理过程中，人们尽一切努力让死者保持心情愉悦。这包括遵守礼仪规定以及定期到坟墓前献祭。除了来自冥界的亡魂，还有许多其他看不见的生命，人们讲述着关于它们的可怕故事。其中有一群群的恶魔，它们在深夜蜂拥而至，散布恐怖。这种恐怖不是由它们本身的外表引发的，而是由它们行为的后果所导致。因此，在人们的想象中，儿童尤其会遭受这些生物的威胁。人们把孩子的突然夭折归咎于吸血鬼的夜间攻击。

我们于是读到这样的内容：为了让孩子们听话，保姆给他们讲恐怖故事。例如，拉弥亚（Lamia）就是其中一种阴森恐怖的生物。在神话中，她是宙斯无数情人中的一个，遭受到他的妻子赫拉的报复。

赫拉杀死了她与宙斯的孩子们，因此，悲恸的拉弥亚变成了一个饱受失眠折磨的丑陋怪物。宙斯赋予她能力，让她可以把自己的眼睛从脑袋上取下来——一种令人毛骨悚然的想象，她因此可以入睡。拉弥亚失眠时，试图夺取所有孩子的生命来补偿自己失去孩子的痛苦，于是从幸福的母亲那里抢走他们。她杀死他们，喝他们的血，吃他们的心。这一个拉弥亚后来变成了一群跟踪小孩的拉弥亚，其中几个怪物被称作西巴里斯（Sybaris）、莫尔莫（Mormo）、盖洛（Gello）和卡尔科（Karko）。

在民众中间，对于鬼怪和幽灵的想象与这些可怕生物的某些逗留之地有关：分岔路、峡谷、山洞、黑暗森林以及废弃的塔楼被认为是鬼怪和幽灵的家园。但这些"只是"想象中的恐怖之地。除此之外，还有一些相当真实的恐怖场所，任何人都可以前往参观。公元前490年，雅典人和普加提亚人（Plataier）在马拉松战役中击败波斯人的地方只能白天参观，因为到了晚上，人们可以听到马的嘶鸣声和人的战斗声。但是，如果谁的行为亵渎了神灵，为了看到鬼怪而保持清醒，谁就会遭受伤害。人们还可以参观酷刑工具和暴君的处决地，这些东西直到很久之后仍然存在。譬如，人们曾经在西西里岛展览阿克拉加斯（Akragas，大约在公元前6世纪中期）暴君法拉里斯（Phalaris）的青铜公牛，并且展出了好几个世纪。它有一个窗口，死刑犯被放进牛肚内。人们在牛腹下点一把火，让罪犯在里面痛苦地死去，罪犯痛苦地号叫，以至于人们认为听到了公牛的吼叫，据说暴君很享受这种"快乐"。另一方面，在克里特岛，受过教育的旅行者参观倒塌了的克诺索斯宫殿的遗迹。这些都与弥诺陶洛斯（Minotaurus）的神话故事有关，它是一个半牛半人的怪物，人们不得不一次又一次地向它献祭。

根据传说，这头野兽是被雅典英雄忒修斯在宫殿的迷宫中杀死的。下面这个恐怖故事又不一样，它为古代地理学家所写，故事发生在如今的约旦，据说那里有一座割鼻子的城市：那里的一位国王在一次叛乱后下令将所有居民的鼻子割掉，以惩罚他们的叛乱。而卡利什的考诺斯城（Kaunos）据说是活死人之城。那里蔓延的疟疾可能使市民们变成了面颊凹陷、皮肤苍白发绿的病人。

到目前为止，我们已经了解到古代人对地点的痴迷，以及他们为了给故事、神话和历史的组织结构赋予真实的发生地所做的种种努力，因此，下面这一点也不会令我们感到意外：他们所做的一切也适用于恐怖故事。但恐怖故事拥有非常不同的层面。它们可能是纯粹虚构的，古代社会通过虚构的叙事向那时的人传达对秩序和意义的想象以及道德和伦理价值；但它们也可能是真正的恐怖之地，我们可以在那里发现"他者"与"外乡人"，还可以通过实例研究其他民族的残酷行为。最后，甚至还有一些地方，是一个社会为了杀人和实施残酷的暴力行为而自行创造的地方，譬如刑场或侮辱尸体的地方，愤怒人群的兽性情绪被允许在这里释放。我们将在下文了解所有这些类型。我们将从一个可以作为范例的地方开始，即使是交际中的鬼怪和幽灵故事，也可以起到传播共同价值的作用。

雅典的鬼屋

许多人会不寒而栗地回忆起自己小时候的冒险：心惊肉跳地进入某栋废弃建筑物，在朋友面前吹嘘自己不害怕住在那里的鬼。我反正喜欢回忆这种年轻时对鬼怪世界的探险。这种神秘的"迷失之地"游戏目前有一个庞大的粉丝群体，他们通过互联网活动，关于这个领域还有大量书籍。在埃德加·爱伦·坡（Edgar Allan Poe）、霍华德·菲利普·洛夫克拉夫特（Howard Phillips Lovecraft）或阿尔杰农·布莱克伍德（Algernon Blackwood）等 18 世纪至 20 世纪作家所著的传统恐怖故事中，有许多废弃的老房子，里面住着恐怖的东西。

这些图像实际上来自作者们都很熟悉的古代文学。它们作为来源和灵感，在许多描述鬼怪和幽灵的主题中被一再使用。吸血的生物，譬如前面已经提及的拉弥亚们或恩普莎们——一种吞噬其爱人的女性怪物——是吸血鬼的前身。但当代其他令人毛骨悚然的主题也是从古代文本中借鉴而来的，它们汇入幽灵故事的通俗文化中，并延续数千年，直至今日。早在古代就有这样的传说：人们拆掉房子是因为有鬼怪在里面作祟。譬如，可恨的卡利古拉皇帝（Caligula，公元 37 年—公元 41 年在位）在罗马被谋杀，发生谋杀事件的那栋建筑后来被说成是鬼屋，导致它最终被拆除。废墟中经常传出亡灵、亡魂和幽灵的声音。甚至连奥古斯都皇帝当年出生的房子也被说成是阴森可怕的。那些未经许可在那里过夜的人，将面临幽灵来访这样可怕的代价。著名的罗马喜剧作家普劳图斯（Plautus）在公元前 200 年左右写了一部鬼怪喜剧：一个叫特拉尼奥的奴隶，趁主人不在家时教唆主人的儿子大肆挥霍，当主人返回后，又试图阻止他进入房子。特拉尼奥采用的是在这种情况下的常见伎俩，他告诉主人，有鬼怪在房子里作祟。卢西恩——公元 2 世纪来自小亚细亚萨摩萨塔（Samosata）的文学家和讽刺作家——知道科林斯有一栋房屋，其屋顶年久失修，传说里面闹鬼。而帝国时代的作家普鲁塔克——古代最有教养的人之一——当然也知道，鬼怪们在波奥蒂亚（Boiotien）的谢洛尼亚（Chaironeia）一间破旧的浴室里，别具一格地用链条发出当当嘟嘟的声响。

然而，在古代的这些恐怖故事中，雅典的一栋鬼屋占据了特别突出的位置，小普林尼（约公元62年—公元113年）在给朋友卢修斯·李希尼乌斯·苏拉（Lucius Licinius Sura）——当时的一位有影响力的元老，也是图拉真皇帝的心腹——的一封信中详细描述了这一点（普林尼，《书信集》7，27）。正如他在信件开头所提到的那样，他想和他的朋友一起思考鬼怪是否真实存在，以及它们是否有自己的形状和功效。或者，它们的存在，只是因为我们的恐惧为这些实际上空洞的形象赋予了一个真实的形状——顺便一提，斯蒂芬·金（Stephen King）在其小说《它》（It）中巧妙地实现了这个想法，在这部小说中，邪恶总是化身成儿童最害怕的东西的形状。

普林尼强调，他本人相信鬼怪的存在。这与他认为是真实可信的故事有关。除了鬼怪以拟人化的非洲女性形象显灵，令人印象深刻地预言了元老库尔提乌斯·鲁弗斯（Curtius Rufus）的未来，雅典的鬼屋也发挥了重要作用。据普林尼所说，那是一幢宽敞的大房子，但却声名狼藉、破败不堪。到了夜晚，从房子里传出奇怪的声响。人们可以听到铁器相撞的声音，更仔细倾听的话，还可以听到逐渐靠近的铁链的叮当声。最后，一个面目狰狞的鬼怪出现了，他是一个皮包骨头的老人，浑身都是泥土，留着长长的胡须，头发乱糟糟的。他的双手和双脚都戴着镣铐，那些噪声就是他用镣铐发出。因此，这栋房子里的居住者因为害怕而无法入睡，在绝望而恐怖的夜晚彻夜难眠，这导致他们最终病倒，随着恐惧越来越强烈，甚至还会死去。白天时，虽然鬼怪不会现身，但也会出现在住户的想象中。因此，他们放弃了这所房子，将它完全留给了鬼怪，但是，他们至少尝试过以低于其价值的价格将其出租。

雅典哲学家阿塔诺多罗斯（Athenodoros）读到了这则租房广告。当看到价格时，他开始怀疑，并一再询问价格为什么这么低。有人告诉了他闹鬼的事，这反而加强了他租下这栋房子的决心。他带着随行人员搬了进去，晚上在临街的房屋布置了帐篷，配备了灯、写字板和笔。作为一位哲学家，他想通过心理活动来防止大脑被幻象迷惑、被毫无根据的恐惧占据。当铁链的叮当声终于响起时，他强迫自己不去听。但噪声越来越大，最后阿塔诺多罗斯也看到了那个形体。它向哲学家做了个手势，让他跟着自己走，但哲学家没有理会它。然后这个鬼怪靠近他，铁链在他的头顶上当啷作响。阿塔诺多罗斯于是跟着那个鬼怪走，它把他领到房子的院子里，然后突然消失了。哲学家用树叶标记了这个地方。第二天，他向当局报告了此事，并请求他们在这个地方进行挖掘。结果，人们发现了戴着脚链、手铐的人的骨骼，然后由国家出资安葬。罗马亡灵因此得到安抚。从那时起，这栋房子就不再闹鬼了。

我们从这个故事中了解到一些关于彼岸的想象、安葬义务、公共机构的作用以及帝国时代的哲学实践。因此，这个故事传递了形形色色的信息和关于秩序的观念。普林尼明确表示相信他的线人，认为他们保证了这个故事的真实性。作为一个有文化教养的元老，他相信有鬼，这一点在一条传记体的注解中得到证实：据说他的一个被解放了的奴隶和其他几个奴隶在夜晚被白衣鬼怪骚扰，还被剃了头发。普林尼在写给朋友的一封信中将其解释为一种超自然的迹象，即他在暴虐的图密善皇帝（Kaiser Domitian）手下逃脱了一桩起诉，尽管起诉书已被呈送。因为被告的头发会随意生长，而被剃光头的奴隶们则代表了完全相反的情况。这很好地说明了鬼怪故事的传统是如何与日常的政治生活交织在一起的。

古代历史学家米沙·迈尔（Mischa Meier）准确地指出，如果说对于像卢西恩这样的作家而言，古代世界关于古怪房屋的恐怖故事主要证明了许多同时代哲学家和文学家的低水平，那么我们至少可以借助它们认识到，文学中对于谎言与真实的基本辩论是在这些文本的基础上一次又一次地展开的。此外，他们还触及一个重要问题，即如何在前现代社会检验一份报道的真实性——这是古代交际的一个基本问题。

阿喀琉斯阴影下的杰摩尼亚台阶

北纬 41° 53' 34.79"；东经 12° 29' 4.01"

当罗马第一公民奥古斯都去世时（公元 14 年），他夸耀自己找到了一座砖头构建的城市，还留下了一座大理石之城。只要看一下他及其家族成员在他统治期间所实施的建筑项目，就会发现这种夸耀是相当准确的。除了战神广场上包括万神殿在内的各种大型建筑，以及许多翻新的神庙，新的奥古斯都广场和重新设计的罗马广场尤其吸引眼球。罗马广场被第一公民改造成一个公共广场，成为其家族的代表场所。被神化后的恺撒神庙附带一个新的演讲坛、奥古斯都本人的凯旋门、以其孙子的名义重建的尤利亚巴斯利卡和艾米利亚巴斯利卡、现在已经完工的元老宫、在他的继子和继承人提比略手下重建的农神庙、康科迪亚神庙（Tempel für Concordia）和双子神庙（Tempel für Kastor und Pollux），使整片广场以闪亮的大理石建筑模样重生。从那时起，这片广场就是以宏伟的建筑来反映皇室的王朝政治的地方。

广场的重新规划中包括一个极其令人恼火的地方，与这座光芒四射的纪念性建筑极不协调，用"奇异"一词来形容它其实都是相当轻描淡写的：在康科迪亚神庙正前方有唯一一条可以通往卡皮托林山的道路，即卡皮托林坡道（Clivus Capitolinus），凯旋式的最后一个环节是凯旋者通过这条道路抵达朱庇特神庙（Jupitertempel），向最高神献祭。在这条道路旁边，奥古斯都在康科迪亚神庙的另一侧修建了一条向上通往卡皮托林城堡阿尔克斯（Arx）的阶梯。这道阶梯继续向上直至朱诺莫内塔神庙（Tempel der Iuno Moneta），那里有一家铸币厂，因此这段台阶的上半部分被当时的人恰到好处地称为"莫内塔台阶"（Gradus Monetae）。台阶的下半部分大致相当于从如今的塞普蒂米乌斯 – 塞维鲁凯旋门（Septimius-Severus-Bogen）后面通往卡皮托林山和圣伯多禄大街（Via di S. Pietro in Carcere）的那一段。这道台阶旁边的正北面是今天的木匠圣若瑟堂（Chiesa di S. Guiseppe dei Falegnami）。它是由木匠行会（falegnami）于 1540 年在狱中圣伯多禄堂（Chiesa di S. Pietro in Carcere）的上方建造的。这又是在中世纪重建的，建在古代的马梅尔定监狱（Carcer Mamertinum 或 Carcer Tullianum）之上，后者是一座罗马监狱，根据中世纪的传说，彼得和保罗曾被囚禁在这里。古代，在凯旋式之后，战败的敌人会被扔进这座监狱，最终被绞死。在他们的尸体被扔进台伯河之前，会先向公众进行展示。监狱有几个房间，最底下一层有一个潮湿的圆形房间，这是行刑地点。罗马元老、历史学家撒路斯特（Sallust，公元前 86 年—

公元前 35 年）写道，这个地牢"在其肮脏、黑暗与恶臭中……呈现出令人厌恶的景象"[撒路斯特，《喀提利纳的阴谋》（*Verschwörung des Catilina*）55]。此外，高卢人维钦托利克斯（Vercingetorix）、国王朱古尔塔（Jugurtha）、喀提利纳的同谋者以及其他罗马的著名敌人都死在那里。

奥古斯都在监狱旁边建造的台阶有一个可怕的目的，从今天的视角来看，它似乎与广场上的代表性建筑完全不和谐，但对于那个时代的人来说，却没有任何失却体统之处。被处决者的尸体在那里被展示和亵渎。这个地方被称为杰摩尼亚台阶（Scalae Gemoniae）。令人不安的并不是展览尸体，而是要求对死者进行集体凌辱，尸体被暴力侮辱后，再被肉钩钩着拖到台伯河畔，最后被扔进水里。

那里的每个人一定都目睹了这样的恐怖场面，并且一定有许多人参与其中。为什么尸体会受到殴打、虐待和肢解？在古代，亵渎尸体原本被认为是一种违反集体规则的无耻行为，它超越了人类的边界。文学作品中，最早描述这种行为的是著名的《伊利亚特》：阿喀琉斯亵渎了赫克托尔的尸体。在同伴用长矛戳刺赫克托尔已经死去的身体之后，阿喀琉斯把尸体绑在战车上，拖着它绕着自己心爱的朋友帕特洛克罗斯的坟冢奔驰。九天内，他每天早上拖着尸体绕行坟墓三圈，直到老普里阿摩斯成功地从阿喀琉斯手中解救出儿子的尸体并安葬。然而，赫克托尔的尸体没有显示出损坏或腐烂的迹象。阿波罗给他披上了一层金色的埃癸斯（Aigis），这是一种保护性的皮肤，可以防止毁损和溃烂。"你现在躺在厅堂里，躺在我面前，鲜如朝露，犹如刚死之人"（荷马，《伊利亚特》24，757 及以下），鉴于尸体完好无损，他的母亲赫卡柏才可以这样说。第十一天，赫克托尔的葬礼令人印象深刻，《伊利亚特》就此终结——一个与众不同的结尾。

荷马毫无疑义地指出，阿喀琉斯亵渎尸体的行为将他自己与集体隔离开来。一个引人注目的情景被描绘到一只花瓶上：阿喀琉斯独自在营房里吃饭，而旁边躺着死去的赫克托尔——顺带一提，卡珊德拉在克里斯塔·沃尔夫（Christa Wolf）的同名小说中把阿喀琉斯称为畜生。这种将亵渎描述为一种可怕行为的文学场景比较常见。例如，希罗多德讲述了波斯国王冈比西斯（Kambyses，约公元前558年—公元前522年在位）如何命人糟蹋法老阿玛西斯的木乃伊：人们殴打这具木乃伊，拔掉它的头发，刺穿它的身体，一直打到"精疲力竭"，最后焚烧了它（希罗多德，《历史》3，16）。斯巴达国王鲍萨尼亚斯被塑造成一个具备良好的希腊文明素养的人，他在普拉泰艾战役（公元前479年）后拒绝亵渎波斯人的尸体，认为这件事"可能对野蛮人比对希腊人更合适；但即使在野蛮人中，我们也会谴责这种事情"（同上，9，79）。

尽管人们如此谴责亵渎尸体的行为，但这种行为在任何时候都是很普遍的。譬如，亚述国王亚述巴尼拔在公元前7世纪吹嘘说，他曾用刀砍下一个敌人的头颅，在上面吐口水，并把它作为战利品随身携带了好几天。王宫里的一幅浮雕表现的是国王夫妇正在用餐，而反叛者的头颅则挂在一棵树上。同谋者的情况也好不到哪里去："我把他们的肉割下来，派人拿到所有的国家去展览。"展示被砍下的头颅是古代文化中很常见的行为，这种行为一直延续到罗马时期。我们还知道，敌人被砍下的头颅被送往罗马；还有，在公元前82年和公元前43年，内战受害者的头颅在罗马广场的演讲坛上展览示众。即使是国家浮雕，譬如图拉真之柱，也表现了士兵向皇帝献上砍下的敌人头颅的场景。

人们不能放过这些死者的原因很简单：在尸体腐烂之前，它毕竟在一定程度上还是敌人的替身。它代表着那个实际上已经因死亡而不存在的人的继续存在——这显然是胜利者真正难以忍受的。作为死者影像的身体也必须被摧毁。伴随着对尸体的亵渎，人们追踪对手直至冥府，或者不将其下葬，使他永远无法到达彼岸。

随着杰摩尼亚台阶的建成，在罗马帝国早期皇帝的统治下，实现了一种公开上演亵渎行为的特殊形式。每个罗马人都可以参与肢解活动。我们可能无法想象，人群中的某个人是如何克服胆怯，用敲击工具或刀子去碰触尸体与切割肉体的；也难以想象，在人声鼎沸的人群中，暴徒们是如何互相煽动亵渎行为的。我们从如今这个时代的战争摄影师那里同样能够了解到，人们在对待死去的敌人时仍然准备且能够做出什么样的兽行，因此就不用在此赘述细节了。

但是，第一任皇帝出于何种动机在城市的中心地带修建这样一处恐怖之地？有人猜测，让民众参与这种亵渎行为是为了弥补，因为对国家公敌的定罪和审判都掌握在君主手中。要求民众参与亵渎行为，使他们在事实上成为统治者的同谋，大家共同实施了违背崇高的新罪行。公民们通过损坏被行刑者的尸体，从而表明自己是新政权顺从的帮凶。

就在杰摩尼亚台阶建好后不久，产生了描述民众的愤怒的第一批报告。公元 20 年，元老卡尔普尼乌斯·皮索（Calpurnius Piso）被指控在征战叙利亚时毒死了广受欢迎的皇室成员日耳曼尼库斯（Germanicus）。当日耳曼尼库斯的死讯传到罗马时，民众表现出来的一幕幕场景，可以与伦敦为威尔士王妃戴安娜举行的哀悼仪式相提并论。罗马人聚集在公共广场上一起哀悼，为他献上鲜花和花圈。当针对该起死亡事件的司法调查开始启动时，罗马的气氛也相应地热烈起来。在诉讼进行期间，皮索最终以自杀的方式逃过一劫，罗马人已经把被告的肖像抬到杰摩尼亚台阶上并砸碎了它。代表这位元老的肖像被亵渎了。传记作者苏维托尼乌斯写道：如果人们抓住他，会将他撕成碎片。一个叫提提乌斯·萨比努斯（Titius Sabinus）的人确实遭遇了这个命运，他于公元 28 年在台阶上被亵渎。三年后，再次出现了皮索事件中发生过的场景，活人的雕像提前经历了随后尸体受到的凌辱。提比略（公元 14 年—公元 37 年在位）统治时期，罗马执政官塞安（Seian）被指控犯有叛逆罪，元老院在康科迪亚神庙审理此案，此处紧挨着杰摩尼亚台阶，被告的立式雕像已经在台阶上被砸碎并拖走了。根据卡西乌斯·狄奥的描述，塞安本应该看到，人们已经在用他的雕像来羞辱他了。同时，他在踏入神殿时，估计会往神殿右边的台阶看一眼，预先猜测一下自己和家人被处决后的遭遇（卡西乌斯·狄奥，《罗马史》58，11）。

市民们对不得人心且痴迷于权力的执政官的报复也相应地可怕——我也就不赘述这个事件的细节了。塞安及其家人的尸体在杰摩尼亚台阶上被肢解和亵渎长达三天之久，直到最后被扔进台伯河。但是，当大众的情绪发生转向时，就会有糟糕的事情发生了！在这个阴暗的地方发生的、由罗马人民参与的权力表演也可以反噬统治者自己：当提比略皇帝去世时，罗马人在广场上齐声呼喊，要求将他的尸体扔进台伯河，但首先要在杰摩尼亚台阶上公开展示，供人亵渎。提比略幸免于此。但是，在尼禄死后的公元 69 年，即所谓的"四帝之年"，内战再次降临罗马，台阶上发生了可怕的一幕。在维斯帕先领导的弗拉维新王朝夺取政权之前，维特里乌斯皇帝（Vitellius）在皇座上成功地坚持了几个月，然后被杀，他的尸体交给了暴民，在杰摩尼亚台阶上被亵渎。那里第一次躺着一具君主的尸体，这具尸体被剥去皇权的所有标识，在亵渎行为完成之后扔进了台伯河。台阶上发生的不寻常事件在整个罗马引发了过度暴力的现象，同胞们在各种私刑中被杀害。随着新王朝权力地位的巩固，罗马才逐渐恢复平静。

以上列举的这些例子使我们很容易领会禁止亵渎尸体之前的情况：遭遇不幸的人因被指控、法院裁决或政治动乱而被驱逐出集体。罗马人通过希腊历史文献，对这一过程了如指掌。人们从中经常读到，一个公民社会如何推翻暴君并大肆凌辱他们的尸体。这些暴君代表了公共秩序的彻底瓦解。因此，他们的死亡以及对其尸体的亵渎成为确保这一秩序的象征性行为。非常有趣的是，在描述这种暴力行为时使用了源自净化仪式这一神圣领域的古老术语。伴随着杀害专制君主并亵渎其尸体，这个集体的污点被抵消了。

长期以来，杰摩尼亚台阶一直是皇帝、一些大胆的城市公民和士兵以血腥的仪式表达自己的政治利益的地方。几个世纪以来，它一直被当作一处恐怖之地，直至古代晚期依然如此。因此，公元 5 世纪，基督教诗人希多尼乌斯·阿波黎纳里斯（Sidonius Apollinaris）在其诗作中仍然写道：人们恐惧屠夫的肉钩、杰摩尼亚台阶和绳套。

昂特勒蒙——凯尔特人的人头战利品

北纬 43° 33′ 7.18″；东经 5° 26′ 21.11″

公元前 2 世纪末，当罗马军队进攻高卢南部时，在被征服的定居点发现了恐怖仪式的遗迹。军团士兵在亲身进入这些地方并直接面对那里的阴暗证据之前，肯定听说过令人不安的骷髅崇拜。当他们到达这种奇异之地时，一定会感到不寒而栗，这将是下文的主题。凯尔特人在那里举行的仪式如此可怕，致使罗马人摧毁并烧掉了他们建造的崇拜场所。

老城普罗旺斯艾克斯（Aix-en-Provence）以北 2.5 公里处有一座 365 米高的山丘，其西侧和南侧坡度陡峭。我们可以在它的山顶参观挖掘出来的凯尔特人定居点的部分遗迹，这个定居点在当时占地 4 公顷，是法国普罗旺斯（Provence）和朗格多克（Languedoc）几百个凯尔特人定居点之一，人们模仿罗马作家，将它们称为"奥皮达"（oppida）。这些小型设防的山顶定居点是这个地区的典型定居形式，里面少则可能有几百人，多则可能有一千余人居住。许多奥皮达迄今为止只被少数人考古研究过，它们是凯尔特定居者广泛开发土地的证据。它们还代表着早在罗马占领之前就存在的数量可观的基础设施。自公元前 2 世纪始，山顶定居点被罗马人在罗讷河谷（Rhonetal）的新建城市和定居者居住地所取代，这些地方是今天的普罗旺斯大型城市的起源和古老的核心，譬如尼姆、阿尔勒、普罗旺斯艾克斯、里昂、奥兰治（Orange）或维埃纳（Vienne）。

自公元前 6 世纪始，就有人在昂特勒蒙（Entremont）附近的奥皮达（凯尔特人的山顶定居点）定居，公元前 124 年至公元前 123 年，那里被罗马人摧毁，公元前 122 年，在原址上建立了新的城市"水之城"（Aquae Sextiae Salluviorum），即今天的普罗旺斯艾克斯。这个地方成为萨鲁维尔人（Salluvier）新的行政中心，萨鲁维尔人是一个在此地区定居的凯尔特人部落。与之前的奥皮达一样，这座从此以后欣欣向荣的罗马城市离重要的多美亚大道不远，这条长途交通要道从城市北部穿过法国南部向西班牙延伸，途经前文已经描述过的庞培的胜利纪念碑。

在公元前124年至公元前123年，昂特勒蒙附近的奥皮达的居民肯定被杀害或售卖为奴隶了。反正，凯尔特人的定居点自此再无人居住。19世纪初，当石头雕刻首次面世时，这个地方被重新发现，这些石头被解释为前罗马的本土艺术。在第二次世界大战之后，系统的考古研究才开始启动。德国士兵于1943年在山丘上建立了一个军事基地，在修建蓄水池的过程中，他们发现了更多的雕刻，在沃尔夫·梅特涅伯爵（Graf Wolff Metternich）的鼓动和法国学者费尔南德·伯努瓦（Fernand Benoit）的协作下，这些雕刻最终被普罗旺斯艾克斯博物馆收藏。后者于1946年开始与考古学家罗伯特·安巴德（Robert Ambard）合作，一起对这个地方进行考古挖掘。在此期间大约挖掘了原有面积的七分之一。

这个定居点的景观令人印象深刻。房屋与街道以网格状分布，看起来很统一。发掘者将这种非常有秩序的结构归功于希腊城市化的影响，公元前600年左右，在距离此处仅30公里的地方建立了马萨利亚，自此之后，这个地区的城市化进程就不可小觑了。马萨利亚沿蔚蓝海岸建立了自己的贸易据点，这些贸易据点——比如位于小镇奥尔比亚（Olbia）的那个——揭示了在常规道路网中对核心定居点的规划。凭借书面文献以及考古发现我们可以推断，这些定居的希腊人和他们的邻居凯尔特人联系密切。特别是希腊葡萄酒深受凯尔特人的欢迎，被用来交换凯尔特人的金属制品或粮食等商品。这些接触也可能影响了凯尔特人群体的内部组织机构。反正昂特勒蒙的房屋和防御工事等建筑都说明了这样一个事实：城镇景观的背后有复杂的规划和建筑过程，而在更古老的奥皮达中仍然看不到这些。

然而，在古代作家狄奥多的笔下，我们在一个可怕的仪式中发现了凯尔特人希腊化的极限。据他报告，凯尔特人砍掉倒下的敌人的头颅，把它们悬挂在自己的马脖子上。返家后，他们一边携带头颅在居住地游行，一边唱着胜利的歌谣，最后将这些头颅钉在自家门柱上，就像猎杀的野味那样。如果是著名敌人的头颅，他们则涂上防腐香料，小心翼翼地存放进小箱子里。

就像在其他的凯尔特人定居点一样，人们在昂特勒蒙也发现了被砍掉的头颅的考古证据，即所谓的"断首"（têtes coupées）。就在旧定居点的城墙上，人们发现了一个面积约为 110 平方米（20 米 ×5.5 米）的大厅，里面的柱子上刻着被砍掉的头颅的浅浮雕，还有一些圆形的洞，可以插入真正的头颅。此外，还发现了 15 颗人类头颅，五颗一组，用三枚铁钉分别固定住。除了一组完整系列的盘腿端坐雕像以及一尊骑兵立式雕像，还发现了一尊大型雕塑，其中包括一组连贯的石质头颅和一颗头颅，在这颗头颅的顶部还可以看到曾经抓着它的右手的残骸。这些碎片可以重新组成一尊凯尔特人的坐像，他怀中抱着四颗头颅，左右两边的两条腿上还有两颗，他的两只手抓着它们。他在自豪地展示他的战利品——他杀死的六个人的头颅。

除了关于"断首"的栩栩如生的展现，人们不仅发现了前文提及的仍然带着钉子的人头，而且发现了那些被人工扩大的颅底——表明这些头颅曾被插在柱子上，并长期在公众面前展示。这些是在普罗旺斯的各个凯尔特人的奥皮达中发现的。在法国北部亚眠（Amiens）东北的昂克尔河畔的里贝蒙（Ribemont-sur-Ancre）附近进行考古挖掘时，在一座凯尔特人的神庙中挖掘到的物品为这种头颅崇拜提供了一条令人非常震惊的间接证据。在崇拜设施的一个区域，35平方米左右的空间内，人们发现了300件武器以及大约140名男性的2万块骨头，这些男性的年龄在15岁至45岁之间。一部分臂骨和腿骨作为分隔材料，围成了一个空间。在这个空间之外，骨头碎片表明了切割尸体的地方。旁边还有一个设施，里面又发现了大约3万块骨头，还有动物骨骼和饮酒器皿。总的来说，在这处显然服务于神圣目的的建筑群中大约可以找到1000名男性的遗骸。

要想解释这些发掘物是困难的，但对于里贝蒙这个案例的解释则显而易见。这些考古发掘物显示，大部分的骨头是在公元前260年左右被放在那里的。鉴于人数众多，它们可能是在一场战役中死于非命的战士们的尸体。引人注目的是，其中几乎没有发现任何头骨。尸体的头颅极有可能被砍掉了。显然，被杀掉的敌人首先在这个阴暗的地方被展示，然后在尸体腐烂后进行肢解，骨头经常混合在一起放入设施内部。这个设施的一个区域里的动物骨骼和饮酒器皿则表明，胜利者在这里举办宴席并以战败的敌人献祭。此外，还可以看出，个别尸体以特殊的方式处理过，然后被焚烧以供奉神灵。胜利者还在这个地方为自己队伍中的牺牲者举行了葬礼。一组骨头表明，这些死者的埋葬方式与大量的敌人不同。因此，整个设施容纳了一场较大型的战役中阵亡者和马的尸体、武器及战车。据推测，战役发生在离这个地点不远的地方。后来，这个地方还增建了一座神庙，布置了一座祭坛，正如它们所表明的那样，这个地方是献给神祇的，人们用战败者的遗体进行祭祀。

腐烂的气味一定在昂克尔河的浅谷上空徘徊了好几个星期。显然，胜利者把敌人的 1000 多颗头颅带走了，骄傲地在自家房门口展示。在阿隆德河畔古尔奈（Gournay-sur-Aronde）附近的一座神庙里，人们实施了我们已经知道的习俗，即把被杀的敌人的头颅钉在那里。在昂特勒蒙以及其他的奥皮达中也是如此，在一场胜战之后，腐烂肉体那"甜"得恶心的气味一定将战士们的功绩四处传播。如今令我们厌恶的行为，却在一个战士精神至上的集体里宣告了男人的荣耀。

在大约三百年的时间里，这种头颅崇拜在凯尔特人的定居点中是常见且普遍的。在个别神庙，比如前文提到的古尔奈神庙中，头颅被细心地制作成标本，打开头盖骨取出里面的大脑。在昂特勒蒙定居点被摧毁之前，它的大厅一直是这种头颅崇拜的中心。罗马人惊恐地讲述了他们的一位军事领导人所遭遇的可怕命运。公元前 216 年，罗马执政官波斯图米乌斯（Postumius）被杀后，他的头骨被覆盖了金箔，当作酒器使用（李维，《罗马史》23，24，11）。

从公元前 2 世纪开始，罗马人在其控制的地区促成了这些仪式的逐渐消失，但我并不想被误解为，我在试图证明罗马人的战争形式更加文明。特别是恺撒在高卢战争期间命令他的士兵所进行的种族灭绝式大屠杀，足以证明他们是五十步笑百步。100 多万来自不同部落的高卢人成为罗马最高统帅发动的残酷战争的受害者。

安奇亚勒的萨达纳帕尔之墓

北纬 36° 48' 4.30"；东经 34° 36' 14.84"

自从公元前 387 年高卢人征服罗马以来，那里的人一直在讲述这些散播恐怖的战士的故事。当罗马人听到这条消息——凯尔特人入侵意大利半岛北部并可能再次接近罗马——对这些"野蛮人"（metus gallicus）的恐惧有时会使他们做出恐慌性反应。面对这样的危险，他们甚至活埋了生活在罗马的高卢人夫妇，以此进行祭祀。在罗马人的想象中，凯尔特人是个子高大、发型狂野的男性，在战场上，他们脸上涂着颜料，发出可怕的叫喊声。恺撒在其关于高卢战争的著作中告诉我们，他的士兵有时满怀恐惧地坐在帐篷里，试图以各种借口逃避上战场。然而，他总是成功地让士兵们做好战斗准备并给予他们勇气。

当然，生动而形象地描绘敌人的可怕之处并不具有很大的激励作用。因此，向士兵展示敌人的缺陷，让他们获得优越感，时至今日仍然是战争策略的一部分。自从希腊人在希波战争中取得成功、在马拉松和萨拉米斯战役中取得胜利后，他们就把自己的东方对手描绘成在国王的控制下如同奴隶一般的灵魂，即并非像希腊城邦公民那样的自由人。然而，这些国王都纵情声色、沉迷享乐，对他们的臣民和对手极其残忍。譬如钉死、剥皮等可怕的处决方式，或割掉身体的某个部位，比如鼻子、耳朵、嘴唇或舌头来残损肢体，对他们而言都是家常便饭。因此，处在这种威胁与羞辱方式下的臣民都是弱小的敌人，希腊士兵比他们更具优势。

亚历山大大帝的压倒性胜利似乎证实了这一情况。他的军队由数万名士兵和数千匹马组成，在格拉尼科斯（Granikos）河畔的海峡附近赢得与波斯人的第一场战役后（公元前334年），以令人惊叹的速度从西部穿过小亚细亚。马其顿军队最终到达了肥沃且平坦的奇里乞亚大平原，它位于如今的土耳其和叙利亚边界。在今天的土耳其城市梅尔辛（Mersin，拉丁语为"Zephyrion"）周围，人们发现这个地区极其富裕，条件优越，既可以喂养马匹，又可以供给士兵膳食。在开拔之前，这支部队在古老的塔索斯（Tarsos）和安奇亚勒（Anchiale）附近住下。

安奇亚勒是一处奇异之地，我们实际上对其一无所知——除了亚历山大大帝的中途停留。但我们马上就会看到，我们在伟大战役的背景下提到它是由于那个时代的人的特殊幻想。这个地方一定位于梅尔辛附近某处。安奇亚勒的备选位置之一是一个叫尤穆克特佩（Yumuktepe）的小山丘，它位于梅尔辛市中心西北 1.5 公里处。现在，山丘上种满了树，但小树林作为考古挖掘现场被栅栏围起来了，防止令人不快的访客进入。这个发掘现场非常重要，因为那里的许多沉降层可以追溯至公元前 6500 年左右。根据发掘报告，我们尚不清楚该遗址在古代作为定居点的持续时间，但可以肯定的是，人们在这里的定居至少持续到公元前 5 世纪，直至港口城市梅尔辛作为安奇亚勒的继承者在海边建立起来。到了中世纪，在被遗弃的小山丘上才重新出现了一个新的小城镇。

传说中，亚历山大大帝曾在那里扎营，我们却说不出这个小城镇当时的模样，也不知道在他那个时代是否有人在此居住。这个地方很神秘——首先是通过人们对亚历山大大帝的士兵和军官讲述的一个故事而变得如此神秘。这支军队的两名军官记下了这个故事，其后，它被较晚期的作者采纳并重新讲述。

据说，亚述王朝最后一位国王萨达纳帕尔（Sardanapal）的墓碑曾经矗立在安奇亚勒的城墙附近。墓碑上的国王雕像穿着东方服饰，手指做出一个动作，这个动作被解释为轻蔑的弹指或拍手。人们还可以在雕像上读到一段墓志铭，内容是他在一天之内建立了安奇亚勒和塔索斯。此外，这位国王还在墓志铭里炫耀："只有食物、娱乐和爱情使我感到快乐，只有这些是唯一且最重要的东西。"在其他作者流传下来的内容稍有不同的版本中，人生苦短的人们被敦促享受食物、饮料和性爱，因为其他事情并不重要。

　　反正，这块墓碑已经以图像与文字形式，把在那儿扎营的亚历山大大帝的希腊和马其顿士兵与"萨达纳帕尔"这个名字捆绑在一起了。早在公元前 5 世纪，这位统治者显然就已经是一个众所周知的国王的反面例证了，他沉溺享乐，以如此戏剧性的方式荒废政务，以至于首都尼尼微与他一起沦陷，亚述帝国灭亡。公元前 400 年后不久，希腊医生克特西亚斯进一步描绘了这幅画面，后来的作者赋予了它更强烈的色彩：萨达纳帕尔带着他的妻子们撤退，他把自己乔装打扮成一个女人。他按照女性的方式美白肌肤，画着浓厚的眼妆，和女人们一起梳理紫色的羊毛。因此，他看上去就像一个只致力于享乐的异装癖者。他对男女两性都有兴趣，只追求最高贵、最刺激的食物和美酒。然而，放纵、缺乏节制和无边的欲望最终导致一位医疗官叛乱。结果，尼尼微和王宫被围困了。萨达纳帕尔下令用他的财宝和奢侈品搭起一个巨大的火葬柴堆，他想带着这些宝贝去死，以免落入敌手。他的性伙伴们也要一同赴死。欧仁·德拉克洛瓦（Eugène Delacroix，1798 年—1863 年）在巴黎艺术沙龙中展出的名画《萨达纳帕尔之死》（*Der Tod des Sardanapal*，1827 年）描绘了这场对女性的屠杀。

　　因此，安奇亚勒的坟墓不仅令人印象深刻，而且不受时间限制地、有效地证明了这些象征着一位东方暴君的故事，这位暴君在丧失理智后实施了可怕的自杀行为，并把身边的人一起拽向死亡。不难想象，亚历山大大帝营地里的官兵们以旺盛的想象力幻想着亚述王宫中萨达纳帕尔的狂欢。关于墓碑的消息可能进一步助长了这些幻想。而由此产生的图像最终传播至近代，并以新的主题来丰富其内容。这个过度放纵的东方国王成为所有专制者堕落和残忍的典型。因此，像尼禄这样的古代统治者就已经被称为萨达纳帕尔了。紧接着，元老卡西乌斯·狄奥在公元 3 世纪将叙利亚出生的皇帝埃拉伽巴尔（Kaiser Elagabal）描绘成萨达纳帕尔，并不遗余力地描绘他的性狂欢以及残忍行为。这些想象在 4 世纪进一步扩展，并在 19 世纪为劳伦斯·阿尔玛–塔德玛（Lawrence Alma-Tadema）提供了灵感，他令人印象深刻地描绘了埃拉伽巴尔在一次狂欢中把他的客人闷死在飘落的玫瑰花瓣下的场景。戏剧和音乐剧的创作者们也接受了这些故事。特别令人感兴趣的是拜伦勋爵笔下的悲剧《萨达纳帕尔》，他将它题献给了歌德。拜伦笔下的萨达纳帕尔是作者本人的写照，虽然过着放荡不羁的生活，但由于他以一种模范的方式关心和照顾他的臣民，所以值得获得这些享受。

安奇亚勒附近营地里的叙事毫无疑问有一个特点。也就是说，他们要给予围绕着萨达纳帕尔的故事一个明确的地方，即带有图像和墓志铭的坟墓。但是，这座坟墓，以及萨达纳帕尔本人，都纯粹是一种杜撰！事实上，安奇亚勒附近从未出现过萨达纳帕尔的坟墓。也许一个被遗弃了百余年的地方，比如尤穆克特佩的这个定居点，特别适合借以编造这样一个故事，因为它可以被赋予无数棱面。反正，不同版本的所谓墓志铭以及图像都难以被解释，就像所谓的遗迹或所谓的由萨达纳帕尔建立的这两座城市一样。所有试图将"萨达纳帕尔"这个名字与楔形文字文本中已知的历史上的亚述国王联系起来的努力都失败了。最有可能的情况是，这个人物是一个集合体，不同国王的各种故事都捆绑到了他身上。这个故事的起源也无法重构。当地人是否将其与随处可见的亚述人的石碑或雕像联系在一起？并且他们是否误解了所描绘的祈祷中的统治者？我们从楔形文字文本中得知，公元前696年，亚述国王桑赫里布（Sanherib）再次征服了安奇亚勒和塔索斯所在的叛乱地区。他是否曾用纪念碑来强调他的统治？安奇亚勒旧定居点的居民已经搬到了泽菲里昂［Zephyrion，今天土耳其的阿达纳（Adana）西南］，他们是否传播了这些故事？在征战期间，亚历山大大帝的史学家们是否考虑过实地考察这座纪念碑？一个出发点可能是，所谓的墓志铭以及其中的享乐主义主题在亚历山大大帝远征前就有报道，但没有说明其详尽的位置。亚里士多德知道其中一个版本，他写道：正如西塞罗所传达的那样，这样的文本在一头牛的坟墓上比在一位国王的坟墓上更为合适。但哲学家的这条信息是在亚历山大远征之前还是之后写的？不难想象，直到亚里士多德的学生卡利斯提尼斯（Kallisthenes）自亚历山大大帝的远征返回之后，哲学家才获悉这条消息。

我们无法回答所有这些问题，尤其是这座坟墓与安奇亚勒存在怎样的联系这个问题。反正，在公元后的时代繁荣起来的塔索斯从未提及自己是由萨达纳帕尔建立的。文献中，只有说到虚构的坟墓时才会提及安奇亚勒。因此，如果有人想了解一位东方暴君的原型虚构与接受情况，安奇亚勒的虚构坟墓就尤其令人感兴趣。从早期的图像开始，我们很容易追踪到，除了暴食暴饮和性爱狂欢，这个集所有恶习于一身的人格是如何被挑选出来，成为残暴的化身的。作者们不辞辛劳地想出新的暴力行为以及几乎令人难以置信的酷刑、折磨和谋杀场景，这些都可以记到坐在统治者宝座上的这个怪物名下。

这个围绕着墓志铭的故事还有值得注意的另一面：大约二十年

前，在土耳其城市库姆卢贾（Kumluca）以西、安塔利亚以南的利西亚（Lykien）东部山区，发现了一座当地君主的坟墓，其主人是利西亚的一位王侯。这座刻凿在岩石上的立面坟墓，除了有一处显示丧宴的浮雕，还有墓志铭。公元前400年后不久，墓主人阿波罗尼奥斯（Apollonios）令人在墓碑上镌刻了如下文字："我行事公正，我生活舒适，我享受食物、饮料和性爱。去吧，接受问候！"也就是说，早在所谓的萨达纳帕尔墓志铭被报道之前，一段非常类似的铭文就已经存在了。它的发现者在出版物中令人印象深刻地表明，这个当地人并没有把自己看作萨达纳帕尔的一个追随者。他的名字与其父亲一样，叫作海拉斐洛斯（Hellaphilos，意为希腊的朋友），他作为一位希腊化的王侯，将自己置身于一个较古老的、在他那个时代非常活跃的希腊传统中，根据这个传统，美德（arete）与享受（hedone）可以很好地以一种模范的方式协调一致。早在一代人之前，人们就已经在譬如墓志铭等文本中，以"特里菲"（tryphe）这个概念提出了新的生活目标，这个概念是与奢侈和纵情享乐相联系的。墓志铭的读者一再被敦促去享受生活。阿波罗尼奥斯也很自豪，他不仅为自己作为地方统治者的公正而自豪，也为自己在宴会上与朋友们体面地欢庆而自豪。

人们在萨达纳帕尔这个人物身上设计了对立面：片面的享乐主义，这与忽视一个国王的所有职责画等号。这就是亚历山大大帝的士兵期望在东方找到的东西。在安奇亚勒的营地里，他们也许只是在脑海中特别生动地想象着这个东方世界。这种负面的幻想也可以很好地解释，为什么亚历山大大帝稍后的决定在他的追随者中会引发如此的不满，在战胜大流士（Dareios）的最终之战后，他不仅获得了波斯国王的王位，而且接受了后者的穿着和习惯。鉴于萨达纳帕尔的故事，马其顿人看到自己的国王穿着波斯人的礼服，一定会感到非常恼火。即使一个虚构的统治者的埋骨之地本身看起来就是一处奇异之地，但它再次显示了这类遗址以及围绕着它们的故事可能具有多么强大的力量。

第 10 章

世界的尽头

毋庸置疑，万事皆有始有终。因此，我在第一章开始绘制的圆圈，即我们沿着古代的奇异之地一路巡视的那个圆，就要逐渐合拢了。正如古代人构建了起点和终点，他们也设计了世界的边界和边缘区域——这些地方既代表天涯海角，同时也代表一个人生命的终结。当我们探访它们时，我们再次遇到物理上有形的空间与由这个真实地点衬托出来的神话般的、伪造的地理学。譬如创作于公元前 7 世纪的荷马的《奥德赛》。奥德修斯这位航海家在迷失方向的航行中，到达过许多真实的地点和地区，它们是史诗的听众已经听说过，甚至亲眼看到过的。但是，奥德修斯也曾到过那些杜撰出来的地方——由于这些虚构，史诗中的世界显得美妙而奇异，其奇特之处能够让听众产生极度的期待。在艰辛的旅程中，奥德修斯——像半神赫拉克勒斯一样——到达了世界的一个尽头，这就是直布罗陀附近的海峡，古代人所说的赫拉克勒斯之柱就在这里。那个时代的人想象，在这个地方之外有一片充满怪物和无数危险的海洋，因此无法通航。

赫拉克勒斯完成了十二件英雄事迹，他不仅打败了可怕的怪物，而且穿越了只有英雄才能去往的空间。甚至有人说，他把冥界的三头看门犬刻耳柏洛斯绑架到了人间，还战胜了亚马逊族女战士和半人马——也就是说，他在战斗中战胜了超越文明的神话生物。他的英雄事迹发生的地点从大西洋到印度，从亚洲到斯基泰（Skythien），再至冥界深处，绵延数千公里，换句话说，它们发生的地区，自世界的起点直至世界的边界。因此，赫拉克勒斯已经到达了早期地图所显示的世界的尽头。最古老的地图把世界描绘成一个圆盘，其中有欧洲、利比亚（等于非洲）和亚洲等已知的狭长地带。辽阔的世界水体"大洋河"（Okeano）把地球包围起来，代表着不可逾越的边界。这种地理学视角的模式可以在美索不达米亚平原找到。譬如，保存在泥板上的巴比伦世界地图显示，巴比伦是有人居住的土地的中心，被苦海"马拉图"（marratu）包围。但即使是历史学之父希罗多德也嘲笑这种世界观。毕竟，在他那个时代，人们已经知道，形成土地边界的并不是海洋。希罗多德认为关于世界海洋的想法是未经证实的，与之相反，他认为，在南方以及东方无人居住的荒凉土地上，从某个时候开始存在着世界尽头的标志。这是来自旅行者和了解世界的人的可信报告。

"欧伊库曼"这个概念首次出现在他的作品中，指有人居住的世界，但也只是已知的世界，即"我们的"世界。在这个世界之外，自古以来就有怪物和传说中的部族定居，他们的习俗和传统为人们自己生活的世界提供了或好或坏的对立形象。显然，不能简单地将之想象为一个空旷的空间，因此人们想象，在大西洋中以及已知世界之外存在诸如巨蛇或龙等怪物。顺便说一句，这种假设长期以来一直存在——即使是近代早期的地图依然表现出精心刻画的野兽和未知的土地。它们都见证了人们对空旷地区的恐惧，而绘图员们则以想象力来填补这种恐惧——但它们也表露了人们对冒险家、探险家和征服者的钦佩，他们冒着这样的危险去维持欧洲帝国主义的经济运转。

古代也有这种无所畏惧的人。例如，在公元前 5 世纪，一个名叫卡里安达的斯盖拉克斯（Skylax von Karyanda）的人代表波斯伟大的国王大流士去印度探险。另一位航海家——迦太基人汉诺(Hanno)——与前者在同一个世纪穿过了直布罗陀海峡，沿着非洲海岸向南航行，一直抵达如今的塞拉利昂一带。他并不关心海怪和可怕的生物的故事。然而，大约在同一时间，薛西斯派遣前往非洲航行探险的波斯人萨塔斯佩斯（Sataspes），在几个月后就因为恐惧而放弃，返航了。然而，在希罗多德的时代，据说就已经有波斯人和腓尼基人成功环游非洲的故事了。

所有这些冒险家都以他们的描述满足了公众的期待。他们的目的不是用真实的图像取代同时代人的生动幻想，也不是用他们的经历来给神话祛魅。相反，他们证实了这些离奇的古老故事，甚至用新的故事来丰富它们。例如，汉诺讲述，在他的非洲之行中，他不仅听到了怪物的声音，而且在夜晚听到了阴森恐怖的音乐，看到了火中之河和一座在黑暗中一直发光的山。斯盖拉克斯则讲述了印度神话中的形象和异域的生物，在罗马时代，人们仍然相信这些生物的存在。

这些冒险家们讲述了漫长的、几乎没有尽头的旅程，在读者看来，自己只是乘船进行短途旅行就不得不忍受恐惧，他们的冒险似乎是真正的英雄事迹。但在这些旅程中，空间和时间的情况如何？可计算、可测量的时间只存在于这个生活世界。如果一个人想到达世界的尽头，旅程的时间是不确定的。世界的尽头位于不可思议的远方，就像彼岸的生活一样遥远。因此，在所有的古代文化中均有安葬这一仪式，这并不是一种巧合，人们将其理解为前往遥远冥界的旅程。人们认为冥界存在于世界海洋的另一边，或在地下的未知深处，由阴郁的哈迪斯掌管，又或者在天上，甚至在月亮上。因此，冥界的入口也标志着世界的终结，在人死亡时被具体化。

因此，最后让我们去往世界的尽头,探访那些证明了特别奇特的想象的奇异之地吧！这条路线的第一站是亚历山大大帝为标记世界的尽头而亲自创建的地方。他想通过此举表明，他本人的事迹可以超越神话中曾经抵达这些尽头的英雄，甚至神祇。很明显，神话地理学可以同时在政治排面和军事计划中占据非常真实的地位。神话与经验相遇。

绝域亚历山德里亚——建立在世界边缘的城市

北纬 40° 16' 40.81"; 东经 69° 38' 27.66"

如果我们要寻找亚历山大大帝创建的那处奇异之地，就必须远离希腊－罗马世界的文化圈，进入中亚的塔吉克斯坦，来到位于兴都库什山脉北部的苦盏市（Chudschand）。我们今天的这座城市位于费尔干纳山谷（Ferghanatal）的锡尔达加（Syrdarja）河畔，即古代的雅克萨特斯（Jaxartes）。它曾经是丝绸之路上一个重要的贸易站。如今，这条河已被筑坝拦成了一个小湖，为该地区提供灌溉和饮用水。据推测，在塔吉克斯坦这一片与古代同样贫瘠而干燥的山区，曾在古代时期存在过一个小绿洲，它位于重要的交通轴线上。该地区在古代属于波斯帝国，是波斯人为保护他们的帝国而建造的堡垒的最北端。如果亚历山大大帝的历史学家阿里安是可信的，那么这座城市曾被称为凯洛波利斯（Kyropolis）——居鲁士之城。

目前尚不清楚，亚历山大大帝是基于何种信息决定在兴都库什山脉以北的这个地区停留了大约两年时间，然后继续向南和东南方向挺进印度。他可能知道波斯人在撒马尔罕和兴都库什北部山谷的征战情况。反正，他利用这次逗留时间与当地的斯基泰人作战，同时——就像他在四处征服期间经常做的那样——创建了一座以他的名字命名的城市。根据阿里安的说法，这座城市位于一个"适合出现大型城市"的地区［阿里安，《亚历山大的征战》（Alexanderzug）4，1，3-4］，在这个地区可以抵御斯基泰人。

亚历山大大帝称这个位于雅克萨特斯的城市为"绝域"，即"最遥远的亚历山德里亚"。他用这个名字明确无误地表明，在建立了许多其他城市之后，一个想象中的世界的尽头就位于那里。在公元前 4 世纪，"埃夏提亚"（eschatiai）这个单词意为"遥远的地区"，人们将其理解为环绕"欧伊库曼"——已知的文化空间——的那些地区。根据希罗多德的说法，它们是一种边缘地区，人们正是从那里获得了极为罕见和令人垂涎的东西。"埃夏提亚"代表了一种新的空间规划，即用内容填满世界的尽头，同时将外面的区域与"欧伊库曼"和"我们居住的世界"分离。正如地理学家庞培尼乌斯·梅拉（Pomponius Mela）在公元 43 年至 44 年所写的那样，那里是"第二个世界的开始"［梅拉，《世界概述》（Erdbeschreibung）3，70］。

除了古代历史学家的记载，我们对绝域亚历山德里亚（Alexandria Eschate）了解甚少。考古学家在苦盏城堡进行了考古挖掘，至少可以根据物质发掘物看出，这里不仅有波斯人的定居点，还有亚历山大大帝去世后希腊化时期的遗迹。根据阿里安的说法，亚历山大令马其顿士兵和希腊雇佣兵移居到自己建立于世界尽头的新城市，他们与当地人一起定居，并且显然满足于自己的命运，试图在这个陌生的环境中发挥最大的作用。

有可能是亚历山大向他们表明，随着这座城市的扩张，他们同时也成为一个宏伟计划的一部分。亚历山大试图以"新一任居鲁士"的身份出现，并超越这位公元前 6 世纪波斯极具传奇色彩的征服者。随着凯洛波利斯的毁灭和绝域亚历山德里亚的兴建，兴都库什山脉以北的空间被象征性地重新占领了。除了绝域亚历山德里亚，亚历山大还建立了阿雷亚的亚历山德里亚（赫拉特）、高加索亚历山德里亚、奥克苏斯河畔的亚历山德里亚和亚历山德罗波利斯（坎大哈），这些地方都移居了士兵，以便帝国控制这些偏远地区。这个被称为巴克特（Baktrien）的地区后来成为塞琉古帝国的一部分，塞琉古帝国是亚历山大帝国的继承帝国之一，其中心在叙利亚和美索不达米亚平原。公元前 250 年左右，甚至出现了一个独立的希腊 – 巴克特王国。

来自爱琴海和马其顿地区的这些男人是如何尝试在如此偏远的地区站稳脚跟的，这并不容易想象。由于绝域亚历山德里亚的确切位置几乎不可能确定，更不用说去研究这个城市了，所以我们必须环顾邻近的城镇以及在世界尽头的其他有希腊定居者的城市的创建。通过这种方式，我们可以尝试去掌握，是什么推动这些士兵移居到这个地区的，但反过来，也可以掌握他们已经获悉的情况。

简要看一下这一时期的另外两座城市的创建，可以说明在那个最边缘的亚历山德里亚可能发生的变化。其中的一座城市经过几千年的发展，成为众所周知的阿富汗坎大哈，古代称作阿拉霍西亚的亚历山德里亚（Alexandria in Arachosia），另一座城市位于现在的艾哈努姆（Ai Khanoum）附近，也在阿富汗，应塞琉古一世的要求而建，他曾经是亚历山大大帝的一个部将。可以看出，原住民文化和新主人的建筑风格是相互渗透的。譬如，一座完全符合当地建筑传统的神庙可以成为希腊的宙斯的新家园。例如，在艾哈努姆，马其顿人和希腊人除了接受当地建筑风格，还可以看到他们是如何在城市景观中标明自己特殊的生活方式和身份的。这包括当地的剧院和文法学校，根据希腊的习俗，这些学校受到赫拉克勒斯和赫尔墨斯的保护。顺带一提，这家剧院是幼发拉底河另一边已知的最东边的剧院。在艾哈努姆上演的悲剧和喜剧使新定居者对希腊文化的记忆得以延续。发掘过程中发现的石刻和用墨水写在碎片上的行政管理文本，比如收据和账目，也证明：希腊语一直被使用到公元前 145 年，直至从北方入侵的游牧部落摧毁了这座城市。此外，在一座英雄祠中发现了一块带格言的石刻，这是一个叫克勒阿乔斯（Klearchos）的人从德尔斐带来的。上面包含大约 150 条指令，文本上显示，这是七贤人曾经在德尔斐敬献给阿波罗的。这些简短的格言包含了家庭以及公共生活的道德规范（譬如"娶妻！""指导你的妻子！""尊敬你的父母！""凡事不可过量！"）。其自身的希腊文化传统成为可靠的锚和方向参考点，在这些陌生的地方保持着自己的身份。

如果西方思想以这种方式在东方传播，那么马其顿人和希腊人在他们的新家园很可能已经接触到了东方的精神和宗教。公元前 3 世纪，印度当时最强大的统治者之一——孔雀王朝的阿育王（Ashoka）——在自己最初作为暴君给世界带来战争和苦难之后，致力于传播佛教教义，这时，东方的影响就更为明显了。在阿育王的思想发生转变之后，他甚至派使者前往西方宣传佛教。这些传教者的旅行是否成功，我们对此一无所知。但是，刚才提到的阿拉霍西亚的亚历山德里亚是接受传教的地方之一，这位国王的格言通过不同的语言和文字、部分同音但长度不同的文章传播到了那儿。我们在那里发现了两块石壁题词，阿育王用当地语言向定居者传达他的指导方针。一块是希腊－阿拉姆语的双语石刻，另一块则是纯希腊语铭文。他的伦理学（dhamma）在希腊语中被翻译为对上帝的敬畏（eusebeia），在希腊人的城市中也应该被遵循。然而，最终只在尼罗河畔的亚历山大城产生了一个小型的佛教组织。尽管如此，我们可以想象，佛教在亚历山大创建的那些城市里也能成功，因为这种宗教正好能吸引当地淳朴的民众。

当我们现在告别这座"最边缘的亚历山德里亚"时，留在我们印象中的是一种生气勃勃的文化，它把西方与东方神秘地交织在一起。即使那里既没有怪物也没有恶魔居住，但在已经灭亡的亚历山大帝国的边远尽头出现了一个奇异的混合世界。

图勒——北海中的岛屿

在贝阿斯（Hyphasis）河畔，当亚历山大大帝想要进一步向东征战时，士兵们却拒绝跟随他们的国王继续向前推进，他们因此帮了后来几个时代的作家一个大忙。人们对不了解的东西可以展开丰富的幻想，因此这些作家能够继续编织关于印度的古老神奇故事，直至罗马帝国时代，甚至直至文艺复兴时期。麦加斯梯尼（Megasthenes）

首先从这些人中脱颖而出，他作为安条克一世索特（Antiochos I. Soter，公元前 281 年—公元前 261 年在位）的特使游历了印度孔雀帝国（Mauryareich），在其作品《印度记》（*Indika*）中，他讲述了异想天开的故事，这些故事被收录到后来年代的作品中，譬如斯特拉波及阿里安的《地理书》。这些更年轻的作者经常强调，麦加斯梯尼不值得信任。尽管如此，他们还是重复了后者对于印度人的描述，即印度人蜷伏在自己巨大的耳朵里睡觉，他们只有一只大脚，可以用它来遮挡阳光，他们的身材非常瘦小，脸上只有小小的气孔而没有鼻子。

亚历山大大帝的远征在东方终结，直至近代早期，这不仅为人们对于所有这些神奇生物留下了幻想的空间，而且国王的归来自然也唤醒了大家的想象，那就是：尽管亚历山大上演了抵达这个边界的戏码，但在假设的世界尽头之外一定还存在某些东西。在希腊化时期和帝国时期，相应地有许多迹象表明，除了"欧伊库曼"和"欧尔比斯·特拉鲁姆"（orbis terrarum）——罗马人给有人居住的已知世界的命名——还存在另一个世界。罗马人的扩张促进了这种想象，因此，在公元前 1 世纪和罗马帝国时期的文学与诗歌作品中，这类地理模型与亚历山大大帝密切相关。根据罗马诗人卢坎的说法，亚历山大曾计划带着他的部队横渡海洋，向西以及非洲的最南部推进，直至尼罗河的源头。只是他的过早离世终止了这些计划的实施（卢坎，《公民之战》10，36-41）。此外，在共和国末期和帝国初期，开始流传一封虚构的亚里士多德给他的学生亚历山大的信，老师在信中从鸟瞰的角度描述了这个地球。已知世界"欧伊库曼"最大的岛屿位于大西洋，除它之外还有其他岛屿，其他的"有人居住的世界"也被水环绕。在信中，它们被称为"安蒂珀特莫伊"（antiporthmoi），可以意译为"在船的通道的另一边"。因此，这些其他的世界可以通过船只到达。

其他作者看到，罗马人现在认为自己有责任征服这些遥远的地区和其他的世界，以完成亚历山大大帝的使命。当恺撒从高卢渡海到不列颠时，这段穿越了英吉利海峡的旅程被解释为穿越了世界海洋。当克劳狄乌斯皇帝后来真的在那里建立了不列颠行省时，一位作者欢呼："海洋，世界的边界，不再是我们帝国的边界"[《拉丁文选集》(*Anthologia Latina*) 419，4]。然而，不列颠在很长一段时间里被认为是一个神秘的反面世界——就像整片北海一样。公元 16 年，日耳曼尼库斯在北海失去了他的舰队，诗人佩多·阿尔比诺瓦努斯（Pedo Albinovanus）将其描述为在世界尽头上演的一出戏剧。罗马人已经到达了万物的尽头和最后的海岸，那里的海怪预示着恐怖的死亡。塔西佗后来写道，从遥远的北海及其岛屿归来的旅行者讲述了奇迹（miracula）、海怪、旋风以及人兽混血的生物（塔西佗，《日耳曼尼亚志》2，24，6）。

可以在地理文献中找到很多关于世界尽头的神秘岛屿的记载。海员们记述了他们在已知世界之外的这种梦幻岛上所经历的冒险。据说，他们在那里看到了奇特的生物，遇到了可怕的怪兽，或者有不可思议的力量阻止他们继续航行。这样的故事类似于瓦尔特·莫尔斯（Walter Moers）的精彩儿童读物《蓝熊船长的十三条半命》(*Die dreizehneinhalb Leben des Käpt'n Blaubär*) 中的一个章节。在这本书中，这头旅行中的熊在美食岛上登陆。这座岛屿就像极乐世界一样，为熊提供了各种各样的美味，而它根本不需要走动。熊对食物的每一个愿望都被当场迅速地满足，结果它变得越来越胖。最后，这座岛屿的秘密被揭开了。它是小岛旁边的一个巨大的食肉植物，它只是在等待自己的祭品达到必要的食用重量。以这种方式养肥了的蓝熊在极端危险的情况下勉强逃脱了即将莅临的死亡。

古代有许多这样的故事，那个时代的游记为梦幻岛的童话故事提供了大量的素材。这些岛屿位于大西洋、印度洋或北海。与此同时，实际存在的岛屿往往与虚构的故事混在一起，使得今天的读者与古代读者一样，难以区分真实与虚构。在古代地理学的想象中，经验空间和神话空间以一种几乎不可分割的方式反复混合在一起。

这也适用于一个叫图勒（Thule）的岛屿，据说它位于北海。有一本被广泛引用的参考书，特别适用于北方的海洋，这是一个来自马萨利亚（今天的马赛）的人的游记，他在公元前 4 世纪开始探索北海。这位名叫皮忒亚斯（Pytheas）的学者是古代冒险家的代表，他们将自己对地理学和天文学的科学兴趣与经济利益相结合，探索遥远的贸易路线。皮忒亚斯对盛产锡的群岛特别感兴趣，这指的是不列颠及邻近岛屿，他还勘察了琥珀贸易。人们对这两种原材料的需求量很大，只有了解长途贸易并能吸引商人的人才能获得。

古代的读者正是因为皮忒亚斯的记载，才对被他称为图勒的岛屿有所了解。根据他的说法，这座岛屿是北海中最后一个可以到达的岛屿，位置几乎接近"凝固之海"——即永远的北冰洋的南部，因此，图勒从此被视为世界的最北端。罗马人称这个尽头为"最后的图勒"（ultima Thule，意为"极北之地"），在古代、古代晚期和中世纪，它与无数传说连在一起。顺便说一句，地质科学时至今日仍然使用这个概念来标记北极以南那个最北端的着陆点。由于气候灾难的加剧，北冰洋融化，其北边不断露出一片片新的陆地，所以这个名字也越来越向北移动，当前的各个"最后的图勒"被标注上发现的年份。最新的"最后的图勒"由一支美国探险队于 2008 年发现，位于格陵兰岛最北端的着陆点莫里斯·耶苏普角（Kap Morris Jesup）以东约 20 公里处，也就是北极以南 705 公里处。

皮忒亚斯的航行向北推进的程度太惊人，以至于地理学家斯特拉波不相信他，严厉批评了他在《论海洋》（*Über den Ozean*）中的记载，并认为他的记载"谎话连篇"（斯特拉波，《地理书》2，4，5）。然而，一批现代科学家对他书中幸存的片段——这些片段以其他作者引用的形式保存了下来——持更积极的看法。皮忒亚斯是一个极其认真的地理学家，这一点连斯特拉波也认可。此外，皮忒亚斯还开发了一种古时非常精确的确定纬度的测量技术。由于这个原因，他受到了来自昔兰尼的埃拉托斯特尼（公元前 3 世纪）和古代其他重要的地理学家、数学家的高度尊重，基于他认真的测量数据，他们对这次长途旅行没有怀疑，并接受了皮忒亚斯的计算。因为他多次确定了纬度，而这只有在夏至和冬至时才有可能做到，所以他的北上之旅肯定花费了几年时间。

皮忒亚斯从马萨利亚出发走陆路到达大西洋，然后沿着海岸线向北到达不列颠，他在各个港口找寻船只，然后登船开始了他的旅程。他首先研究了不列颠西南部——现在的康沃尔郡（Cornwall）的锡矿开采和贸易，然后继续他的考察旅行。在探索了陆地之后，他沿着西海岸向北航行，经过爱尔兰和众多岛屿，他反复登陆考察，并多次确定纬度，以算出与马萨利亚之间的距离。最终他到达了奥克尼群岛（Orkney-Inseln），不仅观测了当地太阳运行的天文情况并进行记录，而且从当地人那里收集了当地的航海信息。也是当地人告诉他，有一个叫图勒的岛屿，离这儿有六天的路程（斯特拉波，《地理书》4，5，5）。夏至时，太阳不会落下；冬至时，太阳不会升起（斯特拉波，

《地理书》2，5，8）。在一年中的许多日子里，它只"睡"几个小时，然后就迅速重新出现在天空中——这是对夏至前后那些日子的形象描述，那时，太阳实际上只在地平线后短暂消失，继续散发出昏暗的光芒。当地人向他展示了太阳"休息"的确切位置。不远处就是"凝固之海"，在这座岛上本身就有海洋中的一些"沸腾/活着"的部分。甚至有一个地区，天、地、海不是分开的，"而是所有这些东西凝结在一起，就像一个海肺，地球、海洋乃至万物都悬浮其间"（斯特拉波，《地理书》2，4，1）。从字面上看，这件事似乎相当模糊，而这种描述听上去确实像世界的尽头。

特别是最后一段话可能会引发这样的问题：这座岛或许根本无法进入，它实际上一定是不适合居住的。展现在皮忒亚斯眼前的是什么地方？是的，他眼前究竟有没有一个真实存在的地方呢？他是真的目睹了这座岛屿，还是仅仅复述了奥克尼群岛的居民告诉他的内容？对于皮忒亚斯所描述的图勒的位置，人们一直感到很困惑。一批现代学者主张将之与冰岛画上等号，因为其中描述的一些自然现象与冰岛上的间歇泉和火山非常吻合。由于北海以及大西洋的航海条件和湾流的走向，人们认为挪威的北海岸也有可能是图勒的所在。特别是挪威的斯莫拉岛（Smøla）被认为是一个可能的候选地。

然而，这些定位是否有可能性？罗马人认为，图勒附近就是设得兰群岛。至少根据塔西佗的记载，他的岳父阿格里科拉曾环绕不列颠航行，并到达奥克尼群岛。只有在那里才能看到图勒，但因为冬季来临，而且图勒周围的海水是黏稠的，所以不可能进一步航行（塔西佗，《阿格里科拉传》10）。除了皮忒亚斯，显然没有任何一个古代海员或探险家曾出发去北海探寻图勒。斯特拉波因此断然否认这座岛屿的存在，并将世界的尽头定位在"更南边"。不列颠以北的群岛上居住的人"完全是野人，他们因为气候寒冷而生活凄惨，因此，我认为边界要定在那里"（斯特拉波，《地理书》2，4，8）。

在古代，实际上从古至今，现存的皮忒亚斯的片段无法提供较准确的、令人信服的定位，因为它们太含糊、太不清楚了。没有一个现代的定位推断能够与皮忒亚斯的所有描述毫无矛盾地联系在一起。维吉尔将这座岛屿命名为"最后的图勒"，斯特拉波和塔西佗将它附近的海水描述为黏稠的一团，使航行变得不可能，这都向与他们同时代的古人传递着下列信号：最好不要进行具体的定位尝试。

事实上，这些文本的陈述与其他描述世界尽头的文本相对应。因此，图勒在文学作品中代表着世界的尽头，其上笼罩着不可触及的想象。虽然，即使在今天，想象一个古代人从阳光明媚的马萨利亚来到冰天雪地的冰岛，这样的情景仍然令人着迷，但如果我们把皮忒亚斯的图勒——不管他实际看到的是什么——也算作一处神秘的奇异之地，那么我们可能就更接近现实了。它因奇妙的描述、冒险的记载和狂野的幻想产生的效果而独立存在。这并不妨碍人们想在现实中把它们安置到一个具体的地方——就像传说中的亚特兰蒂斯。如今，被所有真实的定位尝试排除在外的只有极乐之岛，即乐土，自荷马和赫西俄德（Hesiod，大约公元前 700 年）的时代以来，诗人们就对它感兴趣。

冥界之门

彼岸与许多描述死者世界本质的故事有关。首先简要介绍几个最重要的，以便大家了解古代人对彼岸黑暗面的思考。其中最著名的神话之一是珀尔塞福涅的命运。她在草地上摘花时被冥界的统治者哈迪斯绑架，不得不嫁给他。她的母亲，丰收女神德墨忒尔，因失去女儿而深受打击，由于她的悲痛，水果和谷物都不能再生长了。鉴于随后爆发的饥荒，珀尔塞福涅的父亲宙斯进行了干预，他派赫尔墨斯前往冥界，劝说哈迪斯释放珀尔塞福涅。哈迪斯同意了，但他给妻子吃了石榴籽——他用这个巫术将她永久地束缚在了冥界。因此，一年中的部分时间，即四个月，珀尔塞福涅与她的丈夫哈迪斯住在冥界，但是，她可以与母亲一起度过剩余的八个月：秋天，珀尔塞福涅下到冥界，德墨忒尔开始悲伤。万物停止生长，树木落叶，人们开始播种，冬季来临。当珀尔塞福涅在四个月后的春天回来时，一切都开始重新发芽，因为她母亲的喜悦直接体现在大自然中。根据这个神话，古代的许多地方都为珀尔塞福涅的到来举行节日庆祝活动。

因此，这个传说反映了一年的进程和农业的周期。在几个世纪中，它就像所有古老的故事一样，在各个方面得到丰富。

另一个在古代广泛传播并为人熟知的冥界神话是俄耳甫斯（Orpheus）和欧律狄刻（Eurydike）的故事。俄耳甫斯被认为是最好的歌手，他的歌声能迷住所有人，甚至能驯服自然之力。他钟爱的欧律狄刻在逃避阿波罗之子阿里斯泰奥斯（Aristaios）的强奸威胁时被蛇咬死。在失去爱人的悲痛中，俄耳甫斯下到了冥界。在那里，哈迪斯和珀尔塞福涅允许欧律狄刻跟随她的丈夫回到地上——但条件是，在他们到达地面之前，俄耳甫斯不能转身。但由于这位歌手没有听到妻子的脚步声，他转身了，于是永远失去了她。赫拉克勒斯、奥德修斯或者埃涅阿斯都是诗歌中其他的著名人物，他们探访了这个幽灵的国度，看望了他们的祖先——在古代，流传着大量前往人类世界的尽头旅行的戏剧性故事。

然而，那个时代的人不仅互相讲述这些故事，而且展开想象——自己死后将如何抵达彼岸，但在某种程度上，死者仍然是此岸世界的一部分，因为他们的身体停留在墓地（亡者之城）里。在安葬仪式中我们看到，生者为死者安置坟墓，组织崇拜仪式，在特定的日子为他们提供祭品。人们认为死者的灵魂继续存在，如果在安葬过程中没有遵守适当的仪式，或者没有遵守祭祀的承诺，他们也可以回来并进行报复。因此，有不少关于死者的恶灵缠着活人的故事。尤其是未被妥善安葬的死者，其灵魂会特别不安宁。

因此，令人毫不奇怪的是，那个时代的人也知道通往冥界的大门，他们把这些大门设在意大利、希腊、小亚细亚和美索不达米亚平原的各个地区。这些地方在描述上有几个共同特点。它们首先必须是阴森可怖的。因为人们把冥界想象成一处恐怖的地方，所以，危险的沼泽和荒野地区以及险恶的洞穴和沟壑尤其被视为通往彼岸的入口。自古以来，还有河的源头以及地下河也属于冥界之门。早在新亚述帝国时期，提格拉特帕拉萨尔一世（Tiglatpilesar I，公元前1114年—公元前1077年在位）和萨尔曼纳萨尔三世（Salmanassar III，公元前858年—公元前824年在位）等国王统治时期，那个时代的人就认为譬如底格里斯河的源头是通往彼岸的大门。这条河穿过一个天然的地下岩石通道之后，似乎从托罗斯山脉附近的一个壮观的山间峡谷奔涌而出。峡谷本身，以及地下通道上方的洞穴，都刺激着生者的想象力。安置在两条峡谷间的亚述王室铭文和浮雕均证明，这位统治者希望向那些探访这个地方的人表明，他的统治要求延伸到了这个此岸世界的尽头。

伊姆古尔－恩利尔（Imgur-Enlil）——这个地方位于伊拉克北部，离摩苏尔不远，现在叫巴拉瓦特（Balāwāt）——的一扇青铜大门指出了萨尔曼纳萨尔三世的铭文被放置在此处的意义。门上有两幅浮雕，上面详细地再现了国王探访和文本雕刻的情况。

希腊人也知道冥界之门，认为河流发源于此。譬如，希腊西北部的阿刻戎河（Acheron）是其中之一，它与斯堤克斯河（Styx）、科库托斯河（Kokytos）、佛勒革同河（Phlegethon）和勒特河（Lethe）一样，同属冥界河流。斯堤克斯河标志着尘世与冥界的边界；根据传说，摆渡人卡戎在那里将死者摆渡到冥界，正如柏拉图告诉我们的那样。

在古代人的想象中，受欢迎的冥界入口是洞穴以及从地下升腾出毒气的地方——识别它们不难，因为动物们往往倒毙于此。譬如，小亚细亚城市希拉波利斯（Hierapolis）的一个山洞就属于这样一个地方。根据古代作者的记载，如果让鸟儿飞进这个洞穴，它们就会死亡。只有伟大的女神库柏勒（Kybele）的祭司能够进入洞穴而不被气体伤害。事实上，意大利的考古挖掘人员几年前在这个地方发现了一扇门，门楣上有一段希腊铭文，用以说明这个洞穴是通往冥界的大门。

罗马人知道在普特奥利（Puteoli）附近有一个类似的地方。在那里，所谓的阿韦尔诺湖旁边有一个火山非常活跃的地区，被称为弗莱格瑞原野。根据地理学家斯特拉波的记载，湖岸曾经被一片"难以穿透的高大森林"所覆盖，"以至于它们将海湾笼罩在阴森的阴影中"（斯特拉波，《地理书》5，4，5）——这在想象中是通往冥府的理想之地。罗马诗人维吉尔（公元前70年—公元前19年）生动地描述了这个湖泊是通往冥界的大门，鸟儿飞过附近时会从空中坠下而死亡——考虑到那里有时会升腾起有毒的气体，这并不令人感到奇怪。根据维吉尔在《埃涅阿斯纪》中叙述的传说，罗马人的祖先埃涅阿斯来到湖边，并从那儿下到冥界，诗人对此进行了详细的描述。埃涅阿斯在彼岸看望已故的亲属，向他们寻求建议（维吉尔，《埃涅阿斯纪》6）。即使在今天，这个湖泊也不一定是个好地方：2010年，当阿韦尔诺湖被一家据说与黑手党关系密切的高尔夫俱乐部所拥有时，一些报纸回顾了它黑暗的史前神话故事。警方毫不犹豫地查封了整个湖以及俱乐部设施。这个例子很好地说明了"冥界"这个词的双重含义。

除了这些作为一种自然现象而出现的不可思议和深不可测的天然场所，古代人还将冥界大门定位在根据神话传统居住在冥界的那些神祇的神庙附近——譬如冥王，或者曾经访问过冥界的人，比如狄俄尼索斯。特别著名的是德墨忒尔的神庙，尤其是她的女儿珀尔塞福涅被崇拜的场所。例如，在西西里岛内的恩纳（Enna）市附近有一个湖，据说哈迪斯在此将珀耳塞福涅带入了冥界。但在西西里岛的锡拉库萨（Syrakus）附近也有这样一个地方——所谓的基尼亚河的源头，即"蓝色源头"——那里也被定位为不幸者珀尔塞福涅遭遇劫难的地方，因此每年都会有庆祝活动。在众多与珀尔塞福涅有关的地方，有这么多的门或入口可以进入冥界，这与德墨忒尔的神话故事相吻合。根据古代作家的记载，德墨忒尔在世界各地寻找她的女儿，特别是在西西里岛，那里的埃特纳（Ätna）火山以及其他火山喷发的现象表明此地与冥界有直接联系。此外，这位绝望的母亲将粮食分给在寻女过程中遇到的、崇拜她的人，从而保证了每个人的食物——这种恩惠似乎使各处的人都觉得，将这位女神的降福之地安排在离自己家园尽可能近的地方是明智的。

在这一传统中，位于厄琉息斯——一个靠近雅典的地方——的德墨忒尔的神秘神庙占据了特别突出的位置。根据传说,这座希腊城市紧随西西里岛之后,是希腊本土上第一个从女神那里获得粮食的城市。为向她表示敬意而举行的节日也是为新手进入神秘世界而举办的秘仪。它属于那些宣传重生甚至永生希望的宗教崇拜之一, 在一个人类不断受到生存威胁的世界里, 并且当时的生存环境比如今恶劣许多, 这似乎特别有吸引力。但通往神秘世界的道路与看似危险的仪式有关,人们在黑暗中进行死亡体验,通过灯光装置表现回归生命的过程。在厄琉息斯不仅有重要的崇拜建筑, 譬如泰勒斯台里昂(Telesterion)神庙,神秘主义者的秘仪就在那里举行, 而且在神庙边上还有一个山洞,人们把它想象成通往冥府的入口。考古学家在这个洞穴里发现了一段在岩壁上开凿的台阶, 他们确认这就是古代文献中提到的那块"悲恸之石"(agelastos petra)。据说德墨忒尔曾经坐在那里, 满怀悲恸地等待着女儿的归来。

在鲍萨尼亚斯对希腊的描述中, 他提到在德墨忒尔神庙附近有另一扇通往冥界的大门。这是一棵被称为"厄林纽斯"(Erineos)的老无花果树, 位于刻菲索斯(Kephisos)河畔。神话中雅典的创建者忒修斯据说曾经在那里杀死了巨人普洛克路斯忒斯, 因为后者袭击旅行者, 在那张对人类来说过于庞大的床上, 毁坏他们的四肢, 将他们折磨致死。

我们可以从德墨忒尔、珀尔塞福涅和忒修斯的这些神话故事的重叠层次中看到, 真实的地区和传说的传统是如何相融或并存的。对冥界之门的想象符合人类生存的有限性经验,同时也服务于人们对肉体生命结束后的死亡生活的想象。在这些以及其他所有关于世界尽头的叙述中, 都存在内在的理性或经验因素。它们在故事的构建中与神话元素交织在一起——对那个时代的人而言，两者都同样存在。我们也不应该期望，它首先涉及的是信仰问题还是对彼岸的一贯想象。因为古代人也关注好故事和好的娱乐方式。

因此，即使是古代的作者，当然也有人对这些世界尽头的地形和构想持非常批判和完全拒绝的态度。伊壁鸠鲁（Epikur，约公元前340年－公元前270年）或犬儒学派（公元前5世纪以降）等哲学家坚信，一切均以死亡为终点，人也随之消失在虚无中。他们认为，任何关于来世的想象都是空谈。因此，哲学的任务是消除人类对这种虚无的恐惧，证明其没有任何威胁性。斯特拉波在《地理书》中反复强调，对于彼岸之门的想象是"寓言"（斯特拉波，《地理书》5，4，5）。对冥界之门持批评态度的还有卢西恩，他写了一篇讽刺性的文章来嘲笑葬礼仪式的程序以及为死者准备的前往幽冥地府的旅程。他取笑卡戎的硬币，这钱币是为死者付给摆渡人卡戎而准备的，摆在坟墓里或者放进尸体的口中——卢西恩说，如果死者没有船票，摆渡人就会拒绝让其通行，那么，如果死者没有这笔钱，就可以直接与生者待在一起，不必在冥界遭受各种凭空臆想的折磨了。罗马诗人卢克莱修（Lukrez）在《物性论》（*Über die Natur der Dinge*，6，737及以下）一书中的"论阿弗纳湖"（Avernersee）一章中解释说，那些认为这个湖泊是通往冥界的入口的想法来自幼稚的迷信。这只是一个气体上升的地方，这些气体是在地球内部产生的，仅此而已。这样的地方很常见："因此，大家不要认为在这些地区有通往冥界的大门，以及阴间的神祇会将死者的灵魂拖到冥河岸边。"（6，762-764）但是，即使这些文本令人印象深刻地证明了大众信仰、神话故事以及对经验现象的理性诠释在古代是可以共存的，对那个时代的许多人而言，那些冥界入口的故事所围绕的地方肯定是奇异之地。

神圣的海角——大西洋上最后一块岩石

北纬 37° 1' 22.49"；东经 8° 59' 44.08"

地理学家斯特拉波在序言中解释了他进行描述的原则之后，就从伊比利亚半岛开始介绍地理概况。他的开场将是我们这趟古代世界之旅的终点。这趟旅行现在把我们带到了欧洲的最西端，即今天葡萄牙萨格里什（Sagres）附近的圣维森特角（Cabo de São Vicente）。它的名字来源于萨拉戈萨（Saragossa）的圣徒文森茨，据说他的尸体在公元304 年被冲到这个地方。一座灯塔标志着那里是一个危险的海角——在阿尔加维（Algarve）度假的游客的一个热门目的地。停车场上，一辆餐车提供"到美国之前的最后一根香肠"。这个地方看起来很荒凉，因为只有非常稀少的植被在恶劣的大西洋空气中顽强成长。

对斯特拉波以及与他同时代的人而言，这个地方是神圣的海角，"不仅是欧洲的最西端，而且是整个有人居住的世界的最西端，……是'欧伊库曼'的尽头"（斯特拉波，《地理书》3，1，4）。以弗所的阿耳忒弥陀，一位希腊化时期的地理学家，曾探访过这个地方。根据他的记载，在较早时期的古代文献中提到的赫拉克勒斯神殿，在这个地方并不存在。相反，在许多地方，当地人会把三块或四块石头堆在一起，"来访者献祭美酒之后，会根据一个古老的习俗，把这些石头翻转过来"（同上）。人们既不应该在那里献祭，也不应该在晚上待在那里，因为神祇会在晚上亲自莅临这个地方。在这儿附近有一个村庄，游客可以在那里找到住处。这个地区的居民进行的是石头崇拜，希腊人把他们称作"基尼特人"（Kyneten），也许是指这座半岛的楔子（cuneus）形状。

因此，根据古代人的想象，我们实际上站在世界的尽头——在观察者眼前的是不应航行的一望无垠的大西洋。亚里士多德等古代作家将其描述为一片多淤泥的、不适合航行的浅海。哲学家柏拉图将他的亚特兰蒂斯故事设定在这片海域，毕竟也是基于这种不可靠的说法。亚特兰蒂斯——比欧洲和亚洲加起来还要大——这片陆地据说在那里沉入了大海，因此成为文明在此处结束的象征。

事实上，公元前 500 年左右，曾在大西洋上探险的迦太基水手希米尔科（Himilko）描述了黏稠的水草和海怪。他也是一名见证者，亲身经历过在这片海域上航行的困难。然而，自公元前 9 世纪至公元前 8 世纪起，迦太基人就在非洲西海岸建立了贸易据点，并控制了从不列颠向南的锡贸易，基于这个原因，那个时代的古人已经怀疑，迦太基人可能只是想通过这种恐怖故事来确保他们对这一地区航海业的控制，从而确保自己的贸易垄断。正如斯特拉波所写，他们可能想守护帮自己赚钱的海路的秘密（斯特拉波，《地理书》3，5，11）。

他们的做法似乎非常成功，因为自古以来，直布罗陀附近的海峡就被认为是世界的最西端。这也是在赫拉克勒斯的故事中也把英雄引导至此处的原因。其中一个故事发生的背景正是在世界的最西端。赫拉克勒斯的堂弟、迈锡尼国王欧律斯透斯给他布置了一项任务，从有三个身体的怪兽革律翁那里偷走牛群。诗人赫西俄德(约公元前 700 年)将这一神话发生的地点设置在厄律忒亚（Erytheia）岛，他将这座岛屿定位在海洋的另一边。根据较晚时期的作者的记载，赫拉克勒斯来到距离如今的加的斯（Cádiz）不远的贸易城市塔特苏斯（Tartessos），并在非洲和欧洲的边界竖起了两根柱子。

根据斯特拉波的说法，这些著名的赫拉克勒斯之柱现在已经看不到了，其他作者将其等同于直布罗陀附近的大地标，认为它们正好标志着英雄在那里抵达的世界尽头。自公元前 5 世纪以来，这个世界尽头的最西端在希腊文学中一直拥有强烈的存在感。希罗多德认为这些柱子是地理标志，诗人品达甚至在它们身上看到了"人类所能达到的极限"这个象征。例如，在他的一首奥林匹克颂歌中，他谈到了运动员塞伦（Theron），认为他的胜利达到了"最极限的目标"："他现在载着荣耀从家里抵达赫拉克勒斯之柱。不管是明智还是不明智，都不能继续前行。我不会追随做这件事的人。我可能是愚蠢的。"[品达，《颂歌》（*Oden*）4，42-45]

在希腊人的想象中，赫拉克勒斯之柱原本是不可逾越的，它们标志着世界的尽头。然而，这些想法受到了挑战，临近公元前 300 年之际，皮忒亚斯发表了他关于海洋的著作，突然打开了人们对北海的认知。公元前 201 年，罗马人赢得了对迦太基的第二次布匿战争，迦太基人在伊比利亚半岛南部和西部的贸易垄断也随之结束。从那时起，就没有什么能阻挡船只穿越海峡并沿着大西洋海岸向北航行了。因此，环绕世界的"大洋河"以外的区域，即已知的有人居住的世界"欧伊库曼"曾经的边界水域，现在也进入了人们的视野。此外，在希腊化时期，世界的地理图景已经被亚历山大大帝远征的经历所动摇。据说，这位马其顿人及其士兵在印度也看到了赫拉克勒斯和狄俄尼索斯神的纪念碑。远东也有赫拉克勒斯之柱。而到了罗马帝国时期，历史学家塔西佗在关于日耳曼尼亚的著作中记载道：赫拉克勒斯的这种柱子据说也曾矗立在北海岸边（塔西佗，《日耳曼尼亚志》34，1-2）。

　　因此，赫拉克勒斯已经到达了地理文献中所描述的世界的东、西、北三面的尽头。因此，那个时代的人想象，这位半神在所有这些地方都留下了纪念碑作为标记。当然，这些纪念碑在现实中并不存在，所以古代就有很多关于这些尽头究竟在哪里的烦扰和猜测。斯特拉波在其《地理书》中讨论了各种各样的版本，并因此得到流传。特别是加的斯的古老前身盖迪拉（Gadeira）这座城市，它声称这些柱子曾安置于此。然而，斯特拉波怀疑盖迪拉与这些柱子之间没有任何关系，因为该市位于一个多海湾的大海岸边，实际上并不利于标记地理终点。他强调，其实可以想象，真正的柱子曾经矗立在海峡边，因为这样的标记被多次记录在案。譬如，亚历山大大帝曾经在位于印度的世界尽头建立了祭坛，因为他听说那里曾经有赫拉克勒斯的标记，虽然这些标记在公元前4世纪末已经倾塌。但是，当时间摧毁了这些界碑——斯特拉波继续说——并且，"人为制造的标记"消失了，那么这个名称就会转移到伊比利亚半岛南部标记海上航路的那些地方（斯特拉波，《地理书》3，5，6）。这些地方是柱子形状的山脉、岛屿和海角。顺便提一句，值得注意的是，尽管存在这些古老的考虑，"盖迪拉是由赫拉克勒斯建立的"这种说法仍然未被动摇。时至今日，加的斯的市徽上仍然刻有"赫拉克勒斯：加的斯的创始人和统治者"（Hercules Fundator Gadium Dominatorque）的字样。

　　直布罗陀有一座与之竞争的纪念碑——赫拉克勒斯之柱（The Pillars of Hercules），今天的直布罗陀也声称是由赫拉克勒斯建立的。赫拉克勒斯创造了这座岛，作为祭坛、通往冥府的入口和已知世界的尽头的标志。

无论如何，神圣的海角（das Heilige Vorgebirge）在古代是一个与众不同的地形学上的地点，其基本意义对那个时代的人而言是无可争议的。即使我们如今知道，欧洲的最西端在里斯本附近的罗卡角，也没有改变这一事实。然而，斯特拉波的许多同时代人将其他东西与他们的世界最西端联系在一起，使之成为一处真正的奇异之地。这种想象——一幅如此美丽的画面——应该放在这一章的结尾乃至整本书的结尾。它出现在哲学家伊壁鸠鲁的笔下，也在诗人尤维纳尔、历史学家塔西佗和其他作家的作品中现身。据他们的记载，很多人都认为，太阳在世界的最西端落下时特别巨大。然而，最主要的是，太阳落下时，人们会听到一种声音，仿佛当太阳下沉时，大海深处在发出咝咝的声音。

后记

在我们已经了解的这无数真实的以及虚构的场所之上，有一张不可靠的神话叙事网络缠绕着虚构的空间。然而，这些空间并不是抽象的、远离经验世界的，而是与之有着不可分割的联系——此外，其中还有相当多的空间几乎密不可分地交织在一起。清晰的空间结构很少能被描述出来；因果关系链拒绝它们的重建，甚至阻碍了它们的存在。从现代的角度来看，许多东西似乎是混乱不堪、不可理解的。但这只是现代的观点——努力对一切进行分类因而带有偏见，并且受启蒙的自信心以及对自我的过高估计的驱动，现代人认为一切都可以被理解，也必须被解释。但我们在此次环游中也一再看到，即使在今天，人们也不愿意放弃虚构的古代地方，继续在寻找它们，因为大家不想失去与之相关的故事。譬如，巴比伦的空中花园以及亚特兰蒂斯，几乎每年都有人为其所在的地点提出新的设想。

古代人试图通过一种令人信服的、便于理解的和共情的方式，以神话、学术重建和文学文本的形式来讲述他们的故事，以此来厘清这个对我们来说模糊不清的世界。在我看来，试图利用这些叙事在严格意义上厘清并理性地窥视古代世界，这是一种错误的努力。正如古人试图用这些故事来接近他们自己的世界，我们也应该尝试用一种尊重的方式来对待这个最终难以捉摸的世界。我们对它了解太少，无法真正理解它。如果试图了解太多，将不可避免地导致不准确的结果。因此，我游览奇异之地时也是如此，只是去接近它们。如果我成功地将本书所描述的地方与我的读者拉近，并唤醒他们对古代世界及其文化和精神气质的认识——它们既神秘又多样——我就已经达到了事先设定的目标。

我们自己的经验空间以及我们个体的好奇心，在当代经验的哺育下，形成了重要的动力，去面对那些不寻常的，甚至是令人不安的、来自很久以前的时代。反过来说，与古代的奇异之地相遇，并分析在那里发生的事情，也可能激励我们以清醒的眼光行进在我们自己的世界，并追踪如今到处围绕着我们的不寻常的，甚至是荒谬的事件。然后我们会意识到，在遥远的某一天，其他观察者可能会发现我们的许多地方也非常奇异。

参考文献

引用的德文古籍译本

阿皮安（Appian）= 亚历山大城的阿皮安，《罗马史》（*Römische Geschichte*），
　　第一、二部，O. 费译，斯图加特，1987/1989 年。

阿普莱乌斯（Apuleius）=《金驴》（*Der goldene Esel*），见《变形记》
　　（*Metamorphosen*）第十一卷，E. 勃兰特、W. 埃勒斯编译，杜塞尔多夫 /
　　苏黎世，1998 年。

阿忒米多鲁斯（Artemidorus）= 达尔迪斯的阿忒米多鲁斯，《解梦》（*Das
　　Traumbuch*），K. 不伦瑞克译、注释并撰写后记，杜塞尔多夫 / 慕尼黑，
　　1979 年。

卡西乌斯·狄奥（Cassius Dio）= 卡西乌斯·狄奥，《罗马史》（*Römische
　　Geschichte*），第 1 至第 5 卷，O. 费译，杜塞尔多夫，2007 年。

西塞罗（Cicero）= 马尔库斯·图利乌斯·西塞罗，《演讲全集》（*Sämtliche
　　Reden*），M. 富尔曼译、作序并诠释，杜塞尔多夫 / 苏黎世，2000 年。

狄奥多（Diodor）= 狄奥多洛斯·西库路斯，《希腊世界史》（*Griechische
　　Weltgeschichte*），G. 维尔特、O. 费译，T. 诺特尔斯作序并评注，斯图加
　　特，1992 年。

希罗多德（Herodot）= 希罗多德，《历史》（*Historien*），第一、二卷，约瑟夫·费克斯编，慕尼黑 / 苏黎世，1988 年。

荷马（Homer），《奥德赛》（*Odyssee*）= 荷马，《奥德赛》，W. 沙德瓦尔德，汉堡，2004 年。

荷马，《伊利亚特》（*Ilias*）= 荷马，《伊利亚特》，W. 沙德瓦尔德的新译本，美茵河畔的法兰克福，1975 年。

尤维纳尔（Juvenal）= 尤维纳尔，《讽刺诗》（*Satiren*），J. 阿达米茨编译及注释，慕尼黑 / 苏黎世，1993 年。

李维（Livius）= T. 李维，《罗马史》（*Römische Geschichte*），H.J. 希伦 /J. 费克斯编，第 1-11 或 12 卷，达姆斯塔特等，1980 至 1987 年。

卢克莱修（Lucrez）= 提图斯·卢克莱修·卡鲁斯，《物性论》（*De rerum natura*），K. 比希纳编，斯图加特，2005 年。

卢坎（Lukan）= M. 安纳乌斯·卢坎努斯，《公民之战》（*Bellum civile*），W. 埃勒斯编译，达姆施塔特，1978 年。

卢西恩（Lukian）= 卢西恩，《代表作集》（*Hauptwerke*），K. 姆拉斯编译，慕尼黑，1980 年。

奥维德（Ovid），《岁时记》（*Fasti*）= 普布利乌斯·奥维第乌斯·纳索，《岁时记——罗马节日历》，W. 格拉赫编译，慕尼黑，1960 年。

奥维德，《变形记》（*Metamorphosen*）= 普布利乌斯·奥维第乌斯·纳索，《变形记》，由 E. 勒施译成六音步诗行，N. 霍尔茨贝格编，苏黎世 / 杜塞尔多夫，1996 年。

鲍萨尼亚斯（Pausanias）= 鲍萨尼亚斯，《希腊周游指南》（*Reisen in Griechenland*），第 1 至 3 卷，E. 迈尔译，F. 埃克施泰因编，苏黎世 / 慕尼黑，1986 年。

《爱笑者》（*Philogelos*）=《爱笑者，希洛克勒斯和菲拉格里奥斯的爱笑的朋友》，A. 蒂尔费尔德编，慕尼黑，1968 年。

柏拉图（Platon）= 柏拉图，《理想国》（*Der Staat*），R. 鲁夫纳译，T.A. 什列扎克作序并阐释，撰写内容概要并提供参考书目，杜塞尔多夫 / 苏黎世，2000 年。

普林尼（Plinius），《自然史》（*Naturgeschichte*）= C. 普林尼·塞孔都斯（老普林尼），《自然史》，R. 柯尼希与 G. 温克勒合编，达姆斯达特，1975 年及其后几年。

普林尼，《书信集》（*Briefe*）= C. 普林尼·采西利乌斯·塞孔都斯（小普林尼），《书信集》，H. 卡斯滕编译，慕尼黑，1968 年。

普鲁塔克（Plutarch）= 普鲁塔克，《希腊罗马名人传》（*Große Griechen und Römer*），K. 齐格勒译并作序，苏黎世／斯图加特，1955 及其后。

斯特拉波（Strabon）=《斯特拉波的地理书》（*Strabons Geographika*），附译文及评注，S. 拉特编，第 1 至 10 卷，哥廷根，2002 至 2011 年。

苏尔顿（Sueton）=C. 苏维托尼乌斯·特兰克维鲁斯，《罗马十二帝王传》（*Die Kaiserviten - Berühmte Männer*），H. 马丁内特编译，斯图加特，1991 年。

塔西佗（Tacitus），《编年史》（*Annalen*）=P. 科尔涅利乌斯·塔西陀，《编年史》，E. 黑勒编，M. 富尔曼作序，达姆斯塔特，1992 年。

塔西佗，《阿格里科拉传》（*Agricola*）/《日耳曼尼亚志》（*Germania*）=P. 科尔涅利乌斯·塔西陀，《阿格里科拉传》《日耳曼尼亚志》，A. 施特德勒编译并阐释，杜塞尔多夫／苏黎世，2001 年。

维吉尔（Vergil）= 维吉尔，《埃涅阿斯纪》（*Aeneis*），M. 格特、J. 格特编，B. 基茨勒作后记，杜塞尔多夫／苏黎世，2002 年。

致谢

最后，我要感谢下列人士，他们阅读了内容更丰富的第一个版本，参与了五彩缤纷的图像世界，启发了我的思维，促使我继续思考并给予我建议，他们是：

亚历山大·弗雷、亨利·海特曼－戈登、米夏埃尔·霍赫格施文德、延斯－乌韦·克劳泽、保罗·奥廷、卡伦·拉德纳以及——以令人耳目一新的外部视角——维奥拉·穆拉罗。编辑斯特凡·冯·德尔·拉尔再次不负众望！而安德烈娅·摩根像往常一样，审慎而沉着地负责排印。

图书在版编目（CIP）数据

城市、空中花园、世界尽头：40个奇异之地中的世界古代史 / (德) 马丁·齐默尔曼著；聂华译 . — 北京：北京联合出版公司，2023.10

ISBN 978-7-5596-7184-4

Ⅰ.①城… Ⅱ.①马… ②聂… Ⅲ.①世界史－古代史 Ⅳ.① K12

中国国家版本馆 CIP 数据核字 (2023) 第 156301 号

北京市版权局著作权合同登记　图字：

DIE SELTSAMSTEN ORTE DER ANTIKE
by Martin Zimmermann

© Verlag C.H.Beck oHG, München 2021

城市、空中花园、世界尽头：40 个奇异之地中的世界古代史

作　　者：[德] 马丁·齐默尔曼
译　　者：聂 华
出 品 人：赵红仕
策　　划：牧神文化
责任编辑：徐 樟
特约编辑：风不动
美术编辑：人马艺术设计·储平

北京联合出版公司出版
（北京市西城区德外大 83 号楼 9 层　100088）
北京联合天畅文化传播公司发行
上海盛通时代印刷有限公司印刷　新华书店经销
字数 219 千字　890 毫米 ×1240 毫米　1/32　9.5 印张
2023 年 10 月第 1 版　2023 年 10 月第 1 次印刷
ISBN 978-7-5596-7184-4
定价：68.00 元